국제회의 통역사의 비밀 노트

Building Blocks to Interpretation and Translation

Building Blocks to Interpretation and Translation

국제회의 통역사의 비밀 노트

| 임향옥 지음 |

HUiNE

서문

많은 사람의 새해 다짐 중 하나가 바로 영어공부이다. 서점에 가면 외국어 서적의 대부분이 영어와 관련된 책이다. 하지만 대부분 초보를 대상으로 하는 책일 뿐, 전문적이고 심화한 내용을 찾아보기 힘들다. 외국인 앞에만 서면 입이 안 떨어지고 머릿속으로 문법만 생각하다가 아무 말 못 하는 사람들이 많다. 어렸을 때부터 지겹도록 배워왔던 영어인데 왜 그런 것일까? 여전히 한국 사람들에게 영어는 늘 어려운 숙제로 남아있다.

주위를 살펴보면 영어로 간단한 의사소통이 가능한 사람들을 쉽게 찾아볼 수 있다. 하지만 전문적으로 영어를 구사할 수 있는 사람은 생각보다 많지 않다.

이것이 바로 이 책을 구상하게 된 이유이다. 이 책의 역할은 사전에서는 알려주지 않는 부분을 설명하여 한층 더 심화한 영어를 구사할 수 있도록 도와주는 것이다. 예를 들어, 많은 사람이 자주 틀리는 영어 발음, 관사와 전치사에 따라 뜻이 달라지는 단어, 같은 단어라도 강세에 따라 뜻이 달라지는 단어들을 모아보았다. 또한, 이 책에서는 사자성어와 속담을 영어로 표현하는 방법과 회화에서 자주 쓰이는 표현 등까지 포괄하고 있다.

이 책은 처음부터 끝까지 읽으면서 외우는 것보다 항상 곁에 두면서 '영어 참고서'와 같이 필요할 때마다 꺼내 보는 것이 효율적일 것이다. 혹은 시간 날 때 가벼운 마음으로 읽어보는 것도 추천한다. 24년 넘게 한국외국어대학교 통번역대학원 강의실에서 내가 학생들에게 반복해서 지적했던 내용을 이 책 속에 자세히 적어보았다. 나의 24년 비결이 영어를 열심히 배우고 싶은 사람들에게 도움이 되었으면 하는 바람이다.

2017. 3

저자 임향옥

Contents

국제회의
통역사의
비밀노트

Part 01

명사 (Nouns)

한국어에는 단, 복수의 구별이 영어만큼 뚜렷하지 않다. 한국인이 영어를 하면서 복수형을 말하고 단수형을 사용하거나 말하고 싶은데 복수형을 사용하는 경우가 있다. 대부분은 듣는 사람이 알아서 조정한다. 영어는 확실하게 구별해야 하지만 같은 단어인데 단수 혹은 복수로 쓸 때 뜻이 달라지는 경우도 있으므로 확실히 구별 하지 않으면 문장 전체의 뜻이 달라질 수 있다. 다음과 같은 경우가 그렇다.

air – airs

air 공기, 허공, 공중
airs 으스대는 태도

The air was so humid that we had to turn on the air conditioning all night long.

공기가 너무 습해서 밤새 에어컨을 틀어놓아야 했다.

Andrew never puts on pretentious airs in spite of being extremely wealthy.

앤드류는 굉장한 부자임에도 불구하고 절대 잘난체하지 않는다.

arm – arms

arm 팔 **arm in arm** 팔짱을 끼고 / 제휴하여
arms 무기 e.g. **nuclear arms race** 핵무기경쟁

The two countries stand arm in arm in their efforts to curb the arms race.

군비 경쟁을 억제하기 위해 두 국가는 함께 했다.

ash – ashes

ash 재
ashes 유골, 잿더미

After scattering her mother's ashes at sea, she looked at the house that burnt down to ashes in despair.

어머니의 유해를 바다에 뿌린 후 그녀는 절망에 빠져 잿더미가 된 집을 바라보았다.

authority – authorities

authority 지휘권, 권한, 권위
authorities 당국

It turned out that the financial authorities did not have the authority to regulate financial institutions.

금융 당국은 금융기관을 규제할 권한이 없는 것으로 밝혀졌다.

blind – blinds

blind 시각장애의; 시각장애인
blinds 블라인드

The blinds make the room so dark that I almost feel as if I am blind.

블라인드 때문에 방이 너무 컴컴해져서 마치 맹인이 된 것 같아.

brain – brains

brain 뇌
brains 지성

Just because you have a brain doesn't mean that you have brains.

뇌가 있기 때문에 지성이 있다는 뜻은 아니다.

Robert is known to be the brains of the company.

로버트는 회사의 두뇌로 알려져 있다.

cheer – cheers

cheer 갈채, 환호
cheers 건배

The colonel was rewarded with a resounding cheer from the men.

사병들이 대령에게 엄청난 환호로 보답했다.

People usually say 'Cheers' before they drink an alcoholic drink.

술을 마시기 전에 흔히 '건배'라고 말한다.

cloth – cloths – clothes

cloth 천, 헝겊, 직물
cloths 여러 종류의 천
clothes 옷, 의복 [kloʊðz;kloʊz] (★ 발음할 때 두, 세 음절이 아닌 한 음절이다)

Use a damp cloth to wipe stains off your boots.

젖은 헝겊을 사용해 부츠에 묻은 얼룩을 닦아내십시오.

The cloths used to make this dress are hand woven silks.

이 드레스를 만드는 데 사용된 천은 수제 실크다.

Fashion-conscious people wear clothes to express their style and attitude.

유행에 민감한 사람들은 스타일과 태도를 표현하기 위해 옷을 입는다.

color – colors

color 색깔
colors 특정 단체의 상징 색, 깃발 등

The color red represents the political colors of the party.

빨간색이 그 당의 정치적 색채를 반영했다.

condition – conditions

condition 모양, (몸의) 상태
conditions 상황, 정세, 현황

He remains in critical condition.

그는 여전히 위독한(위급한) 상태이다.

Under ideal conditions, a government intervention would stabilize the economy.

이상적인 상황에서는, 정부의 개입으로 경제가 안정된다.

content – contents

content 만족하다 [kənˈtent]
contents 내용물 [ˈkɑ:ntenz]

The contents of her report were poor, yet she was content.

보고서의 내용은 빈약했지만, 그녀는 만족했다.

custom – customs

custom 관습, 관례
customs 세관, 관세

It is customary for all visitors to fill out the customs declaration form upon entering the country.

방문자들은 통상적으로 입국 시 세관신고서를 작성하게 된다.

damage – damages

damage 손실, 손해, 피해, 악영향
damages 손해액

Ms. Wood claimed $10,000 for damages, which included extensive damage on her house.

우드 씨는 그녀의 집 피해를 포함한 손해 배상액 1만 달러를 청구했다.

direction – directions

direction 방향
directions 찾아가는 길

I'm not sure which direction this house is facing.

이 집이 어떤 방향을 바라 보고 있는지 확실하지 않다.

Can you give me the directions to the closest supermarket?

제일 가까운 슈퍼를 어떻게 가야 하는지 알려주시겠어요?

effect – effects

effect 효과
effects 물품, 물건

Music can have a soothing effect on animals.

음악은 동물을 안정시키는 효과가 있다.

The police removed all the effects in the house as evidence.

경찰은 집 안의 모든 물건을 증거로 회수했다.

faculty – faculties

faculty 교수진
faculties 능력, 기능, 재능

The faculty holds a meeting every month.

교수진은 매달 회의를 연다.

When she lost her child, she lost control of her faculties.

그녀는 아이를 잃고 완전히 무력해졌다.

force – forces

force 물리력, 힘, 완력
forces 군대, 무장 병력

The armed forces resorted to force even towards the civilians.

무장 부대는 심지어 민간인을 향해서도 무력을 사용했다.

fund – funds

fund 특정 목적을 위한 기금
funds 돈, 자금

The charity organization held a banquet to raise funds for the disaster relief fund.

자선 단체는 재난 구조 기금 마련을 위한 만찬을 열었다.

glass – glasses

glass 유리
glasses 안경

Glasses used to be made of glass, but today they are made of plastic.

예전에는 안경이 유리로 만들어졌었는데 요즘은 플라스틱으로 만든다.

good – goods

good 좋은
goods 상품

Good negotiators always offer a reasonable price for their goods.

좋은 협상가는 항상 합리적인 물건 가격을 제시한다.

ground – grounds

ground 땅, 토양
grounds 근거, 원인

The company has no grounds to claim the ground is theirs.

회사는 땅을 자기 소유로 주장할 타당한 이유가 없다.

honor – honors

honor 영광, 영예, 경의, 존경
honors 우등

In her valedictorian speech, Angelina told her classmates how honored she was to graduate with honors.

졸업생 대표 연설에서 안젤리나는 우등 졸업을 하게 되어 얼마나 영광인지 말했다.

hostility – hostilities

hostility 적의, 반대
hostilities 전쟁

I was only trying to help, but I was faced with great hostility.

단지 도우려 했을 뿐인데 상당한 반감을 샀다.

The frequent bombings indicated that hostilities would break out soon.

폭격이 잦은 것을 보니 곧 전투가 시작될 것임을 알 수 있었다.

humanity – humanities

humanity 인류
The humanities 인문학

Studying the humanities will benefit humanity in the long run.

인문학을 공부하는 것은 장기적으로 인류에 득이 될 것이다.
(★인문학을 지칭할 때는 항상 정관사가 있다)

liability – liabilities

liability 책임, 부담
liabilities 부채, 채무

When the candidate continued to tell lies, the party began to consider him a liability.

후보가 계속해서 거짓말을 남발하자 당에서는 부담을 느끼게 되었다.

The company had $10 billion in assets and $8.5 billion in liabilities.

회사는 자산 100억불와 부채 85억불을 갖고 있다.

line – lines

line 줄, 선, 정보
lines (연극, 영화) 대사; 방향, 방침

There were only a few people waiting in line.

줄을 서서 기다리는 사람들이 몇 명 밖에 없었다.

Did you memorize all your lines?

(너는) 대사를 다 외웠어?

look – looks

look 보다
looks 모습

The people gave them a long look because of their peculiar looks.

이상한 모습 때문에 사람들이 오랫동안 쳐다 봤다.

manner – manners

manner 방법, 방식
manners 예의, 예절

The manner in which the rock star disregarded table manners caused a murmur around the table.

그 록스타가 식사 예절을 무시한 방식이 사람들을 웅성거리게 했다.

mass – masses

mass 덩어리, 무리, 미사
The masses 민중, 대중

The masses are often dealt with as a single mass when they are actually composed of individuals.

대중은 많은 경우에 하나의 무리로 취급되는데 사실 개개인으로 구성되어 있다.

mean – means

mean 뜻하다 / 심술궂은, 나쁜
means 수단, 방법, 재력, 수입

Living within their means meant no more eating out and extravagant shopping.

허리띠를 졸라맨다는 것은 더는 외식과 과다한 쇼핑이 없다는 것이다.

measure – measures

measure 측정하다, 계량하다, 평가하다
measures 방안, 방법, 조치

Various measures were taken to accurately measure the damage from the earthquake.

지진 피해를 정확히 측정하기 위해 다양한 조치가 취해졌다.

minute – minutes

minute 잠깐, 분
minutes 의사록, 회의록(**record/take minutes**)

The secretary managed to record the minutes in less than a minute.

비서는 재빨리 회의록을 작성했다.

more – mores

more 더욱
mores 사회적 관습, 도덕관

I gave them everything I had, but they wanted more.

나는 내가 가진 모든 것을 주었지만 그들은 더 원했다.

Television dramas often reflect social mores.

텔레비전 드라마는 대부분 사회적 관습을 반영한다.

odd – odds

odd 이상한, 특이한, 홀수의, 한 짝의
odds 가능성, 역경

Against all odds, the odd couple won the competition.

예상을 뒤엎고 특이한 커플이 대회에서 우승을 차지했다.

pain – pains

pain 고통, 통증, 아픔
pains 노고

The doctor took pains to alleviate the pain of the dying patient.

의사는 죽어가는 환자의 고통을 덜기 위해 애썼다.

paper – papers

paper 종이
papers 공식 문서

The identification papers looked like an ordinary piece of paper.

신분증은 보통 종이처럼 보였다.

power – powers

power 힘
powers 능력, 지력

It is difficult for women to reach positions of power.

여성들은 권력의 자리를 차지하기 어렵다.

Recent movies all seem to have characters with supernatural powers.

최근 영화에 나오는 주인공들은 초능력을 가지고 있다.

premise – premises

premise 전제 (**=assumption**)
premises 토지, 대지

The project was carried out under the premise that all data collected would be stored on the company server.

이 프로젝트는 수집된 모든 자료가 회사 서버에 저장되리란 전제하에 수행되었다.

The owner of the property is liable for any kind of injuries or accidents that may occur on the premises.

소유주는 소유한 땅에서 일어날 수 있는 모든 상해나 사고에 대한 책임이 있다.

proceed – proceeds

proceed 진행하다
proceeds 돈

We will proceed with distributing the proceeds from the bazaar.

바자회에서 번 돈을 배분할 것이다.

The proceeds of today's festival will go to several local charities.

오늘 축제의 수익금은 여러 지경 자선단체에 기부될 것이다.

provision – provisions

provision 조항
provisions 식량

Under the provision, the employer is required to provide provisions and water to the sailors.

조항에 따르면 고용주는 선원들에게 식량과 물을 제공해야 할 의무가 있다.

quarter – quarters

quarter 1/4
quarters 막사

More than a quarter of the soldiers in the quarters was infected with the tropical disease.

막사의 병사들 중 1/4 이상이 풍토병에 감염되었다.

There was a fall in unemployment in the second quarter of this year.

당해 연도 2분기에 실업률이 감소했다.

regard – regards

regard 존경, 존중하다
regards 안부 **(best wishes, compliments, greetings)**

The pupils held the great teacher in the highest regard.

학생들은 위대한 선생님을 많이 존경하였다.

Upon leaving for the U.S., she asked her friends to give her best regards to her teacher.

미국으로 떠나면서 선생님께 안부를 전해달라고 했다.

remain – remains

remain 여전히…이다, 남다
remains 나머지, 유적, 유해

It is said that much of the Qin Dynasty remains remain undiscovered.

진나라 유적은 여전히 발굴되지 않은 채 남아있다고 한다.

respect – respects

respect 존경, 경의
respects 안부

It was difficult to pay my last respects to the man I respected the most.

가장 존경하는 분에게 마지막 인사를 하기란 힘들었다.

This proposal differs from the last one in one important respect.

이번 제안은 중요한 측면에서 이전 제안과 다르다

saving – savings

saving 절약, 검약
savings 저축, 저금

The money saved by using energy-saving equipment went into the savings account.

에너지 절약 장비를 이용해 아낀 돈은 예금계좌에 저금했다.

security – securities

security 안전, 보증
securities 유가증권

Security was very tight during the Olympic Games.

올림픽 대회 기간 중에 보안이 매우 삼엄했다.

With the uncertain real estate market, many people are investing in securities.

부동산 시장이 불안해서 많은 사람들이 증권에 투자하고 있다.

She used her shares in the company as security against a $23 million bank loan.

그녀는 회사의 지분을 담보로 은행에서 2천3백만 달러 대출을 받았다.

spectacle – spectacles

spectacle 장관, 구경거리, 놀라운 상황
spectacles 안경 (*영국식 영어)

It was a shame I couldn't enjoy the spectacle because I lost my spectacles.

안경을 잃어버려 장관을 보지 못해 아쉬웠다.

spirits – spirit

spirit 정신, 영혼, 기백
spirits 기분 **in high/low/spirits**

Despite losing the game, the team was in high spirits.

경기에서 졌음에도 불구하고 팀은 기분이 좋았다.

Sometimes you have to follow the spirit of the law.

때에 따라 법의 정신을 따라야 한다.

staff – staffs

staff 직원, 사원 (*집합명사이기 때문에 복수를 쓰지 않는다)
staffs 막대기의 복수형으로 쓰일 수 있다.

The entire staff was invited to the annual Christmas party hosted by the president.

사장이 매년 여는 크리스마스 파티에 모든 임직원이 초대받았다.

Jason Bourne has used staffs as lethal weapons.

제이슨 본은 막대기를 치명적인 살인병기로 사용했다.

time – times

time 시간, 때
times 역사적인 시기, 시대

Time has passed, and the good times are gone.

시간이 흘러 좋은 시절이 다 갔다.

valuable – valuables

valuable 가치 있는, 소중한
valuables 귀중품

To him, money and other valuables were not valuable at all.

그에게 돈과 귀중품은 전혀 소중하지 않았다.

water – waters

water 물
waters 영해

The pirates found themselves without water during their battle with the marines in British waters.

영국 영해 내에서 해병들과 전투 중인 해적들은 물이 없다는 사실을 깨달았다.

wood – woods

wood 나무
woods 숲

This furniture is very special because the wood comes from Vienna Woods.

이 원목가구는 자재를 비엔나 숲에서 수입하기 때문에 매우 특별한 가구이다.

Shaded from the sun, the woods were cool and quiet.

태양의 열기가 뚫지 못한 그늘진 숲은 시원하고 고용했다.

writing – writings

writing 쓰기, 집필활동
writings 특정 인물의 글, 저작물

Just one look at his writings and you will realize his talent for writing.

그의 글을 단 한 번만 봐도 그의 글쓰기에 대한 재능을 알 수 있을 것이다.

While we're on the subject

영어는 단, 복수가 확실하고 복수 형태가 없는 단어들이 있다. 그리고 복수 형태처럼 보이지만 단수로 처리해야 하는 단어가 있다.
복수 형태가 없는 단어들로는 Staffs ('막대기'라는 의미로 쓰일 때 제외), Advices(셀 수 없는 명사)가 있다.

1. 음식, 음료(Juice; cereal; chicken; fish; seafood)

water	wine	milk
rice	pasta	bread
beef	pork	fruit
sugar	salt	flour
cheese	butter	tea
honey	jam	

2. 생각, 느낌(Chaos; pride; helplessness; admiration; appreciation)

love	fun	wisdom
knowledge	advice	help
assistance	courage	bravery
cowardice	satisfaction	curiosity
aggression	beauty	freedom
faith	grief	guilt
humor	greed	clarity
honesty		

3. 여가(Sports, recreation, theater, history)

accommodation	baggage/luggage	travel
traffic	transportation	nature
currency	art	poetry
literature	chess	judo/yoga
entertainment	applause	grass
scenery		

4. 일상적 사물(Chalk, concrete)

time
housework
equipment
garbage
dirt
mud
mail
evidence/proof
insurance
coal

air
homework
business
oil
dust
rain
furniture
money
help
weather

heat
education
attention
paper
land
sunshine
jewelry
music
wealth
work

body
height
hunger
nutrition

health
weight
thirst
obesty

hair
strength
laughter
vision

복수 형태가 단수 형태와 같은 단어들도 있다.

sheep
deer
aircraft

fish
swine
moose

salmon
offspring
shrimp

복수처럼 보이지만 실제로는 단수로 처리한다.

news
physics
pants/trousers
glasses/binoculars/spectacles/goggles
clothes

billiards
measles
scissors

mathematics
pajamas

항상 복수로 쓰이는 단어들도 있다.

loggerheads
thanks

cahoots
credentials

amends

국제회의
통역사의
비밀노트

Part 02

형용사 (Adjectives)

한국어는 어순이 상당히 유연한 언어지만, 영어는 subject + verb + object 순서를 반드시 지켜야 한다. 한국어에서는 "나한테 책 줘. 책, 나한테 줘. 줘 나한테 책을" 와 같은 비문을 알아듣지 못하는 사람이 거의 없다. 재미있는 것은 영어의 경우 형용사의 위치에 따라 의미가 달라지는 경우가 있다. 명사 앞, 명사 뒤에 올 때 그 의미가 달라진다. 뜻이 180도 달라지는 경우를 주의하여 형용사가 위치해야 한다. 명사 앞 혹은 뒤에 올 때 각각의 의미가 어떻게 달라지는 지를 살펴보도록 한다.

again

명사 앞: 다시 반복할 때
명사 뒤: 또 다시

Again, I would like to thank you for inviting me here.

저를 초대해주셔서 다시 한번 감사드립니다.

I would like to thank you for inviting me here again.

저를 다시 이곳에 초대해주셔서 감사드립니다.

apparent

명사 앞: ~인 것처럼 보이다
명사 뒤: 분명한, 명백한

It was apparent that Emma had lost her interest in her doll when she tossed it in her toy bin.

엠마가 장난감 상자에 인형을 던져 넣는 것을 보니 흥미를 잃은 것이 분명했다.

The heir apparent made his official appearance at the ceremony.

유력한 후계자가 기념식에 공식적으로 모습을 드러냈다.

certain

명사 앞: 특정, 어느 정도의
명사 뒤: 확신하다, 틀림없는

Ken, for certain personal reasons, was not certain about this project.

Ken은 어떤 개인적인 이유로 인해 이번 프로젝트에 대한 확신이 서지 않았다.

concerned

명사 앞: 우려하는, 걱정하는
명사 뒤: 관련, 연루된

The concerned members called for an emergency meeting.

걱정하던 회원들은 긴급 회의를 소집했다.

The members concerned were called for an emergency meeting.

관련 회원들은 긴급 회의에 소집되었다.

early

명사 앞: 초반, 조기의
명사 뒤: 일찍, 이미

The early works of the artist are quite impressive.

화가의 초창기 작품들은 상당히 인상적이다.

The artist came earlier than usual.

화가는 평소보다 일찍 도착했다.

faint

명사 앞: 희미한, 미약한, 가능성이 아주 희박한
명사 뒤: 실신할 것 같이 어지러운

The survivors faint from hunger had the faintest hope that someone would come to rescue them.

배고픔에 어지러운 생존자들은 누군가 구조하러 오리라는 희미한 희망을 갖고 있었다.

just

명사 앞: 딱
명사 뒤: 단지

I arrived just in time for the meeting.

나는 회의 시간에 딱 맞춰 도착했다.

I arrived in time just to attend the meeting.

나는 회의만 참석하고자 시간에 맞춰 도착했다.

involved

명사 앞: 복잡한
명사 뒤: 관련된, 연루된

The government's pilot project is quite involved and the skilled engineers involved are doing their best to accomplish the project.

정부의 시범 사업은 상당히 복잡하며, 관련 숙련 공학자들은 사업을 수행하기 위해 최선을 다하고 있다.

late

명사 앞: 고인
명사 뒤: 늦은, 지각한

The late President Kim fought hard for democracy.

고(故) 김 대통령은 민주주의를 위해 투쟁했다

The President was late for the cabinet meeting.

대통령은 각료 회의에 늦었다.

no

명사 앞: 단지, 뿐
명사 뒤: 유일한

There is no evidence of a UFO.

UFO의 존재를 입증할 증거가 없다.

There is evidence of no UFO.

UFO가 없다는 사실을 입증할 증거가 없다.

now

앞 문장과 그 다음 문장을 연결해주는 접속사

Now if we look at the slide.

자, 이제 슬라이드를 보시겠습니다. (부드러운 명령형)

If we look at the slide now.

이제 슬라이드를 봐주십시오.

only

I only want to be your friend.

나는 너의 친구가 되고 싶을 뿐이야.

I want to be your only friend.

나는 너의 유일한 친구가 되고 싶다.

present

명사 앞: 현재, 현
명사 뒤: 있는, 참석/출석한

The present owner of the car decided to sell it.

현 차주는 자동차를 팔기로 결정했다.

The car dealer could not sell the car without the owner present.

딜러는 현 차주 없이는 자동차를 팔 수 없다.

proper

명사 앞: 적절한, 제대로 된, 참된
명사 뒤: 엄밀한 의미의

We should have a proper birthday party for Jessie.

제시를 위해 제대로 된 생일 파티를 열어주자.

A birthday party proper always comes with cakes with candles.

엄밀한 의미의 생일파티에는 촛불이 있는 케이크가 있다.

responsible

명사 앞: 책임감 있는, 책임이 막중한 (직업, 임무)
명사 뒤: ~에 대한 책임이 있는, 책임을 져야 하는

Andy is a responsible person.

앤디는 책임감 있는 사람이다.

Andy is the person responsible for the accident.

이 사고의 책임은 앤디에게 있다.

then

시간적으로 어떤 얘기를 풀면서 순차적인 일을 설명하는데 쓰인다.

Then my experience helped me resolve the problem.

그리고 내 경험을 통해 문제를 해결할 수 있었다. (그 당시의 경험)

My experience then helped me resolve the problem.

그 당시의 내 경험을 통해 문제를 해결할 수 있었다.

국제회의
통역사의
비밀노트

Part 03

전치사 (Prepositions)

한국인이 영어를 배울 때 관사, 단·복수 그리고 전치사 부분이 제일 어렵고 많은 경우에는 극복하지 못하는 장애물이 되기도 한다. 하지만 전치사 한 개로 인해 뜻이 완전히 달라지는 경우가 많기 때문에 신경 써서 정확하게 사용해야 한다. 어떤 단어를 외울 때 전치사까지 한 묶음으로 외우면 도움이 될 것이다. 영어 수준을 보다 업그레이드하기 위해서는 자주 쓰지 않는 어려운 단어를 외우는 것보다 전치사, 관사 등을 정확하게 쓰는 것이 바람직하다.

Add

Add in ~을 포함하다

If you want, you can add in some chili peppers to make it hotter.

원한다면, 고춧가루를 넣어서 좀 더 맵게 해도 돼요.

Add up 계산이 맞다

The bonus points add up each time you have coffee here.

커피 한 잔씩 살 때마다 보너스 포인트가 올라갑니다.

Add up to 합계가 ~이 되다

The total number of Starbucks in New York City now adds up to 102.

뉴욕 시에서 운영하는 스타벅스 점포는 이제 102개가 된다.

Break

Break away 이탈하다

She broke away from the American Ballet Theater.

그녀는 아메리칸 발레 극장과 결별했다.

Break down 고장 나다

The radio broke down for the first time.

라디오가 처음으로 고장 났다.

Break even 비기다

It looks like with the concert tours and album sales, we'll be able to break even this year.

콘서트 투어와 앨범 판매로 인해 올해에는 손익이 비슷할 것 같다.

Break in 난입하다

They broke in the university president's office at night.

그들은 밤에 대학총장의 사무실에 침입했다.

Break into (대화에) 끼어들다

Would you please stop breaking into our conversation?

우리 대화에 참견하지 말아 주시겠어요?

Break off 끊다

The dialogue suddenly broke off at the sound of the fire alarm.

화재 경보가 울리자 대화가 중단되었다.

Break out 발발하다

The global financial crisis broke out in 2008.

2008년에 국제금융위기가 발발했다.

Break up 헤어지다

I broke up with my boyfriend last night.

남자친구와 어젯밤에 헤어졌다.

Break with 관계를 끊다

She broke with her family after she had a big fight with her father.

아버지와 큰 싸움이 있은 후 그녀는 가족들과 관계를 끊었다.

Idioms (관용구)

Break camp 짐을 챙겨 캠프장을 떠나다

They broke camp earlier than planned because they hadn't covered as much ground as they had expected.

생각보다 둘러본 곳이 적어서 그들은 예정보다 일찍 짐을 챙겨 떠났다.

Break ground 공사를 시작하다

The investors were elated when they finally broke ground.

투자자들은 공사가 시작되자 매우 기뻐했다.

Break one's heart 마음을 아프게 하다

She didn't mean to break his heart but she just couldn't go through with the marriage.

그의 마음을 아프게 할 생각은 없었지만 그녀는 도저히 결혼을 할 수 없었다.

Break service (테니스에서) 상대편의 서비스 게임을 따다

She knew that she could win the match when she broke service.

그녀는 상대편의 서비스 게임을 따면서 이번 경기를 이길 수 있다는 것을 알았다.

Bring

Bring about 일으키다

The new CEO has brought about a major change in company policies.

새로 부임한 CEO는 기업 정책에 큰 변화를 가져왔다.

Bring along 같이 데리고 오다

You can bring along your friends as well.

친구를 데려와도 좋다.

Bring around (~하도록) 설득하다

I think I can bring him around to accepting the proposal if I just speak to him for a few minutes.

그에게 몇 분만 이야기하면 이번 제안을 승낙하도록 설득할 수 있을 것 같다.

Bring down (가격을) 내리다

The government needs to bring down the prices of daily necessities.

정부는 생필품 가격을 내릴 필요가 있다.

Bring forward 앞당기다

The meeting has been brought forward a week.

회의가 일주일 앞당겨졌다.

Bring in (돈을) 벌어오다

He used to bring in enough for us to live on but now he has to moonlight in order for us to make ends meet.

그는 예전에는 넉넉히 벌었지만 지금은 우리가 겨우 먹고 살기에 필요한 돈을 벌기 위해 부업을 해야 한다.

Bring off 해내다

He was very nervous before starting but he brought off his recital without making a single mistake.

시작 전에는 조금 떨려 보였지만 그는 실수 하나 없이 연주회를 해냈다.

Bring on 야기하다

The earthquake will bring on a drop in the stock exchange.

이번 지진은 주식시장 하락을 가져올 것이다.

Bring out ~을 이끌어 내다

The crisis brought out the best in all of us.

이번 위기 때 우리의 선한 본성이 드러났다.

Bring to ~로 돌아오게 하다

He splashed some water on his face to bring himself back to his senses.

정신을 차리기 위해 그는 자신의 얼굴에 물을 뿌렸다.

Bring up 기르다

My mom knew next to nothing about how to bring up a child.

우리 어머니께서는 올바른 자녀교육법에 관한 지식이 거의 없으셨다.

☆Bring, fetch, take는 미국 사람들도 자주 틀리는 단어들이다. 화자가 어디에 있는가에 따라 용어를 선택해야 한다. Bring이라 하면 단순하게 가지고 간다는 뜻으로 쓰인다.

I like to bring my book with me whenever I go out.

나는 외출할 때 책을 들고 가는 것을 좋아한다.

반면 take는 화자가 있는 곳에서 떨어진 곳으로 가지고 간다는 뜻으로 쓰인다.

Take the book back to the library.

도서관에 책을 반납해라.

Fetch는 '가서, 가지고 다시 가지고 온다'는 뜻으로 쉽게 기억하고 싶으면 개한테 막대기를 던진 다음 "Fetch!"라고 명령하면 개가 뛰어서 막대기를 가지고 주인한테 가져다 줘야 한다는 뜻으로 기억하면 된다.

Buy

Buy off 뇌물로 회유하다

Buying off government officials is considered the norm in corrupt countries.

부패한 나라에서는 정부관료를 뇌물로 회유하는 것이 일반화 되어 있다.

Buy out 몽땅 사다

Estee Lauder bought out the rest of the stocks of Bobbie Brown.

에스티로더는 바비브라운의 나머지 주식을 모두 사들였다.

Buy up 사들이다

I bought up all the remaining strawberries because they were on sale.

나는 할인하는 남아있는 딸기를 모조리 샀다.

Call

Call away 불려 나가다

The CEO was called away from the meeting because of a family emergency.

CEO는 급한 가정사로 인해 회의에서 나가야 했다.

Call back (전화를) 다시 걸다

He said he would call back later.

그는 다시 전화하겠다고 했다.

Call down 혼내다

The teacher called down the students for not doing their homework.

숙제를 안 했다며 선생님이 학생을 혼냈다.

Call for 요구하다

The demonstrators called for higher wages.

시위자들은 임금 인상을 요구했다.

Call in 불려 오다

The doctors were called in for a consultation.

자문을 위해 의사들을 불러들였다.

Call off 취소하다

The baseball game was called off because of the pouring rain.

폭우로 인해 야구경기가 취소되었다.

Call on 요청하다

They were called on to act as witnesses.

그들은 증인으로 출석해달라고 요청 받았다.

Call out (이름을) 부르다

Call out your names one by one.

한 사람씩 이름을 말하세요.

Call up 전화를 걸다

Kenny called me up this morning.

오늘 아침 케니가 전화를 했다.

Idioms (관용구)

Call in sick 병결을 알리다

It's no coincidence that Tim calls in sick whenever his girlfriend is in town.

팀이 여자친구가 귀국할 때마다 병가를 내는 것은 우연이 아니다.

Call to order (회의를) 시작하다

The meeting was called to order.

회의가 시작되었다.

On call 대기 중이다

I decided not to go to the movies because I was on call.

대기해야 해서 영화관에 가지 않기로 했다.

Within call 가까이서 대기하다

They stayed within call because they wanted to know the results as soon as possible.

결과를 빨리 알고 싶었기 때문에 그들은 가까이에서 계속 대기했다.

Carry

Carry away 감정에 휩쓸리다/물건을 가져가버리다

I got carried away with emotion when I got a call from my long-lost brother.

오랫동안 소식이 끊겼던 오빠의 전화를 받고 감정이 복받쳐 올랐다.

The looters carried away all the goods in the store.

약탈자들은 가게 안의 모든 물건을 가져가 버렸다.

Carry on 계속하다

Carry on until you reach the intersection.

교차로가 나올 때까지 계속 가세요.

Carry on with 계속 운영해 나가다

We can just carry on with what we were doing.

우리는 하던 일을 계속 하면 된다.

Are you going to carry on with this music?

이 음악으로 계속 가실 건가요?

Carry out 업무를 수행하다

The current policy should be carried out without delay.

이번 정책은 차질 없이 즉각 실행되어야 한다.

Carry over 넘기다/이월하다

The spirit of that day should be carried over to the next generation.

그날의 정신은 다음 세대로까지 이어져야 한다.

Cast

Cast about for ~를 찾다

I was just casting about for a book.

책 한 권을 찾고 있었다.

Cast around for ~를 찾다

Are you casting around for the lead role of the movie?

그 영화의 주연(배우)을 찾아 다니시는 건가요?

Cast aside/away 버리다

You should be ready to cast aside your past to start anew.

새롭게 시작하려면 과거를 청산할 준비가 되어있어야 한다.

Cast back 회상하다

The movie director always casts back to his earlier works.

영화감독은 항상 자신의 이전 작품을 회상한다.

Cast out 버리다, 몰아내다, 내쫓다

The woman was cast out of the village because they thought she was a witch.

그녀는 마녀로 몰려서 마을에서 쫓겨났다.

Close

Close down 폐쇄하다

The main entrance is closed down for repairs.

정문이 보수공사로 인해 닫혔다.

Close in on 접근하다

The police closed in on the kidnapper.

경찰은 유괴범을 거의 다 잡았다.

Close up 가까이 가다

I got scared when I saw the truck closing up on me.

트럭이 나에게 가까이 오는 것을 보고 나는 겁에 질렸다.

Close with (적과) 붙잡고 싸우다

You don't need to do anything special to close with a foe besides attack.

적과 싸우려면 공격 이외에 할 것이 없다.

Come

Come across 우연히 마주치다

I came across my high school yearbook and it brought back lots of memories.

우연히 내 고등학교 졸업앨범을 봤는데 그때 생각이 많이 났다.

Come along 따라오다

You can come along if you want but it probably won't be that interesting for you.

원하면 따라와도 좋은데, 아마 너에게는 그리 재미있지 않을 거야.

Come around 깨어나다/들리다

Everybody was relieved when he finally came around after falling from his bike.

그가 자전거에서 떨어진 후 정신을 차렸을 때 모두가 안도의 한숨을 쉬었다.

That boy has been coming around quite often these days.

그 아이는 요즘 자주 들렀어.

Come at 터득하다

*~**somebody** 달려들다, ~**something** 터득하다

How did you come at that result?

어떻게 그런 결과를 얻었니?

Come back 돌아오다

The letter I sent came back to me.

내가 보낸 편지가 반송되었다.

Come between 사이를 갈라놓다

Money often comes between siblings.

돈 문제는 종종 형제간 싸움을 일으킨다.

Come by 얻다

He came by a fortune when his aunt passed away.

이모가 돌아가시면서 그는 거액의 유산을 상속받았다.

Come down on 심하게 나무라다

I had to come down on my dog when he chewed up my rug.

나는 카펫을 물어뜯은 나의 개를 심하게 나무랐다.

Come down with ~에 걸리다

It's easy to come down with the flu in the winter.

겨울에는 독감에 걸리기 쉽다.

Come forward 나서다

Though we hear a lot about young men trying to avoid military service, there are also many others who come forward to serve their country.

요즘 많은 젊은이들이 병역을 기피하지만, 나라를 위해 기꺼이 나서는 젊은이들도 많이 있다.

Come in 들어오다

Let me know when I can come in.

내가 언제 들어가면 좋을지 알려주세요.

Come in for 받다

No doubt, the proposal will come in for a lot of criticism.

분명 그 제안은 많은 비난을 받을 것이다.

Come into 상속받다

He came into quite a fortune when he turned eighteen.

그는 18살이 되었을 때 꽤 많은 재산을 상속 받았다.

Come off 일어나다

The recital came off quite well.

연주회가 매우 잘 끝났다.

Come out ~한 결과가 되다

Has the result come out yet?

결과가 나왔나요?

Come out for ~을 지지하다

This newspaper has come out for the Republican candidate this year.

이 신문은 올해 공화당 후보를 지지하고 나섰다.

Come out with 발표하다

The university came out with a new curriculum.

그 대학은 새로운 커리큘럼을 발표했다.

Come over 찾아오다

I don't know what came over me.

내가 어떤 생각으로 그랬는지 모르겠어요.

Come through 성공하다

The underdog always comes through at the end of Hollywood movies.

할리우드 영화에서는 항상 결국에 약자가 성공하는 것으로 그려진다.

Come to 의식을 되찾다

He came to after somebody threw water on his face.

누군가 그의 얼굴에 물을 뿌리자 의식이 돌아 왔다.

Come under ~의 책임이 되다

This dinner comes under expenses.

이 저녁은 회사 비용으로 먹는 것이다.

Come up 접근하다

I was in a mall when he came up to me out of nowhere.

그는 쇼핑몰 어딘가에서 불쑥 튀어나왔다.

Idioms (관용구)

Come and go 오고 가다

Tourists come and go.

관광객들이 오가다.

Come down on the side of ~하기로 결정하다

It's important to come down on the side of truth because sooner or later, it will always come out.

결국엔 밝혀질 것이기 때문에 언제나 진실을 말하는 것이 좋다.

Come off it 모르는 척 하지 말아라

Come off it – we know you got straight A's.

그렇게 모르는 척 하지마, 우린 네가 모든 것에서 A를 받은 것을 알고 있어.

Come what may 무슨 일이 생기든

Come what may, he will always stand by me.

무슨 일이 생기든, 그는 나의 곁을 지켜줄 것이다.

Where one is coming from 의미를 파악하다

It's easy to see where you're coming from.

네가 말하고자 하는 바가 무엇인지 잘 알겠다.

As ... as they come 매우 ~ 한

Uncle Bob was as crazy as they come.

밥(Bob) 삼촌은 정말 미치광이다.

Come again? 다시 한번 말씀해 주시겠어요?

Informal way of saying, "Excuse me?" or "What did you say?" "Can you repeat what you said?"

"Excuse me?", "What did you say?", "Can you repeat what you said?"와 같은 뜻으로서 편안한 매너 표현이다.

Come clean 모든 것을 고백하다

The suspect finally came clean and admitted that he had stolen the documents.

용의자는 마침내 자신이 서류를 훔쳤다고 자수하였다.

Come to light 드러나다

It soon came to light that the CEO had known about the bad debts.

CEO가 악성 부채에 대해 알고 있었다는 사실이 드러났다.

Cut

Cut across 초월하다

Can we just cut across our differences and agree to help our children?

우리 차이점을 극복하고 아이들을 돕는 것을 합의할 수 있을까요?

Cut back 줄이다

The company cut back on entertainment expenses.

그 회사는 접대비를 줄였다.

Cut down 줄이다

If we just cut down the number of sodas we have a day, we can lose quite a few calories.

하루에 탄산음료를 적게 마시는 것만으로도 많은 칼로리를 줄일 수 있다.

Cut in 새치기를 하다

It's very irritating when people cut in line.

사람들이 새치기 하면 정말 짜증이 난다.

Cut off 잘라 버리다

I'd say we should cut off the natural gas division of our business.

천연가스 사업은 이제 처분하는 것이 좋다고 본다.

Cut out 잘라내다, 삭제하다

He just cut out my lines in the play.

그가 방금 대본에서 내 대사를 삭제했어.

Cut up (잘게) 썰다

Next, we should cut up the carrots.

다음은 당근을 썰 차례다.

Idioms (관용구)

A cut above 월등하다

Right from the start, she was a cut above the other students.

처음부터 그녀는 다른 학생들에 비해 월등했다.

Cut a figure 매력적이다

My uncle cut quite a figure at the wedding.

결혼식에서 나의 삼촌은 매우 멋져 보였다.

Cut and run 도망치다

I thought it was suspicious when he just cut and run.

그가 도망친 점이 매우 수상하게 여겨졌다.

Cut both ways 장단점을 모두 가지다

Once they realized that the plan would cut both ways, neither side was happy.

이 계획이 장점과 단점을 두루 가질 것이라는 점이 명확해지자 양측 모두 기쁘지 않았다.

Cut corners 쉽게 하려고 하다

The construction company cut corners in order to meet the deadline.

그 건설회사는 마감일을 맞추기 위해 여러 가지 꼼수를 부렸다.

Cut down to size 겸손해지다

A lot of students are cut down to size when they go to college.

대학에 가면 많은 학생들이 겸손해진다.

Cut it out! (Informal) 그만 해!

Cut it out!

(회화체) 그만 해!

Cut loose 끊다

The neighborhood was terrorized when the bulldog cut loose from its chain.

불독을 묶고 있던 체인이 끊어지자 동네(사람들이)가 공포에 질렸다.

Cut one's losses 손실을 줄이다

The company decided to cut its losses and stop investing in renewable energies.

그 회사는 신재생에너지에 대한 투자를 중단함으로써 손실을 줄이기로 했다.

Cut out for ~에 적합하다

Since he couldn't stand the sight of blood, he wasn't cut out for medicine.

그는 피를 보는 것을 못 견디기 때문에 의사가 되기는 틀렸다.

Have one's work cut out 힘에 겨운 일을 맡고 있다

The teacher was told that she had her work cut out for her since there were so many troublemakers in her class.

선생님은 그녀의 반에 문제아가 많기 때문에 매우 힘이 들 것이라는 말을 들었다.

Cut a long story short 간단히 줄여서 말하면

Could you cut your long story short? I need to go.

간단히 줄여서 말해 줄래? 지금 가야 하거든.

The unkindest cut 가장 심한 욕

The unkindest cut of all was that it was my partner who betrayed me.

가장 참을 수 없는 모욕은 바로 날 배신한 사람이 내 파트너였다는 사실이다.

Fall

Fall back 물러나다

The forces were ordered to fall back.

군대는 후퇴할 것을 명령 받았다.

Fall back on ~에 기대다

Most Koreans fall back on their parents when they need extra cash.

대부분의 한국인은 자금사정이 어려울 때 부모님께 의지한다.

Fall behind 낙오하다

Once you fall behind, it's difficult to catch up.

한번 뒤쳐지기 시작하면 따라잡기 힘들다.

Fall for 좋아하게 되다/속다

That's when I just fell for her madly.

그때 그녀에게 확 반해버렸어요.

He fell for the oldest trick in the book.

그는 가장 오래된 속임수에 넘어갔다.

Fall in with 나쁜 친구를 사귀게 되다

I try not to fall in with the wrong sort of people.

나쁜 사람들과는 어울리지 않으려고 노력한다.

Fall off 감소하다

Tourism falls off during the winter season.

겨울에는 관광이 저조하다.

Fall on 공격하다

It's a good strategy to fall on your enemies when they're least expecting you.

적이 가장 의심하지 않을 때 공격하는 것이 좋은 전략이다.

Fall out 좋지 못한 결과가 나오다

We had a fall out over money.

우리는 돈 문제로 다투었다.

Fall through 실현되지 못하다

The deal fell through when the union demanded an exorbitant wage hike.

노조가 매우 높은 임금 인상을 요구하자 협상이 결렬되었다.

Fall under ~의 영향을 받다

This falls under the jurisdiction of the mayor.

이번 사건은 시장의 관할이다.

Idioms (관용구)

Fall all over oneself ~을 이루기 위해 지나칠 정도로 노력하다

The new recruits fell all over themselves to make a good impression on their boss.

새로 온 직원들은 상사에게 좋은 인상을 주기 위해 물불을 가리지 않았다.

Fall on one's feet 위기를 잘 극복하다

He is so smooth that he always manages to fall on his feet.

그는 매우 적응을 잘해서 항상 위기를 잘 넘긴다.

Fall over backwards ~을 이루기 위해 지나칠 정도로 노력하다

I fell over backwards to accommodate your wishes, but you were not satisfied.

난 너의 소원을 들어주기 위해 안간힘을 다 썼는데도 넌 만족하지 못했다.

Fall short of ~에 미치지 못하다

The report fell short of my expectations.

이 보고서는 내 기대에 미치지 못한다.

As easy as falling off a log 아주 쉬운

They said that learning a new language was difficult but for me it was as easy as falling off a log.

사람들은 외국어를 배우는 것이 매우 어렵다고 말하지만 나의 경우는 매우 쉬웠다.

Break one's fall 하강을 방해하다; 완충작용을 하다

The bushes broke the fall of the cat.

덤불 때문에 고양이가 제대로 착지하지 못했다.

Take the fall 비난을 감수하다

Tom was compensated for taking the fall for the boss.

탐은 상사의 잘못을 대신 뒤집어 쓴 대가로 보상을 받았다.

Feel

Feel for ~에게 동정하다

I totally feel for her.

그녀가 어떤 심정인지 이해할 수 있어요.

Feel out ~의 의향을 떠보다

Did you feel out the views of the other employees?

다른 직원들은 어떻게 생각하는지 알아봤어?

Feel up to ~을 하고 싶은 생각이 들다

Are you feeling up to it?

이거 하고 싶어요?

Get

Get about 걸어 다니다

I can see that you are able to get about even without your crutches.

이젠 목발을 짚지 않고도 걸어 다닐 수 있군요.

Get across 전달하다

I was able to get my point across because they were all paying attention.

그들이 경청하고 있었기 때문에 나의 요지를 잘 전달할 수 있었다.

Get ahead 앞서다

I always knew that she would get ahead in life.

난 항상 그녀가 잘 될 것이라 생각했어

Get ahead of ~를 앞지르다

He managed to get ahead of the other students by getting extra credits.

그는 가산점을 받음으로써 다른 학생들을 앞지를 수 있었다.

Get along 잘 해나가다

We get along well with each other.

우리는 서로 잘 지냅니다.

Get around 돌아다니다

Sheila hasn't managed to get around much since she broke her hip.

실라는 고관절을 다친 후 잘 돌아다니지 못했다.

Get at ~에 이르다

I've been trying to get at my point for some time now.

난 아까부터 내 말의 핵심을 꺼내기 위해서 노력했어요.

Get away 멀리 가다

Don't even think about getting away from this.

이 문제에서 빠져나갈 생각은 아예 하지도 마세요.

Get away with ~을 교묘히 모면하다

He managed to get away with being late because he was the teacher's pet.

그는 선생님의 총애를 받았기 때문에 지각을 해도 잘 빠져나갔다.

Get back 되돌아가다

Let's get back to this in a minute.

잠시 후에 다시 이 문제에 대해 논의합시다.

Get by 그럭저럭 해 나가다

Many people have found ways to get by during the recession.

많은 사람이 경기 침체에도 생계 유지할 방법을 찾았다.

Get (someone) down 우울하게 만들다

Rainy days get me down.

비가 오면 난 우울해져.

Get in 들어가다

We can get in there on time.

시간 맞춰서 들어갈 수 있을 겁니다.

Get into 들어가다

How did you get into the school in the first place?

애초에 그 학교는 어떻게 들어가신 거예요?

Get off 내리다/떠나게 해주다

We should get off here.

여기서 내려야 합니다.

The lawyer was famous for getting murderers off.

그 변호사는 살인범들을 풀려나게 하는 것으로 유명했다.

Get on 타다/지내다

Why don't we get on the bus here?

여기서 버스를 타는 게 어떨까요?

We got on wonderfully right from the moment we met.

우리는 처음 만났을 때부터 매우 잘 지냈다.

Get out 나가다

We need to get out of this place.

여기서 나가야 합니다.

Get over 극복하다

I don't think he ever got over his defeat.

그가 패배를 극복했다고는 생각하지 않아.

Get through ~에 닿다

I tried to get through to you but your secretary said you were busy.

연락 드리려 했지만 비서가 바쁘시다고 하더군요.

Get up 일어나다

No matter what, you need to get up and keep charging ahead.

어떤 시련이 닥쳐도 다시 일어나 계속 노력해야 한다.

Idioms (관용구)

Get back 돌아오다

What time do you think that you'll get back?

언제쯤 집에 돌아올 예정이야?

Get back at 복수하다

She waited ten years to get back at her assailant.

그녀는 범인에게 복수하려고 십 년을 기다렸다.

Get even 설욕하다

A lot of movies and books are about people getting even, but in real life, it doesn't happen as often.

많은 영화와 책에서 설욕에 관한 이야기를 다루지만, 현실에서는 그런 일이 자주 일어나지 않는다.

Get going 출발하다

Let's get going before it gets dark.

어두워지기 전에 출발하자.

Get it 이해하다/혼나다

Don't you get it?

이해 못하겠어?

Mark got it for not doing his homework. (Informal)

마크는 숙제를 하지 않아서 혼났다. (비격식)

Get together 모이다

Let's get together every month from now on.

이제부터는 매달 한 번씩 모이자.

Give

Give away 거저 줘버리다

I just gave it away.

그냥 줘버렸어요.

The rich man decided to give away his fortune when his children started to fight over their inheritance.

자녀들이 유산을 두고 싸우기 시작하자 부유한 아버지는 가진 모든 재산을 기부하기로 결심했다.

Give back 돌려주다

I thought that she'd never give back my book.

나는 그녀가 내 책을 영영 안 돌려줄 줄 알았다.

Give in ~에 항복하다

By midnight, the candidate knew that he had no choice but to give in to his opponent.

자정이 되자 자신이 졌다는 것을 인정할 수 밖에 없었다.

Give of 아낌없이 바치다

It's not easy to give so much of oneself to others.

자신을 다 바쳐 남을 위해 봉사하는 것은 쉽지 않은 일이다.

Give off 발하다

The lilies gave off such a strong scent that I got a headache.

백합 향기가 너무 강해서 머리가 아파왔다.

Give out 공개하다, 다리에 힘이 풀리다

When were the notices given out?

공지가 언제 나갔니?

Give over 이양하다

The will states that if he gets sick, all control of his property will be given over to his son.

유언에 따르면 그가 아플 경우, 아들이 모든 재산을 물려 받게 되어있다.

Give up 포기하다

Don't give up now.

포기하지 말아요.

Idioms (관용구)

Give and take 주고 받기

There needs to be some give and take in all relationships.

모든 관계에 있어서 서로 주고받는 것이 있어야 한다.

Give it to 야단치다

Your mother is really going to give it to you when she knows you broke her favorite vase. (Informal)

어머니가 가장 아끼시는 꽃병을 너가 깼다는 걸 아시면 무척 화내실거야. (비격식)

Give or take 얼추

Nowadays textbooks cost $100, give or take a few dollars.

요즘 교과서는 대략 100달러 정도 한다.

Give rise to ~이 생기게 하다

The Internet has given rise to easier access to information.

인터넷을 통해 정보에 접근하는 것이 쉬워졌다.

Give way 양보하다

When you're in a rush, you tend not to give way.

급할 때는 양보를 안 하게 된다.

Go

Go about 시작하다

How do you go about selling cosmetics online?

온라인으로 화장품 판매를 어떻게 시작하나요?

Go after ~을 추구하다

I was always told that if I wanted something, I should go after it.

원하는 걸 얻기 위해 노력해야 한다고 어릴때부터 배웠어요.

Go against ~에 저항하다

I never do anything that goes against my principles.

나는 내 원칙을 거스르는 행동은 절대 하지 않는다.

Go ahead 앞서 가다

Go ahead and jump; it's not that high.

별로 안 높아! 어서 점프해!

Go along 계속하다

You don't have to go along if you don't agree.

내키지 않으면 그만 해도 돼

Go around 돌다

The authorities were concerned whether there would be enough food and water to go around.

관계자들은 보급할 수 있는 식량과 물이 충분할지 우려했다.

Go around with 오랜 시간을 함께 보내다

You know I don't like it when you go around with that crowd.

그 사람들이랑 네가 어울려 다니는 거 내가 싫어하는 거 잘 알잖아.

Go back 돌아가다

Are we going back or going forward?

지금 되돌아 갈까요 아니면 앞으로 나아갈까요?

Go back on 약속을 어기다

He went back on his promise to take me with him this time.

그는 이번에 나를 같이 데려가겠다는 약속을 저버렸다.

Go by 지나가다

Why did you let that opportunity go by?

왜 그 기회를 잡지 않았니?

Go down 내려가다

Have you ever seen gas prices go down?

기름값이 내려가는 걸 본 적 있니?

Go for ~을 택하다

You will never know what could have happened unless you go for it.

네가 이걸 선택해 보지 않으면 어떤 결과가 생겼을지 알 길이 없어.

Go in 들어가다

We're going in now.

우리는 지금 들어갑니다.

Go into 다루다

You don't want to go into that.

그건 하지 않는게 좋을거에요.

Go off 폭발하다

The bomb went off right away.

그 폭탄은 바로 폭발했다.

Go on 진행되다

Did you know what was going on?

무슨 일이 일어나고 있었는지 알고 있니?

Go out (불이) 꺼지다

The lights went out in a flash.

한 순간에 모든 불이 꺼졌다.

Go over 검토하다

Let's go over this one more time so that we don't get it wrong.

확실히 하기 위해 다시 한번 검토하자.

Go through 살펴보다

I went through all my pockets but I couldn't find my wallet.

내 모든 주머니를 뒤져봤지만 지갑을 찾을 수 없었다.

Go through with ~을 거치다

If you are with me, I know that I can go through with this ordeal.

너와 함께라면 이번 시련을 잘 헤쳐나갈 수 있어.

Idioms (관용구)

From the word "go" 처음부터

The new CEO was demanding right from the word "go".

새 CEO는 첫날부터 요구하는 것이 매우 많았다.

Go ape over ~에 몰두하다

The fans went ape over the singer's new hairdo.

팬들은 그 가수의 새로운 헤어스타일에 열광했다.

Go bananas 열광하다

Can you understand why they're going bananas over the new fad?

왜 사람들이 새로운 유행에 열광하는지 이해할 수 있니?

Go for broke 전부를 걸다

At the moment of crisis, the entrepreneur decided to go for broke.

절체절명 위기의 순간에 그 기업가는 모든 것을 걸기로 했다.

Go for it 단호히 목적을 추구하다

Go for it! You're young. What do you have to lose? (Informal)

그냥 무작정 해봐, 넌 어리고 잃을 것도 없는데 무슨 걱정이니? (비격식)

Go it alone 혼자 힘으로 하다

She's made a lot of enemies because she always goes it alone.

그녀는 항상 혼자 힘으로 하기 때문에 적을 많이 만들었다.

Go native 현지인처럼 하다

Colonists looked down upon those who went native.

식민지 지배자들은 토착민처럼 생활하는 사람들을 업신여겼다.

Go the whole hog ~을 철저히 하다

My brother went the whole hog and bought a camera, lens, tripod and all the other trappings.

내 오빠는 카메라뿐 아니라 렌즈, 삼각대, 그리고 다른 모든 카메라 액세서리를 모조리 구입했다.

Go together 어우러지다

You must be color blind! Don't you know that orange and purple don't go together?

넌 색맹이 분명하구나! 오렌지색과 보라색이 어울리지 않는걸 어쩜 모를 수 있니?

Didn't you know that they've gone together for almost a year now? (Informal)

둘이 사귄 지 거의 1년이 됐는데 몰랐단 말이야? (회화체)

Go with ~와 연애하다

Today's stars seem to like to go with other stars.

요즘에는 연예인 커플을 많이 본다.

Let go 놓다/퇴출시키다

I let go of the pigeon that I had nursed back to health.

나는 비둘기가 건강을 되찾을 때까지 간호해준 뒤 놔주었다.

The workers had to be let go when business didn't pick up.

사업이 계속 저조하자 직원들이 퇴출되어야 했다.

Let oneself go 자제력을 잃다

People drink as an excuse to let themselves go.

사람들은 자제력을 잃고 싶다는 핑계로 술을 마신다.

No go 안 되는

The passengers wanted to continue but the driver said that it was no go.

승객들은 계속 가고 싶었지만 운전사는 안 된다고 했다.

On the go 바쁘다

Today everybody seems to be on the go.

요새 모두가 바쁘다.

To go 포장하다

Is that for here or to go?

여기서 드실 건가요 가져가실 건가요?

Hang

Hang around/about (회화체) 시간을 보내다

I just like hanging around you.

당신과 시간을 보내는 게 좋아요.

Do you want to hang around them this weekend?

이번 주말에 그들과 시간을 보내고 싶어요?

Hang back 뒤에 남다

Shy kids tend to hang back even when they want to volunteer.

수줍음을 많이 타는 아이들은 자원하고 싶을 때도 잘 하지 못하고 뒤에 남는다.

Hang in/hang in there (회화체) 견뎌내다

After hanging in for three years, her business finally picked up.

삼 년 동안 열심히 버틴 결과 그의 사업이 마침내 잘 되기 시작했다.

Hang on 꽉 붙잡다

Hang on for a few more months and your boss will be stationed to another branch.

몇 달만 더 버티면 네 상사가 다른 부서로 발령 날 거야.

Hang out with 같이 어울리다

Do you want to hang out with them this weekend?

이번 주말에 그들과 함께 할래요?

I just like hanging out with you.

당신과 같이 어울리는 게 좋아요.

Hang over 남아있다

Parliament had to handle several matters which had been left hanging over from the previous session.

의회는 지난 회기부터 해결되지 못한 채 남아있는 문제들을 처리해야 했다.

Hang up 전화를 끊다/방해하다

Don't hang up! I haven't even begun to talk.

난 아직 할 말 시작도 안 했으니까 끊지마!

The fog hung up the traffic for the entire day.

안개 때문에 하루 종일 교통상황이 좋지 않았다.

Idioms (관용구)

Hang in the balance 극히 불안정한 상태에 있다

After the heart transplant, his life hung in the balance.

심장 이식수술을 받은 후 그의 생명은 매우 위태로운 상태에 있다.

Hang it up 그만두다

When the son of the president took over, the vice president decided to hang it up. (Informal)

사장의 아들이 경영권을 승계하자 부사장은 회사를 그만두기로 결심했다. (회화체)

Hang one's head 부끄러워 고개를 떨구다

The boys hung their heads in shame when they realized that throwing sticks was dangerous.

막대기를 던지는 것이 위험하다는 것을 깨달은 소년들은 수치심에 고개를 떨궜다.

Hang together 잘 뭉치다

The Three Musketeers were respected because they all hung together, through thick and thin.

삼총사는 힘들 거나 어려울 때 가리지 않고 잘 단합했기에 사람들의 존경을 받았다.

Head

Head off ~을 막다

Did you see how the police headed off the getaway car?

경찰이 도주차량을 어떻게 막았는지 봤니?

Head into 진입시키다

The car headed into the crowded alleyway.

차가 혼잡한 골목으로 진입했다.

Head out 몰고 나가다

The police headed out the crowd out of the stadium.

경찰이 인파를 경기장으로부터 몰고 나갔다.

Idioms (관용구)

Come to a head 곪아서 터질 듯 하다

It looks like the struggle for democratization in the Middle East has come to a head.

중동에서의 민주화 운동이 위기에 달한 것 같다.

Get one's head/act together 마음을 가다듬다

It's sad that she's not able to get her head together because she's a very smart girl and she could go far. (slang)

그녀는 매우 똑똑하고 앞으로의 장래가 밝은데도 불구하고 마음을 가다듬지 못하는 것을 보니 안타깝다. (속어)

Go to someone's head 큰 영향을 미치다

The new position went to his head.

새로운 직위로 인해 그는 심한 스트레스를 받았다.

Head and shoulders above 단연 빼어난

In sports, he was head and shoulders above his peers but he couldn't even read his own name.

스포츠에 있어서 그는 동료들보다 월등했지만 자신의 이름 석자도 읽지 못했다.

Head over heels (사랑에) 빠져 정신을 못 차리는

I fell head over heels in love.

나는 사랑에 빠져서 제정신이 아니다.

Head to head 정면으로

The boy wrestler refused to go head to head with the girl wrestler.

소년 레슬러는 소녀 레슬러와 정면으로 싸우기를 거부했다.

Keep one's head 침착하다

It's amazing how some people are able to keep their head even in moments of crisis.

위기의 순간에도 평정심을 잃지 않는 사람들을 보면 참 놀랍다.

Keep one's head above water 문제에 봉착하지 않다

During the Depression, even middle class families found it difficult to keep their head above water.

경기공황 때는 중산층조차도 생활을 유지하기 어려웠다.

Put heads together 머리를 맞대고 해결책을 찾다

If we put our heads together, anything is possible.

우리가 머리를 맞대고 해결책을 찾는다면 어떠한 일도 가능하다.

Lose one's head 흥분하다

When the kids heard that they were going to Disneyland, they lost their heads and started to jump up and down.

아이들은 디즈니랜드에 가게 될 것이라는 말에 좋아서 펄쩍펄쩍 뛰기 시작했다.

Make head 나아가다

After all the labor strikes, I think that we will be able to make head now.

그 많은 노동 파업 끝에 우리는 앞으로 나아갈 수 있을 것 같다.

Make heads roll 직권으로 해고하다

All the employees feared for their jobs because the new CEO was infamous for making heads roll.

새로 온 CEO는 해고를 잘하기로 악명이 높았기 때문에 직원들은 모두 두려워했다.

Make head(s) or tail(s) of ~을 이해하다

I'm sorry to say but I couldn't make head or tail of that artistic movie.

미안한 말이지만 그 예술영화를 도저히 이해할 수 없었다.

Off the top of one's head 별 생각 없이

Off the top of my head, I'd say that that is the best collection I have ever seen.

더 생각할 것도 없이, 이 컬렉션은 내가 본 것 중 정말 최고라고 말할 수 있다.

One's head off 지나치게

I didn't think that I'd enjoy the kids' movie but I laughed my head off.

내가 아이들 영화를 그리 좋아할 거라는 생각을 안 했는데 막상 나는 웃느라 정신이 없었다.

On one's head 자기 책임하에

Tom was driving drunk when he hit two people. He will have their deaths on his head for the rest of his life.

탐은 음주운전을 하다가 두 명을 치어 죽였다. 죽는 날까지 이들의 죽음은 그에게 짐이 될 것이다.

Out of one's mind/head 정신이 돌아

Are you out of your mind? You can't go out wearing shorts! It's too cold!

너 정신 나갔니? 이렇게 추운 날 그런 반바지를 입고 나가면 안돼!

Over one's head 힘에 벅차서

The teacher assigned 'Justice' as a reading assignment, but because the kids were too young, it just went over their heads.

선생님은 아이들에게 읽기 숙제 주제로 "정의"를 내주었다. 그러나 아이들이 아직 어려서 이해할 수 없었다.

Over someone's head 상사의 상사에게 가다

If you go over your boss's head and complain to the president, it could have serious repercussions.

만약 이 문제를 네 상사와 상의 없이 사장님께 알린다면 심각한 파장이 올 수 있다.

Take it into one's head ~하기로 결심하다

She took it into her head that she would live in Paris.

그녀는 반드시 파리에서 살아야겠다는 결심을 했다.

Turn someone's head 우쭐하게 하다

Overnight success will turn anybody's head.

하루아침에 이룬 성공은 누구나 우쭐대게 만든다.

Keep

Keep at 꾸준히 노력하다

It's difficult to learn a new language, but you just have to keep at it.

외국어를 배우는 것은 어렵기 때문에 꾸준히 노력해야 한다.

Keep back (감정을) 억누르다

Once the fans sighted their star, they wouldn't keep back.

팬들은 그 스타를 보자 좋아서 어쩔 줄 몰랐다.

Keep down 억압하다

The teacher had to keep on telling the students to keep their voices down.

선생님은 아이들에게 계속 목소리를 낮추라고 얘기해야 했다.

Keep in with ~와 친한 관계를 유지하다

As soon as she found out that Paul was going to be her boss, she did all she could to keep in with his wife.

폴이 그녀의 상사가 될 것이라는 것을 알게 된 순간부터 그녀는 폴의 부인과 친하게 지내려고 노력했다.

Keep on 계속하다

If you keep on exercising, your body will become more toned.

계속 운동한다면 매력적인 몸매를 갖게 될 거예요.

Keep to 고수하다

Kids are taught to keep to the rules.

아이들은 규칙을 지키도록 교육받는다.

Keep up with 힘써 따라가다

You don't have to try so hard to keep up with Susan; she is way smarter than you.

수잔과 같은 점수를 받기 위해 애쓸 것 없단다. 그 애는 너보다 똑똑한 게 사실이니까.

Idioms (관용구)

For keeps 영원히

Susan gave me her necklace for keeps. (Informal)

수잔은 나에게 영원히 간직하라며 그녀의 목걸이를 주었다. (회화체)

Keep tabs on ~을 예의 주시하다

It's difficult to keep tabs on your friends when you move to another country.

다른 나라로 이사가게 되면 친구들과의 관계를 유지하기 힘들어 진다.

Keep to oneself 남과 어울리지 않다

A lot of killers tend to keep to themselves.

살인자들 중 상당수는 남과 잘 어울리지 않는다.

Keep track of ~을 기록하다

Oh my goodness! I haven't been keeping track of the time and I'm late!

어머나 세상에! 시간을 안 보고 있었더니 늦어버렸네!

Let

Let down ~의 기대를 져버리다

Sally felt that she had let down her parents when she didn't pass the bar exam.

변호사 시험에 떨어지자 샐리는 부모님께 실망을 끼쳐드렸다고 생각했다.

Let in 들여보내다

Please let me in.

제발 들여보내줘요.

Let off 풀어주다

The jury had no choice but to let off the defendant on a technicality.

세부적인 법 조항 하나 때문에 배심원단은 피고를 풀어줄 수 밖에 없었다.

Let on 폭로하다

The party was a secret so nobody let on.

그 파티는 비밀이어서 아무도 그 파티에 대해 얘기하지 않았다.

Let out 내보내다

Please let me out.

제발 나가게 해줘요.

Let up 약해지다

The weatherman said that the cold snap would let up this weekend.

날씨에 따르면 일시적 한파가 이번 주말에 누그러질 것이다.

Idioms (관용구)

Let alone 내버려 두다

Just let her alone. When she's angry, she needs to be alone.

그녀를 혼자 있게 내버려둬. 화가 나있을 때 그녀는 혼자 있기를 원하니까.

Let go ~를 풀어주다/해고하다

Let go of my arm. You're hurting me.

내 팔을 놔줘. 아프단 말이야.

The troublemakers were the first to be let go.

말썽을 일으키던 사람들이 가장 먼저 해고되겠다.

Let off steam 울분을 발산하다

It's healthy to let off steam once in a while. (Informal)

가끔씩 울분을 발산하는 것이 건강에 좋다. (회화체)

Let someone have it 마구 공격하다

The older sister let her brother have it when she saw that he'd taken her iPod. (Informal)

누나는 동생이 그녀의 아이팟을 가져간 걸 알고 마구 동생을 때렸다. (회화체)

Live

Live down 만회하다

The famous opera singer will never be able to live down her awful performance last night.

그 유명한 오페라 가수는 어젯밤의 엉망이었던 공연을 절대로 만회할 수 없을 것이다.

Live in 입주하다

If both the father and mother work, it is often more convenient to have a nanny live in.

맞벌이 부부라면 유모를 집에 들여와 살게 하는 것이 더욱 편리하다.

Live off ~에 의지하여 살다

When will you stop living off your parents?

언제까지 부모님에게 의지해서 살 거예요?

Live through 연명하다

You have no idea what it takes to live through all that.

그런 고생을 하며 사는 것이 얼마나 힘든지 모를 겁니다.

Live up to ~에 따라 살다

Don't feel pressured about living up to the expectations of your fans.

팬들의 기대에 부응하려고 너무 애쓰지는 말아요.

Idioms (관용구)

Live high off the hog 사치스럽게 살다

When you live high off the hog, it's easy to forget those less fortunate than you.

사치스럽게 살다 보면 어려운 사람들의 처지를 망각하기 쉽다.

Live it up 신나게 살다

The bachelor lived it up without a thought about saving for the future. (Informal)

그 총각은 미래를 위한 저축에 대한 생각 없이 신나게 살았다. (회화체)

Live well 유복하게 지내다

For me, an advanced country is one in which a lot of people are not necessarily wealthy but live well.

나에게 있어 선진국이란 국민들이 모두 부자이진 않아도 유복하게 사는 나라이다.

Look

Look after 돌보다

The oldest child will invariably look after the younger siblings.

맏이 항상 동생들을 돌보게 되어 있다.

Look back on 회상하다

Looking back on my life, I feel pretty blessed.

인생을 돌아볼 때, 제가 복을 많이 받았다는 생각이 듭니다.

Look down on 얕보다

A lot of people look down on immigrant workers even though they need them.

많은 이들이 이주노동자를 필요로 하는데드 그들을 우습게 본다.

Look for 찾다

What are you looking for?

무엇을 찾고 있나요?

Look forward to 고대하다

I'm looking forward to hearing from you.

답장 기대할게요.

Look in on ~을 방문하다

You should look in on your elderly mother.

너는 너의 어머니를 찾아뵈어야 해.

Look into ~을 조사하다

Could you look into it for me? I'd really appreciate it.

이것을 조사해줄 수 있니? 정말 고마워.

Look on 구경하다

Even though the accident occurred on the opposite side of the street, there is still a traffic jam on this side, because all the cars look on to see what happened.

저쪽에서 사고가 났는데도 사람들이 사고현장을 구경하기 위해 몰리는 바람에 이쪽까지 교통이 밀린다.

Look out 조심해라/굽어보다

Look out, there are bears in these woods.

숲 속에 곰이 있으니 조심하거라.

This house is beautiful because the living room looks out on the beach.

이 집은 거실에서 해변을 볼 수 있기 때문에 매우 아름답다.

Look out for ~을 조심하다

As I get older, I realize that I should look out for my health.

나이가 들면서 나는 건강을 돌봐야 하겠다는 생각을 한다.

Look over ~를 살펴보다

Did you look over the paper before handing it in?

제출하기 전에 네가 쓴 논문을 살펴봤니?

Look to 보다

Look to your right and you'll see city hall.

오른쪽을 보면 시청이 보일 거야.

Look up 들추어 찾아보다

I looked it up online.

인터넷에서 찾아봤어요.

Look up to ~을 우러러보다

When kids are young, they look up to their teachers and parents.

아이들이 어릴 때는 그들의 선생님과 부모님을 우러러본다.

Idioms (관용구)

Dirty look 째려보다

I knew that guy was going to come up to me and ask me out. When I gave him a dirty look, he just turned away.

나는 그가 나에게 와서 데이트 신청할 것을 알았다. 내가 그를 째려보자 그는 돌아섰다.

Look alive/look lively 활기 있어 보이다

Look alive! (imperative)

활기찬 얼굴을 해라! (명령형)

Look daggers ~을 노려보다

The wife looked daggers at the husband when he talked to the beautiful young girl.

남편이 젊고 예쁜 여자와 이야기를 나누자 부인이 그를 노려보았다.

Look down one's nose at ~을 깔보다

Christine looked down her nose at Silvia because she spoke with an accent.

실비아가 악센트가 심한 발음을 갖고 있기 때문에 크리스틴은 그녀를 깔보았다.

Look on the bright side 긍정적으로 보다

Look on the bright side, since you're at the bottom, there's only one way to go…up!

긍정적으로 보면, 지금보다 더 상황이 나빠질 수는 없으니 앞으로 좋은 일만 생길 거야!

Look sharp 스마트해 보이다

A well-ironed suit, white dress shirt and polished shoes always make a man look sharp.

잘 다려진 정장에 하얀 와이셔츠, 그리고 잘 닦인 구두는 항상 남자를 세련되보이게 한다.

Not much to look at 별로 볼게 없는

I went to see the house because it looked great on the Internet, but when I saw it in person, it really wasn't much to look at.

인터넷으로는 멋져 보여서 그 집에 직접 갔지만, 실제로 보니 별로 볼 게 없었다.

Things are looking up 상황이 호전되다

Ever since her friend became president, things have been really looking up for her.

그녀의 친구가 사장이 된 이후로 그녀의 상황은 호전되기 시작했다.

Make

Make for ~쪽으로 향하다

I'm ready to make for home now.

난 집에 갈 준비가 되었어.

Make out 작성하다

We made out a list of items to be purchased.

구매할 물건의 리스트를 만들었다.

Make over 단장하다

There are a lot of reality shows about making over houses, people and even lives.

집과 사람들, 심지어 인생 자체를 단장해 주는 리얼리티 쇼가 많다.

Make up (침대를) 정리하다

How many times do I have to tell you that you should make up your bed?

침대를 정리하라고 몇 번이나 말해야 알아듣겠니?

Idioms (관용구)

Make a play for ~를 얻으려 노력하다

Kevin made a play for Kate even though he knew that she was my best friend.

케이트가 내 단짝인줄 알면서도 케빈은 그녀를 얻기 위해 노력했다.

Make as if ~처럼 굴다

They made as if they didn't know each other.

그들은 마치 서로를 모르는 것처럼 행동했다.

Make away with 훔치다

The bank teller made away with all the money in the vault.

그 은행직원은 금고에 있는 모든 돈을 들고 달아났다.

Make a day of it 하루 종일 하다

We were supposed to just see a movie, but since we were at the mall, we decided to make a day of it.

우리는 원래 영화 한 편만 보기로 했지만 일단 쇼핑몰에 온 이상 하루 종일 여기 있기로 했다.

Make do 견디다

I didn't have time to go to the supermarket so I just had to make do with what was in the refrigerator.

나는 시장에 갈 시간이 없어서 냉장고에 있는 것들로 대충 견뎌내야 했다.

Make eyes at ~에게 추파를 던지다

She's been making eyes at the singer all night long.

그녀는 그 가수를 향해 저녁 내내 추파를 던졌다.

Make good on 성공하다

You should always make good on your promises.

넌 항상 약속을 잘 지켜야 한다.

Make or break ~의 성패를 좌우하다

This deal will make or break the company.

이번 계약은 기업의 성패를 좌우할 것이다.

Mark

Mark down 값을 내리다

They marked down the price of scarves.

그들은 스카프의 가격을 내렸다.

Mark off 선을 그어 표시하다

The pioneers marked off the limits of their farm.

개척자들은 그들 농장의 경계를 표시했다.

Mark up 값을 올리다

They marked up the price of scarves.

그들은 스카프의 가격을 올렸다.

Idioms (관용구)

Beside the mark 겨냥이 빗나가다

It is beside the mark that Michael is related to the founder of the company.

마이클이 회사의 창립자와 친척이라는 사실은 중요하지 않다.

Make one's mark 이름을 떨치다

It's not easy to make your mark early in life.

젊을 때 이름을 떨치는 것은 쉽지 않다.

On your mark 제자리에

On your mark! Get set! Go!

제자리에! 준비! 땅!

Wide of the mark 빗나가다

Your guess was wide of the mark.

너의 추측은 빗나갔어.

Pay

Pay down 계약금을 치르다

I paid down 1,000 won as an installment.

천원을 할부금으로 냈다.

Pay for 빚을 갚다

If you cheat on the test, you will pay for it one way or another.

시험에서 부정행위를 하면 어떻게 하든 죗값을 치르게 되어있다.

Pay off 모두 갚다/뇌물을 주다

I can't wait to pay off my debt.

내 빚을 하루빨리 청산하고 싶다.

In order to cross the border, the illegal immigrants paid off the border patrol.

국경을 넘기 위해 불법 이민자들은 순찰대에게 뇌물을 주었다.

Idioms (관용구)

Devil to pay/hell to pay 치러야 할 대가

There'll be hell to pay if you don't do your homework.

숙제를 하지 않으면 대가를 톡톡히 치러야 할 것이다.

Pay as you go (외상을 하지 않고) 현금으로 지불하다

It's better to pay as you go than to buy on credit.

신용카드 보다는 바로 현금으로 대금을 지불하 는 것이 더 좋다.

Pay back 갚다

I don't know when I'll be able to pay back my student loan.

내 학자금 대출을 언제 다 갚을지 모르겠다.

Pay one's way 자기 몫을 해내다

The friends decided that they would each pay their own way.

친구들은 각자 자기 몫을 해내기로 결정했다.

You get what you pay for 돈 낸 것만큼 얻을 수 있다

The heel of the shoes I bought at the discount store broke off the other day. What can you expect – you get what you pay for!

내가 저번에 할인점에서 산 구두의 굽이 부러졌어. 어쩌겠니, 싼 게 비지떡이지 뭐!

Pull

Pull away 움츠리다

The toddler pulled away when he saw the big man with the beard.

아기는 거구의 수염 난 아저씨를 보자 움츠렸다.

Pull down 무너뜨리다

The old apartments were pulled down last month.

그 낡은 아파트는 지난달에 허물어졌다.

Pull for ~을 향해서 젓다

The whole town was pulling for their soccer team.

동네 전체가 축구팀을 응원했다.

Pull in 들어오다

The other side needs to be pulled in a bit more.

그 반대쪽이 좀 더 들어와야 해요.

Pull over 길 옆에 세우다

Let's pull over here for now.

여기 잠깐 차를 세웁시다.

Idioms (관용구)

Have pull with 연줄이 있다

The reason why former judges are hired by law firms is because they still have pull with the Ministry of Justice.

전직 판사들을 로펌에서 고용하는 이유는 그들이 법무부에 연줄이 있기 때문이다.

Pull a fast one ~에게 사기를 치다

Tom tried to pull a fast one, but we were all onto him.

탐은 우리에게 사기를 치려 했지만, 우리는 그의 속셈을 알고 있었다.

Pull apart 잡아 찢다

The evaluation committee pulled apart the proposal.

평가 위원회는 제안서를 여러 부분으로 뜯어 냈다.

Pulling teeth 어렵다

Trying to get a direct answer from him is like pulling teeth.

그에게서 직접적인 답변을 얻는 것은 매우 어렵다.

Pull one's punches 사정을 봐주다

He's not one to pull his punches.

그는 사정을 봐주는 사람이 아니에요.

Pull oneself together 기운을 되찾다

The singer pulled herself together and put on a great show.

그 가수는 기운을 되찾아 멋진 공연을 했다.

Pull one's weight 자신의 몫을 다하다

If you're part of a team, you have to pull your weight.

팀원으로서 일을 잘 하려면 너의 몫을 다 해야 한다.

Pull someone's leg 놀리다

Everybody thought that he was pulling my leg but he was serious.

모두들 그가 농담하는 거라고 생각했지만 그는 진심이었다.

Pull strings 영향력을 행사하다

Don't you know somebody who could pull some strings?

아는 사람 중 영향력이 좀 있는 사람 없니?

Put

Put about 퍼뜨리다

Susan put it about that the couple had adopted their baby.

수잔은 그 부부가 아기를 입양했다는 사실을 퍼뜨렸다.

Put across 이해시키다

Rick always puts across his ideas very clearly.

릭은 항상 자신의 의견을 잘 이해시킨다.

Put aside 한쪽으로 치우다

We should put aside our differences and do what is best for our school.

우리는 서로의 차이점을 극복하고 학교를 위해 함께 일해야 한다.

Put away 치우다

Put it away right now.

당장 치워라.

Put down 적다

Our ancestors put down every event in history which helps us understand our past.

우리의 조상들은 역사의 모든 일을 기록해 놓아서 우리가 과거를 이해할 수 있도록 도왔다.

Put forth 제안하다

Unless you can put forth some constructive solutions, please do not come to the meeting.

건설적인 해결책을 내놓지 못할 거면 회의에 들어오지 마세요.

Put forward 앞당기다

I put forward my plan because I knew that it was viable.

실행가능성이 보였기 때문에 계획을 앞당겼다.

Put in 넣다

Could you put in a good word for me?

나에 관한 좋은 이야기를 말해줄래?

Put in for 요청하다

I put in for paternity leave next month.

다음달에 육아 휴직을 신청했다.

Put off 연기하다

The meeting was put off because of the snowstorm.

눈보라가 쳐서 회의가 연기되었다.

Put on 입다

Did you put on a new perfume?

새 향수를 뿌렸니?

Put out 불을 끄다

It took two hours to put out the fire.

불을 끄는데 두 시간이 걸렸다.

Put together 조립하다

We spent four hours putting the puzzle together.

그 퍼즐을 맞추는데 네 시간이 걸렸다.

Put up with 견디다

I cannot put up with the noise any longer.

더 이상 이 소음을 참을 수 없다.

Idioms (관용구)

Hard put 곤경에 빠지다

The committee was hard put to find a better candidate.

위원회는 더 나은 후보를 찾아야 할 처지에 놓였다.

Put in one's two cents (worth) 분명히 자기 의견을 말하다

I decided to put in my two cents when nobody offered to voice their opinion.

아무도 의견을 내놓지 않자 나는 내 의견을 분명히 말하기로 결심했다.

Put oneself out 특별히 애쓰다

I didn't want to put my friend out so I stayed at a hotel.

내 친구에게 폐를 끼치고 싶지 않아서 호텔에 투숙했다.

Put something over on 속이다

It took a few months, but they soon found out that Michael had put something over on them.

비록 몇 달이 걸렸지만 마침내 그들은 마이클이 그들을 속였다는 것을 알아냈다.

Put the blame on 잘못을 돌리다

It's easy to put the blame on your parents, but ultimately, you are responsible for your life.

부모님을 탓하기 쉽지만 결국 네 인생은 네가 책임져야 한다.

Put to it 어려움을 겪다

Tom was put to it to find the answer to the math problem.

탐은 수학문제를 푸느라 고생했다.

Stay put 그대로 있다

It's useless to expect a puppy to stay put. (Informal)

강아지가 가만히 있기를 바라는 것은 무의미하다. (회화체)

Run

Run across 우연히 만나다

I ran across my ex boyfriend at the mall today.

나는 오늘 쇼핑몰에서 전 남자친구와 우연히 마주쳤다.

Run after ~를 쫓아다니다

My neighbor's dog runs after the mail carrier every day.

내 이웃집 개는 우편배달부의 뒤를 매일 쫓아다닌다.

Run along 저리 가거라

Run along now, can't you see that I'm busy?

저리 가거라, 나 바쁜 거 안 보이니?

Run around (with) ~와 어울리다

I knew that she'd get into trouble when I saw her running around with that bad crowd.

나는 그 나쁜 무리들과 어울려 노는 그녀가 문제에 직면할 것을 알았다.

Run away 도망치다

A lot of teenagers run away from home after fighting with their parents.

많은 십대들이 부모와 싸운 후 가출을 한다.

Run away with ~와 함께 도망치다

The heiress ran away with the gardener.

그 상속인은 정원사와 함께 도망쳤다.

Run down 쇠약해지다/달리다

The house was so run down that they decided to rebuild it from scratch.

집이 너무 낡아서 아예 허물고 다시 짓기로 했다.

Run into 들이받다/우연히 만나다

The truck ran into the traffic light because the driver had fallen asleep at the wheel.

트럭운전자가 졸다가 신호등을 들이받았다.

Guess who I ran into yesterday?

어제 내가 누구랑 마주쳤는지 알아?

Run off 꽁무니를 빼다

She ran off without saying a word.

그녀는 한마디 말도 없이 가버렸다.

Run off with ~와 도망치다

The burglars ran off with all the jewelry.

도둑들은 모든 보석을 가지고 달아났다.

Run on 계속되다

The presentation ran on for such a long time that everybody stopped paying attention.

프레젠테이션이 끝도 없이 계속되자 사람들은 듣기를 포기했다.

Run out of 다 써버리다

I've run out of milk. Could you buy me some on the way home?

우유가 다 떨어졌네. 집에 오는 길에 하나 사다 줄래?

Run out on 떠나다

When he lost his job, he ran out on his family.

실직한 그는 가족을 버리고 떠났다.

Run over (차에) 치이다/넘쳐 흐르다

The stray dog was run over by a car.

떠돌이 개가 차에 치였다.

The presentation ran over the time limit.

프레젠테이션이 제한된 시간을 초과하였다.

Idioms (관용구)

To give somebody a run for their money 막상막하의 경쟁

Everybody thought that the visiting team was the underdog, but they really gave us a run for our money.

모두들 원정팀이 약체라고 생각했지만 결과는 막상막하였다.

In the long run 결국

All his lies will catch up with him in the long run.

그의 거짓말은 결국 탄로날 것이다.

In the short run 단기적으로

Those policies might be effective in the short run, but they will soon lose their effectiveness.

단기적으로는 이것이 좋은 정책일지 몰라도 얼마 있지 않아 효력을 상실할 것이다.

On the run 분주한/도망을 다니는

As a working mother of three, she's always on the run.

세 아이의 워킹맘으로서 그녀는 항상 바쁘다.

He was on the run for over ten years, but then somebody recognized him and turned him in to the police.

그는 십 년 넘게 도주해 왔지만 그를 알아본 사람에 의해 경찰에 넘겨졌다.

Run around in circles 분주하게 뭔가를 하지만 성과는 없는

I thought we were making some progress but it looks like we've been running around in circles.

우리가 상당한 성과를 냈다고 생각했는데 다시 보니 별로 해놓은 게 없는 것 같다.

Run for it 달아나다

When they saw the boar in the woods, the kids made a run for it.

멧돼지를 보고 아이들은 줄행랑을 쳤다.

Run in place 제자리 뛰기를 하다

Language learning is a little like running in place.

언어를 배운다는 것은 제자리 뛰기와 같다.

Run out of gas 기름이 떨어지다

At the beginning of the semester, everybody is excited, but they soon run out of gas. (Informal)

학기 초에는 누구나 열심히 하지만 가면 갈수록 힘이 빠진다. (회화체)

Set

Set about 시작하다

Steve set about preparing for school by buying books, notebooks and pens.

스티브는 책, 공책, 펜을 사면서 개학 준비를 했다.

Set against 반대하다

My parents are set against me going abroad to study.

부모님은 유학을 반대하신다.

Set ahead (시간을) 앞으로 맞추다

I set the clock ahead one hour.

시계를 한 시간 빨리 맞춰 놓았다.

Set apart 구별하다

Her confidence set her apart from the other students.

그녀의 자신감은 그녀를 다른 학생들과 차별화한다.

Set aside 제쳐놓다

Could you set that suit aside for me?

저를 위해 그 수트를 빼놓을 수 있으세요?

Set back (시간을) 뒤로 맞추다

There is a two hour difference. Please set your watch back two hours.

두 시간의 시간차가 있어. 시계를 두 시간 뒤로 맞춰놔.

Set down 꾸짖다

Her failure to earn a gold medal was set down to a lack of practice.

그녀는 연습부족으로 금메달을 따지 못했다.

Set forth 제시하다

The professor set forth a new economic theory.

그 교수는 새로운 경제학 이론을 내놓았다.

Set off 터뜨리다

I have to be careful because the smallest thing will set him off.

그는 아주 사소한 일에도 폭발하기 때문에 조심해야 한다.

Set out 출발하다

The freed slaves set out for the unknown.

해방된 노예들은 미지의 삶을 찾아 떠났다.

Set up 세우다

The exhibition was set up in no time.

전시가 순식간에 완성되었다.

Idioms (관용구)

All set 준비가 되다

All our bags are packed and we're all set to go. (Informal)

짐도 다 쌌고 이제 갈 준비가 완료됐어. (회화체)

Dead set against 완강히 반대하다

The school was dead set against students wearing shorts.

학교는 학생들이 반바지 입는 것을 극구 반대했다.

Set forward 시간을 앞으로 맞추다

When Koreans travel to Europe, they have to set their watches forward.

한국인들이 유럽여행을 가면 시간을 앞으로 맞춰야 한다.

Set eyes on 보다

As soon as Oscar set eyes on the bicycle, he knew that he had to have it.

오스카는 그 자전거를 보는 순간 반드시 가져야겠다고 결심했다.

Set one's face against 외면하다

My parents set their face against me becoming a ballerina.

부모님께서는 내가 발레리나가 되는 것을 반대하셨다.

Set store by 중시하다

Civil society sets great store by responsibility.

시민사회는 책임을 매우 중시한다.

Set one's sights on 목표로 삼다

It's important to set your sights on an attainable goal.

실현 가능한 목표를 설정하는 것이 중요하다.

Show

Show in/out 안으로 모시다/배웅하다

Please show our guests in/out.

손님들을 안으로 모셔라/배웅해라.

Show off 자랑하다

Don't show off your new gloves to Tommy.

타미에게는 새 장갑 자랑을 하지 말아라.

Show up 나타나다

He didn't even show up.

그는 나타나지도 않았다.

Idioms (관용구)

Dog and pony show 시시한 구경거리

We don't have to put on a dog and pony show to get approval. The plan stands on its own merit.

허가를 받기 위해 시시한 쇼를 하지 않아도 돼. 계획은 그 자체로서 훌륭하니까.

For show 전시용의

The hugging and kissing was just for show. A few days later, they were divorced.

포옹하고 입 맞추는 것은 전시용일 뿐이었다. 그들은 며칠 후 이혼했다.

Get the show on the road 시작하다

So is everybody ready? Let's get the show on the road!

모두 준비됐나요? 그럼 시작합시다!

Make a show of 과시하다

The teacher always made a show of being nice to her students when she knew there were parents nearby.

선생님은 학부형들이 있을 때는 아이들에게 매우 잘해주는 척 했다.

One-man show 혼자 북치고 장구치다

When small businesses first begin, it's usually a one-man show.

자기 사업을 시작하면 초기에는 혼자서 북치고 장구치고 다 해야 한다.

Run the show 운영하다

Her husband was the president of the company on paper, but she really ran the show.

서류상으로는 남편이 사장이지만 실제로 사업은 그녀가 운영했다.

Show one's true colors 본색을 드러내다

Everybody thought she was really sweet, but when she was caught on video, she showed her true colors.

모두들 그녀가 착하다고 생각했지만 비디오에서 그녀는 본색을 드러냈다.

Show the ropes 일을 어떻게 해야 하나 보여주다

Since you're a rookie, go ask Bill to show you the ropes.

넌 신참이니까 빌에게 가서 이곳 업무에 관해 배우도록 해라.

Steal the show 인기를 독차지 하다

Actors are often advised not to act with children or animals because they will steal the show.

배우들은 아이들이나 동물이 인기를 독차지 하기 때문에 이들과 함께 연기하지 말라고 조언받는다.

Stop the show 대인기를 끌다

It was the singer's first appearance since his accident so when he appeared on stage, he stopped the show.

그 가수는 사고 이후 처음으로 무대에 섰는데 팬들의 반응이 너무나 좋았다.

Sit

Sit down 앉다

If everybody sits down, we'll be able to see the screen better.

모두가 앉으면 다들 스크린을 더 잘 볼 수 있을 것이다.

Sit in 업무를 대신하다

I had to sit in for the sick teacher.

병가를 낸 동료 선생의 업무를 대신해야 했다.

Sit in on 참관하다

The evaluators sat in on the English class.

평가단원은 영어 수업을 참관했다.

Sit on 일원이다

How many times have you sat on a jury?

배심원을 얼마나 많이 해봤어요?

Sit out 끝까지 참관하다

The choir was not that exciting but I sat out the entire performance.

합창단 공연이 그리 좋지는 않았지만 끝까지 앉아있었다.

Sit up 바로 앉다

Our mothers always tell us to sit up because it looks prettier.

어머니들은 항상 더 예뻐 보이려면 바른 자세로 앉아야 한다고 말한다.

Idioms (관용구)

Sit on one's hands 아무것도 하지 않다

The government was blamed for sitting on its hands and not taking action.

정부는 아무런 대책을 내놓지 않아 비난을 받았다.

Sit pretty 유리한 입장이다

Kevin has been sitting pretty with his teachers ever since he got straight A's.

케빈은 올 A를 받은 이후로 선생님들과의 관계에서 유리한 위치를 점했다.

Sit tight 어떤 행동을 취하지 않고 기다리다

I was told to sit tight till I got the results.

결과가 나올 때까지 가만히 있으라고 지시 받았다.

Speak

Speak for 대변하다

I speak for all working mothers when I say that we need all the help we can get.

워킹맘들을 대표해서 말하건대 우리는 최대한 많은 도움을 필요로 한다.

Speak of ~에 관하여 얘기하다

Speak of the devil, I see him right there.

호랑이도 제 말하면 온다더니.

Speak out 실토하다

He never spoke out about that incident.

그는 그 사건에 대해 실토하지 않았다.

Idioms (관용구)

On speaking terms 말을 하다

We haven't been on speaking terms since our last quarrel.

우리는 저번에 싸운 뒤로 서로에게 말을 하지 않았다.

So to speak 말하자면

The whole town, so to speak, came out to greet the hero.

말하자면 마을 전체가 영웅을 반기기 위해 나왔다.

Speak by the book 정확하게 이야기 하면

Very few people can speak by the book.

정확하게 말을 할 수 있는 사람은 매우 드물다.

Speak one's mind 생각을 털어놓다

Nobody dared speak their mind in front of the teacher.

선생님 앞에서 그 누구도 감히 생각을 털어놓지 못했다.

Speak well for 우수함을 증명하다

I thought it spoke well for her parents when she yielded her seat on the bus.

그녀가 버스에서 자리를 양보한 것은 부모님한테 잘 배웠다는 사실(점)을 보여준다.

To speak of 이렇다 할만한

There are no scholarships to speak of.

이렇다 할만한 장학금이 없다.

Take

Take after ~를 닮다

Who do you take after the most, your mom or dad?

부모님 중 누구를 더 닮았어요?

Take apart 분해하다

I took the airplane model apart.

나는 그 비행기 모형을 분해했다.

Take back ~를 철회하다

I took it back.

그 물건을 다시 갖다 줬다.

Take for ~로 잘못 알다

I took him for the friend you introduced me to.

그때 네가 소개해준 사람인 걸로 착각했다.

Take in 사이즈를 줄이다

After I lost 5kgs, I had to take in all my pants and skirts.

5kg이 빠져서 나는 내 바지와 치마 사이즈를 모두 줄여야 했다.

Take off 벗어놓다

You should take off your coat when you're inside.

실내에서는 코트를 벗어놓아야 한다.

Take on 고용하다

We had to take on five more assistants when our business picked up.

사업이 잘되자 우리는 다섯 명의 어시스턴트를 더 그용해야 했다.

Take out (보험에) 들다

He took out two life insurance policies.

그는 두 개의 생명보험을 들었다.

Take over 장악하다

The militia took over the presidential palace after the president fled the premises.

민병대는 대통령이 도망친 후 대통령 궁을 장악하였다.

Take to 습관이 들다

I've taken to having a cup of chamomile tea before going to bed.

잠자기 전에 카모마일 티를 마시는 것이 습관이 됐다.

Take up 시작하다

Now that the children have all gone to college I've taken up dance lessons.

이제 자녀들이 모두 대학에 가서 나는 댄스 수업을 듣기 시작했다.

Idioms (관용구)

To be on the take 뇌물을 받다

The town was appalled when they found out that the sheriff was on the take.

마을은 보안관이 뇌물을 받았다는 사실에 충격을 받았다.

Take a rain check 다음을 기약하다

I'm busy tonight, but can I take a rain check?

오늘 좀 바빠서 그러는데 다음을 기약해도 될까?

Take at one's word 말을 믿다

I took it at his word but now I know that I should have checked the facts.

그가 말한 대로 믿었지만 내가 사실여부를 확인 했어야 한다는 것을 이제는 안다.

Take five 잠깐 쉬다

We've been working all morning long. Why don't we take five? (Informal)

오전 내내 일했으니 잠깐 쉴까? (회화체)

Take for granted 당연하게 여기다

It's only when a tragedy occurs that you realize that you've taken a lot for granted.

비극적인 일이 닥쳐서야 우리는 삶에서 너무나 많은 것들을 당연시 했다고 깨닫는다.

Take heart 자신감을 얻다

Elisabeth took heart when the audience started clapping.

객석에서 박수가 나오자 엘리자베스는 자신감을 얻었다.

Take it 견디다/이해하다

The prison inmates took it because they knew they would be free soon.

수감자들은 곧 풀려날 것을 알았기 때문에 참았다.

I take it that you want to buy this desk?

이 책상을 구매하고 싶으시단 말씀이시죠?

Take it out of 지치게 하다

Babysitting for toddlers can take it out of anyone.

아이들을 돌보는 일은 그 누구라도 지치게 한다.

Take it out on 화풀이 하다

I took it out on my boyfriend, but then I apologized.

남자친구에게 화풀이를 했지만 곧바로 사과했다.

Take it with a grain of salt 에누리해서

Susan told me that I was going to be promoted but I always take what she says with a grain of salt.

수잔은 내가 곧 승진할 거라고 말했지만 나는 그녀의 말이라면 항상 에누리해서 듣는다.

Take pains to 일부러 애쓰다

I took pains to use the right words so as not to offend the priest.

성직자에 대한 예를 갖추기 위해 나는 올바른 단어를 사용하고자 노력했다.

Take the trouble to 수고스럽게도

The wife of the CEO took the trouble to call on the employees' families after the fire struck the plant.

공장에 불이 난 후에 CEO의 부인은 직원들의 가족들을 일일이 방문하는 수고를 했다.

Take up a collection 모으다

When we heard that Laura's house had been flooded, we took up a collection.

로라의 집이 물에 잠겼다는 소식을 듣고 우리는 모금을 했다.

Take upon oneself 책임을 지다

She took it upon herself to tell the CEO that the project was losing money.

그녀는 총대를 메고 CEO에게 프로젝트가 적자를 내고 있다고 말했다.

Talk

Talk around 돌려 말하다

He's so suave that he's able to talk around anybody.

그는 너무나 정중해서 아무에게나 돌려서 말할 수 있다.

Talk away 지껄이며 시간을 보내다

The friends talked away the hours it took to get their perms.

친구들은 파마를 하는 동안 수다를 떨었다.

Talk back to 말대꾸하다

How dare you talk back to me?

감히 말대꾸를 해?

Talk down to 야단치다

Children don't like it when you talk down to them.

아이들은 꾸중 듣는 것을 좋아하지 않는다.

Talk of 이야기하다

There's talk of a restructuring of the company.

회사의 구조 조정 이야기가 있다.

Talk out 깊게 논의하다

When you have a problem, it sometimes helps to talk it out.

문제가 있을 때는 이를 깊이 있게 의논하는 것이 도움이 된다.

Idioms (관용구)

Heart to heart talk 털어놓고

The most important aspect of a heart to heart talk is to really listen to the other person.

털어놓고 이야기할 때 가장 중요한 점은 상대방의 말을 경청하는 것이다.

Look who's talking 사돈 남 말한다

He's accusing us of skipping classes? Look who's talking!

그가 우리보고 수업 빠졌다고 뭐라고 했다고? 사돈 남 말하시네!

Now you're talking 바로 그거야

A pay increase? Now you're talking!

임금 인상? 바로 그거야!

Small talk 담소

Used well, small talk can really make people feel comfortable.

잘 이용한다면 담소를 통해 사람들이 편안함을 느끼게끔 할 수 있다.

Straight talk 직설

No beating around the bush. Sometimes you need straight talk.

둘러 말하지마. 직설적으로 이야기하는 것도 필요하다고.

Sweet talk 감언

He's so good at sweet talking girls that they'll do anything for him.

그는 여자들을 하도 말로 잘 꼬셔서 그가 원하는 대로 하게 만든다.

Talk big 호언하다

Before the merger, the CEO talked big about bonuses and promotions but nothing happened. (Informal)

합병 전에 CEO는 보너스 혹은 승진이라고 하며 호언장담했지만 막상 아무것도 없었다. (회화체)

Talk shop 직장이야기를 하다

You shouldn't talk shop at social occasions.

친교의 장에서는 직장 이야기를 해서는 안 된다

Talk someone's head/ear off 엄청난 수다를 떨다

It's so irritating when you just want to sleep and the person next to you talks your ear off.

자고 싶은데 누가 옆에서 자꾸 끊임없이 떠들면 정말 짜증난다.

Talk the talk 말을 번지르르하게 하다

The reason why the con artist was so convincing was because he talked the talk.

그 사기꾼이 그렇게 확신을 주었던 이유는 그가 말을 번지르르하게 잘했기 때문이다.

Talk to death 장황하게 이야기하다

We talked to death about the proposal but it was never adopted.

우리는 그 제안에 대해 끝도 없이 이야기했지만 결국 채택되지 않았다.

Think

Think of 생각하다

I can't think of a single thing that I'd change.

내가 바꿔야 할 단 한 가지도 생각해 낼 수 없다.

Think back 추억하다

When you think back, it all seems like a dream.

생각해보면 모든 게 꿈같이 느껴진다.

Think through 충분히 생각하다

If you think the problem through, you will find the answer.

문제에 대해 숙고한다면 답을 찾을 수 있을 거야.

Think up 생각해내다

Quick! Think up of an excuse!

빨리! 핑계를 생각해 내!

Idioms (관용구)

Hear oneself think 생각을 차분히 하다

It's so noisy in here. I can hardly hear myself think!

여기가 너무 시끄러워서 차분히 생각을 할 수가 없어!

Put on one's thinking cap 생각에 잠기다

Just give me a few minutes. I'll put my thinking cap on and I'll come up with a theme for our party.

몇 분만 시간을 줘. 우리 파티의 테마를 생각해낼 테니까.

Think again 재고하다

If there's still time, I'd advise you to think again.

아직 시간이 있다면 다시 생각해보라고 말해주고 싶어.

Think better of 안 하기로 하다

She was thinking of buying a big sedan, but then thought better of it and bought a compact car.

큰 세단을 사고 싶던 그녀는 생각을 바꿔서 소형차를 샀다.

Think nothing of 문제 삼지 않다

Think nothing of his tantrums. He's just doing it to attract attention.

그가 성질부리는 것을 신경 쓰지 말아요. 관심을 끌고 싶어서 그러는 거니까.

Think twice 재고하다

If I were you, I'd think twice about accepting that job.

내가 너라면 그 일을 수락하는 걸 재고해보겠어.

Wishful thinking 희망사항

I was hoping to go to Hawaii for our honeymoon but I can see now that it's only wishful thinking.

신혼여행으로 하와이를 가고 싶었는데 이제 희망사항이 되었군.

Turn

Turn back 돌아가다

We turned back to see the parade.

행진을 보기 위해 돌아갔다.

Turn down 거절하다

They turned down the proposal.

그들은 그 제안을 거절했다.

Turn in 제출하다

Did you turn in the assignment?

숙제 제출했니?

Turn into 되다

He always turned into the perfect gentlemen in front of other people.

그는 언제나 다른 사람 앞에서는 신사로 돌변했다.

Turn off 끄다

Please turn the lights off.

불을 꺼라.

Turn on 켜다

Somebody turned on the music.

누가 음악을 켰어.

Turn out (반대로) 돌리다/생산하다

How is she able to turn out so many books each year?

그녀는 일 년에 어쩜 그렇게 많은 책을 낼 수 있지?

Turn over 회전

She fell off the bed when she turned over.

그녀는 돌아누우면서 침대에서 떨어졌다.

Turn to 의지하다

Robert turned to his parents for help.

로버트는 부모님에게 도움을 청했다.

Turn up 찾다

After digging for evidence, the police were able to turn up conclusive evidence to indict the murderer.

증거 확보를 위해 노력한 결과 경찰은 살인범을 기소할 수 있는 결정적 증거를 찾아냈다.

Idioms (관용구)

At every turn 언제나

I thought that in Paris nobody would speak English, but we met with English speakers at every turn.

난 파리에서 아무도 영어를 못할 거라고 생각했는데 가는 데마다 영어로 말하는 사람들을 만났다.

By turns 차례로

They sang and danced by turns.

그들은 차례로 노래하고 춤을 췄다.

In turn 차례차례

Each class in turn must deal with the same problems.

각 반이 차례로 같은 문제를 풀어야 한다.

Out of turn 두서없이

All the students were upset when the teacher called on the students out of turn.

선생님이 출석을 두서없이 부르자 학생들은 화가 났다.

Take turns 교대로 하다

Why don't we take turns throwing the garbage out?

쓰레기 내다 버리는 것을 교대로 하면 어때?

To a turn 꼭 알맞게

The makeup was done to a turn.

메이크업이 꼭 알맞게 되었다.

Turn tail 꽁무니를 빼다

When the thief saw the police, he turned tail in the opposite direction.

도둑이 경찰을 보자 반대 방향으로 달아났다.

Turn the tables 형세를 역전시키다

The subsidiary turned the tables on the mother company and won the contract.

자회사는 모회사를 누르고 계약을 따냈다.

Wash

Wash down 씻다

We washed down the car which was covered in dirt.

우리는 흙 묻은 차를 씻어냈다.

Wash off 씻다

It washes off after a while.

얼마 있으면 곧 씻겨 없어집니다.

Wash out 씻어내다

Vinegar washes out a lot of stains.

식초로 많은 얼룩을 씻어낸다.

Wash up 세수하다

Please wash up before dinner.

저녁 먹기 전에 꼭 세수를 해라.

Idioms (관용구)

Come out in the wash 곧 알게 되다

Nobody knows now but it will soon come out in the wash.

지금은 아무도 모르지만 곧 다 알게 될 거다.

Wash one's hands of 관계를 끊다

The teacher washed his hands of the troublemaker.

선생님은 문제의 학생과 관계를 끊었다.

Won't wash 안 먹혀 들다

Your proposal won't wash with the new committee.

새 위원회는 너의 제안을 수락하지 않을 것이다.

Work

Work in/into 넣다

I asked my dentist to work me into her schedule because my tooth really ached.

나는 이가 너무 아파서 치과의사에게 나를 꼭 진료 일정에 넣어달라고 부탁했다.

Work off 없애다, 빚을 갚다

It's so difficult to work off the extra calories.

추가 칼로리를 없애는 것은 너무나 어렵다.

Work on 설득하다

Sonya worked on her father for a week and she finally got her allowance increase.

소냐는 아버지를 일주일간 설득한 끝에 용돈을 올려 받았다.

Work out 조정하다

We could work this out together.

우리는 힘을 합쳐 조정할 수 있습니다.

Work over 다시 보다

I worked over the last three chapters of the book.

나는 그 책의 마지막 세 단원을 다시 수정했다.

Work through 숙고한 끝에 해결하다

It's important to work through your feelings of helplessness.

무력함에 대해 깊이 생각하여 극복하는 것은 매우 중요하다.

Work up 흥분하다/힘써 만들어 내다

The children got all worked up when they were told that they were going to Disneyworld.

디즈니랜드에 간다는 말을 듣고 아이들은 무척 흥분했다.

Work up to ~한 상태로까지 발전되다

He worked his way up to his current position through hard work.

그는 현재의 지위를 얻기까지 매우 열심히 노력했다.

Idioms (관용구)

At work 일하는 중

I don't know how long he's been at work on his new play.

그가 새로운 연극을 쓰는 일을 얼마나 오랫동안 해왔는지 나는 알지 못한다.

In the works 진행되고 있는

The Hollywood version of the Korean movie is in the works.

그 한국영화의 할리우드 버전이 현재 논의되고 있다.

Make short work of 재빨리 해치우다

The kids made short work of the birthday cake.

아이들은 생일케이크를 재빨리 해치웠다.

Out of work 실직한

The problem is that the youth are out of work.

문제는 청년실업이다.

Write

Write down 적다

Make sure that you write down everything.

모든 것을 다 적도록 하세요.

Write in 써넣다

I thought that Mark would make a fine mayor so I wrote in his name on the ballot.

마크가 매우 좋은 시장이 될 거라고 생각하여 그의 이름을 투표용지에 적었다.

Write off 부채를 탕감하다

The IMF wrote off half of the debts of the underdeveloped country.

IMF는 저개발국 부채의 반을 탕감했다.

Write out 빼지 않고 다 쓰다

Write out all the conditions in the agreement.

합의문에 모든 조건을 빠짐없이 다 쓰십시오.

Write up 상세히 쓰다

The intern was left to write up the report.

인턴사원은 보고서를 써내야 했다.

Idioms (관용구)

Nothing to write home about 특별히 내세울 것 없는

I thought college would be fun but it's nothing to write home about.

난 대학생활이 매우 즐거울 줄 알았는데 그리 특별한 것은 없다는 것을 알게 됐다.

국제회의
통역사의
비밀노트

Part 04

관사 (Articles)

관사는 문장의 의미를 송두리째 바꾸어 놓을 수 있는 중요한 역할을 한다. 아래의 예를 보며 같은 명사가 관사 없이, 정관사, 부정관사와 함께 쓰일 때 어떻게 의미 변화를 하는지 알아두기 바란다. 통역할 때 이러한 의미 변화를 잘 알고 있어야 정확한 의사전달을 할 수 있다.

주요 역할

1. 관사를 취하지 않을 때는 주로 추상적인 개념을 나타낸다.
2. 정관사를 취하는 경우는 특정한 사물 및 개념을 지칭하는 경우가 많다.
3. 부정관사는 특별히 지칭할 필요가 없는 일반적인 명사에 붙는다.

① 정치

Aid

I applied for financial aid in order to get a master's degree.

석사 학위를 얻기 위해 학자금 대출을 신청했다.

The brochure is provided as an aid to understanding.

이해를 돕기 위해 책자가 제공된다.

Collaboration

The two companies agreed to work in collaboration to launch a new fashion brand.

새로운 패션 브랜드를 출시하기 위해 두 회사가 합작으로 진행하기로 했다.

The collaboration between Gap and Zara made a splash in the 2011 New York Fashion Week.

2011년 뉴욕 패션 위크에서 갭과 자라의 합동 작품이 많은 주목을 받았다.

Consensus

Every country on the UN Security Council seems to understand the need for consensus.

유엔안보리의 모든 국가가 의견수렴의 중요성을 인식하는 것 같다.

It is the consensus of opinion that the IMF directors are counting on in carrying out the policy.

이 정책을 추진하는 데 있어 국제통화기금의 이사들은 회원국 간의 의견 일치가 있다는 점에 많은 기대를 걸고 있다.

Cooperation

The official confided that the cooperation between the two states at this deep level is unheard of.

관계자의 말에 따르면 양국 간의 긴밀한 협력관계는 그 전례를 찾아보기 힘들다고 한다.

I can't thank you enough for your commitment to international cooperation.

국제협력에 관한 당신의 노력에 깊이 감사 드립니다.

Deregulation

A reform has been conducted to ensure deregulation of the financial industry.

금융계에 대한 규제 완화가 관철될 수 있도록 개혁을 진행하였다.

The deregulation of the airline industry is perceived as a sign for the end of government intervention.

이번 항공업에 대한 규제 완화는 더 이상의 정부 개입이 없을 것이라는 신호로 여겨진다.

Disaster

What a disaster it is!

이게 웬 날벼락인지!

We're trying to find a way to avoid disaster at all costs.

어떻게 해서든 재앙만은 막아보려고 노력하고 있다.

Governance

New Yorkers have very different approaches to the governance of the city.

뉴욕 사람들은 도시 운영에 관하여 생각이 매우 다르다.

Governance of the IMF played a crucial role in the recovery process of the financial crisis.

이번 금융 위기 극복 과정에서 국제 통화 기금의 리더십은 큰 역할을 했다.

Oversight

The fact that she didn't get an invitation is surely just an oversight.

그녀가 초대받지 못한 것은 실수로 그렇게 된 것이다.

The acting brand manager was given oversight of the project.

대행으로 일하는 브랜드 매니저는 그 프로젝트에 관해 감사를 받았다.

Regulation

Companies must comply with the regulations.

법인은 규제를 준수해야 한다.

Each branch has its own set of rules and regulations.

각 지점별로 고유한 법과 규제가 있다.

Terror

The terror the children felt was real.

아이들이 느낀 공포는 선명했다.

His regime was ruled by terror.

그의 정권은 철권통치로 유지되었다.

② 경제

Business

Their film studio is the best in the business.

업계에서는 그 스튜디오가 최고로 인정받는다.

I have to go to New York City on business next week.

다음 주에 사업차 뉴욕에 가야 한다.

Demand

The demand for high-end jewelry is increasing as the economy gets better.

경기가 좋아지면서 고급 보석에 대한 수요도 늘어나고 있다.

We increased production to meet demand.

수요에 맞추기 위해 생산을 늘렸다.

Economics

The economics of building a new stadium puts a lot of strains on our budget.

새 경기장을 짓는 것은 우리 재정에 많은 부담을 가져온다.

My number one priority is to put the economy back on sound economics.

내가 최우선으로 삼는 과제는 경제의 건전성 기반을 다지는 것이다.

Economy

Korea is one of the strongest players among emerging economies.

한국은 가장 유망한 신흥국 중 하나다.

Make sure you learn to practice economy.

절약을 생활화 하도록 힘써야 한다.

Fundamental

The fundamentals of our economy remain strong.

우리 경제의 기초는 여전히 튼튼하다.

No matter what you learn, getting fundamentals right is crucial.

무엇을 배우든 간에 기초가 중요하다.

GDP(Gross Domestic Product)

The GDP of the U.S. is number one in the world.

미국의 GDP는 세계 최고다.

China is second next to the U.S. in terms of GDP.

중국의 국내총생산은 미국에 이어 세계 2위이다.

Protectionism

The rise of protectionism in global trade should be put in check.

국제 교역에서 보호 무역주의가 태동하지 않도록 주의해야 한다.

We won't close our doors of trade even in the face of political pressure for protectionism.

보호 무역주의 강화를 위한 정치적 압력에도 굴복하지 않을 것이다.

Supply

Striking a balance between demand and supply is what economics is all about.

경제란 결국 수요와 공급의 균형을 잘 맞추는 것이다.

I've heard that the supply of oil in the global market has been plunging, causing oil prices to soar.

유가 급등은 세계 석유 시장에 공급이 줄어들면서 발생한 결과이다.

Trade

We decided to deepen our relations with the U.S. to expand trade between the two countries.

양국 교역을 확대하기 위해 미국과의 관계를 더욱 돈독히 하기로 했다.

The trade between the two countries should be expanded.

양국간 교역은 증대되어야 한다.

Unemployment

The riots were fueled by the high youth unemployment.

청년실업률 증가가 폭동을 부추겼다.

The government redoubled its efforts to tackle unemployment.

정부는 실업률 개선을 위해 발 벗고 나섰다.

③ 사회

Aging

Our society must prepare itself for an aging population.

이제 우리 사회가 고령화를 대비할 때다.

Long term implications of the aging of our society should be studied in detail.

고령화가 장기적으로 우리 사회에 미칠 영향을 좀 더 깊이 있게 연구할 필요가 있다.

Development

The G20 Summit reached an agreement to pour more resources into development.

주요 20개국 정상들은 개발 이슈에 좀 더 많은 재원을 투자하기로 했다.

The UN is doing a lot of work for the development of children's vaccines.

유엔은 아동 백신 개발을 위해 많은 노력을 하고 있다.

Education

I transferred to a private high school to get a better education.

나는 좀 더 나은 교육을 위해 사립학교로 전학 갔다.

She's working as a reporter for the New York Times covering education.

그녀는 뉴욕타임즈에서 교육부문 담당 기자로 일한다.

Lifestyle

This is a magazine on lifestyles.

이건 라이프스타일 잡지이다.

Every woman dreams of having the lifestyle of Anna Wintour.

아나 윈투어처럼 사는 것이 모든 여성들의 꿈이다.

Quality

The quality of water needs to be protected.

수질 보호가 필요하다.

The assessment was designed to evaluate both quality and quantity.

이번 조사는 양과 질 모두를 시험하고자 만들어졌다.

Right

Women's rights are human rights.

여성 인권이 곧 인권이다.

The right to pursue happiness is an indivisible human right.

행복추구권은 불가분한 인권이다

Society

Korean society is filled with mistrust.

한국사회는 불신으로 가득 차있다.

Making a level playing field is crucial in creating a fair society.

공정 사회 건설에 있어 공정한 경쟁의 장을 마련하는 것이 중요하다.

Value

The value of a welfare system needs to be appreciated.

복지제도의 가치가 좀 더 잘 인식되어야 한다.

The company aims to provide more value to its customers.

그 회사는 고객에게 좀 더 많은 가치를 제공하는 것을 목표로 한다.

Welfare

The Republican government is not really keen on welfare.

공화당 정부는 복지정책을 그다지 달가워하지 않는다.

The welfare program needs to be reformed.

복지제도를 개혁해야 한다.

Wellbeing

Eating healthy food is important for the wellbeing of a person.

건강해지려면 몸에 좋은 음식을 먹어야 한다.

The brand is all about creating a lifestyle focused on wellbeing.

이 브랜드는 웰빙에 기초한 라이프스타일을 만드는 것을 추구한다.

④ 환경

Effects

The effects of air pollution are already being felt everywhere in the city.

대기오염의 폐해가 벌써 도시 곳곳에 나타나고 있다.

The experience has had a bad effect on the community.

그 사건은 지역사회에 나쁜 영향을 미쳤다.

Emission

The Copenhagen summit did not result in an agreement on the reduction of greenhouse gas emissions.

코펜하겐 회의에서 온실가스 배출 감축에 관해 합의를 도출해내지 못했다.

The carbon emissions from vehicles need to be regulated.

자동차 탄소 배출은 제한되어야 한다.

Energy

The solar energy development project is well underway.

태양에너지 개발 사업이 잘 진행되고 있다.

The smart grid will reduce household energy consumption.

스마트그리드를 사용하면 가정의 에너지 소비가 줄어들 것이다.

Environment

Protecting the environment should be our number one mission.

자연보호는 우리의 최우선 목표이어야 한다.

Creating an eco-friendly environment is definitely on our agenda.

환경친화적인 여건을 조성하는 것은 우리의 목표 중 하나이다.

Footprint

We can reduce carbon footprints using this strategy.

탄소발자국을 이 전략을 통해 줄일 수 있다.

The carbon footprints of electric vehicles are practically zero.

전기차는 탄소발자국을 거의 남기지 않는다.

Gas

Natural gas is a viable alternative to fossil fuels.

천연가스는 화석연료의 대안으로서 충분한 자격이 있다.

We all know that reducing greenhouse gases is an important point.

온실가스 배출 감축이 중요하다는 것은 누구나 공감한다.

Life

Ocean life was greatly jeopardized due to the oil spill.

이번 기름 유출 사고로 해양생태계가 위험에 빠졌다.

Maintaining a clean environment is beneficial for all living creatures on Earth.

깨끗한 환경은 지구상의 모든 생명에게 이롭다.

Pollutant

Scientists are worried about the increasing pollutants in the air.

과학자들은 대기에 점점 많아지는 오염물질에 대해 걱정하고 있다.

We now have the technology to reduce pollutants that can not be seen.

이제는 과학이 발달하여 육안으로 보이지 않는 오염물질도 줄일 수 있게 되었다.

Pollution

The pollution in the river is a source of greatest concern in this community.

하천 오염은 그 지역의 가장 큰 걱정거리이다.

A city ordinance has to be put in place to prevent further pollution.

시(市) 차원에서 더 이상의 오염을 막기 위해 법령을 제정해야 한다.

Power

Solar power is an excellent renewable energy.

태양 에너지는 매우 훌륭한 신재생에너지이다.

We generate power from diverse sources; wind, hydro, and solar energies.

풍력, 수력, 태양열 에너지 등 다양한 에너지원을 통해 전기를 생산한다

⑤ 문화

Convergence

The convergence of IT and culture is creating a new lifestyle.

정보통신기술과 문화의 융합은 새로운 라이프스타일을 창조하고 있다.

Our efforts to consolidate the two distinct branches could bring about the convergence of innovation and creativity.

서로 다른 두 개의 부서를 합치면 혁신과 창조의 융합을 이끌어 낼 수 있다.

Dialogue

Promoting dialogue between different faiths is difficult.

종교간 대화를 시도하는 것은 매우 어렵다.

I liked the dialogue between Tommy and Kate at the beginning of the movie.

영화 초반에 토미와 케이트의 대화가 흥미로웠다.

Discrimination

Racial discrimination is everywhere.

인종차별은 어디에나 있다.

She fought against the discrimination she faced at work.

직장에서 직면한 차별에 맞서 싸웠다.

Globalization

The advent of globalization has forever changed the face of our society.

세계화는 우리 사회의 모습을 완전히 바꾸어 놓았다.

We should modernize our financial system in line with the standards set by the globalization of the world of finance.

우리의 금융 시스템은 국제 기준에 맞추어 정비해야 한다.

Homogenization

Korea has a society where homogenization is well in place.

한국사회는 획일화된 편이다.

The racial homogenization in this society is an anomaly in this era of globalization.

세계화의 추세에 비추어 볼 때 이 사회의 인종적 획일성은 매우 드문 현상이다.

Integration

Social integration of different ethnic groups is a positive development.

인종간 화합은 매우 긍정적 발전이다.

We should strive to achieve a peaceful integration of differing political opinions.

서로 다른 정치적 의견을 평화롭게 수렴하기 위해 노력해야 한다.

IT

IT is one of the thriving export items of Korea.

정보통신기술은 한국의 주요 수출품목 중 하나이다.

The iPad is revolutionizing the field of IT.

아이패드의 등장은 정보통신기술의 혁명을 주도하였다.

Medicine

Billions of people are benefiting from the discoveries in medicine.

수십억 인구가 의료기술 발달의 혜택을 보고 있다.

The disaster area is in dire need of the medicine for emergency care.

재난지역은 응급 의료품의 부족을 겪고 있다.

SNS

Even Mark Zuckerberg did not realize the full potential of social media at the beginning.

마크 주커버그조차도 소셜 네트워크 서비스의 잠재력을 다 알지는 못했다.

Facebook has proven that social media is capable of creating a miracle.

페이스북은 소셜 네트워크 서비스가 기적을 만들어 낼 수 있다는 것을 증명했다.

Society

American society in general is more aware of race relations.

미국사회는 인종관계에 대한 의식 수준이 높다.

Democracy is a force that could shape a society in a better way.

민주주의는 사회를 좀 더 바른 길로 이끄는 원동력이다.

⑥ 그 외 일반 명사의 관사 사용법

Accommodation

She changed her schedule as an accommodation to her children.

그녀는 아이들을 돌보기 위해 스케줄을 바꿨다.

Negotiators were convinced that accommodation with the other party was possible.

협상팀은 상대와의 의견 일치가 가능하다고 보았다.

Air

There was heavy fighting on the ground and in the air.

육지와 공중에서 모두 치열한 싸움이 벌어졌다.

The law was meant to produce cleaner air.

이 법안은 청정한 공기를 만들기 위해 제정되었다.

Beauty

I'm learning to appreciate the beauty of ballet.

요즘 발레의 아름다움에 흠뻑 빠져있다.

Can you believe she was a great beauty when she was young?

그녀가 젊었을 때 절세 미인이었다는 것이 믿어지나요?

Business

She has the skills necessary to run a business.

그녀는 사업수완이 좋다.

Kenny has decided to go into business with his brother.

케니는 형과 함께 사업을 하기로 했다.

Charity

She runs a local charity that gives books to the poor.

그녀는 가난한 사람들에게 책을 나눠주는 자선단체를 운영한다.

Christmas is a time for charity and good will.

성탄절은 이웃 사랑 실천을 위한 시간이다.

Charm

The cottage has a quaint charm.

그 오두막은 매우 진기한 매력이 있다.

The new lamp adds charm to the room.

새로 산 램프가 방에 매력을 더해준다.

Cold

I think it's just a cold.

단순 감기인 것 같다.

I mind cold more than heat, if you ask me.

더운 것 보단 추운 게 더 견디기 힘들어.

Dinner

Is it okay to just warm up a frozen dinner?

냉동식품 데워먹는 거 괜찮아?

I've already had dinner.

저녁을 이미 먹었어.

Education

The school is devoted to the education of children with dyslexia.

그 학교는 난독증 학생들을 위한 교육에 힘쓴다.

Education is important for the development of a country.

교육은 국가개발에 중요하다.

Experience

We had a frightening experience.

우리는 매우 무서운 경험을 했다.

The best way to learn is by experience, they say.

최고의 스승은 경험이다.

Faith

Lending her the money to start her own business was an act of faith.

그녀에게 사업 자금을 빌려준 것은 그만큼 그녀를 믿었기 때문이다.

She said her faith had given her the courage to deal with the setback.

그녀는 신앙 덕분에 절망을 딛고 일어설 수 있었다고 말했다.

Game

He scored a goal to tie the game.

그의 골로 경기가 동점이 되었다.

Dancing is not my game.

나는 춤에 별로 소질이 없어.

Glass

She drank a glass of vodka tonic.

그녀는 보드카토닉을 마셨다.

I think the cup is made of glass.

이 컵은 유리 재질인 것 같다.

Grammar

It's hard to compare the grammars of English and Korean.

영어와 한국어의 문법을 비교하는 것은 힘들다.

"Her and I went" is bad grammar.

그녀와 내가 갔다고 할 때 주어 대신 목적어를 쓰면 틀린 문법이다.

History

I got a PhD in history.

나는 사학으로 박사 학위를 받았다.

He and I have a history.

그와 나는 과거에 연인이었다.

Iron

The Iron Curtain speech by Winston Churchill is quite famous.

윈스턴 처칠의 철의 장막 연설은 매우 유명하다.

This museum is made of iron and steel.

이 박물관은 철과 강철로 만들어졌다.

Language

He's learning Korean as a second language.

그는 제2언어로 한국어를 배우고 있다.

The Universal Declaration of Human Rights is written in simple and plain language.

세계 인권 선언은 매우 단순하고 읽기 쉬운 언어로 쓰여졌다.

Lamb

Look at the lamb that is on the grass over there.

저기 풀밭 위의 양을 보아라.

She's as gentle as a lamb.

그녀는 양처럼 순해.

Law

That's the law of this land.

그게 바로 이 땅의 법이다.

The EPA proposed a new law to protect water in the LA area.

미 환경보호청은 로스엔젤레스 지역 수질보호를 위한 법안을 발의했다.

Light

She's a leading light among current dancers.

그녀는 무용수들 중 단연 돋보인다.

The field was bathed in light.

들판에 빛이 가득했다.

Memory

What happened then is just a dim memory to me now.

그때 일어난 일은 이제 희미한 기억으로 남아있을 뿐이다.

To the best of my memory, that's how it happened.

내 기억을 최대한 되살려 볼 때, 그 일이 그렇게 일어났다.

Paper

The cost of paper is plunging.

종이 값이 급락하고 있다.

It takes a lot of money to produce a paper.

신문 창간에는 돈이 많이 든다.

Play

He directed and starred in the movie.

그는 자신의 영화를 감독하고 주연도 맡았다.

Rain held up play for two hours.

비가 내려 경기가 두 시간 동안 중단되었다.

Reason

It's important to rely on reason, not emotion.

감정이 아닌 이성으로 판단하는 것이 중요하다.

Everything happens for a reason.

모든 일에는 이유가 있다.

Room

I could hear the radio from the next room.

옆방에서 흘러나오는 라디오 소리가 들렸다.

You've got some room to improve on your steps.

넌 스텝을 좀 더 연습해야 한다.

Rubber

I bought a set of rubber ear plugs.

고무 귀마개를 샀다.

This statue is made of rubber.

이 동상은 고무로 만들어졌다.

Space

He has a space between his front teeth.

그는 앞니가 벌어졌다.

Is there space in the shelves for this frame?

책장에 이 액자를 넣을 곳이 있나요?

Speech

I'm supposed to give a speech tomorrow.

내일 연설을 해야 한다.

People tend to lower their registers in informal speech.

평상시 대화에는 보통 어려운 단어를 잘 사용하지 않는다.

Study

He co-authored a study on childhood obesity.

그는 아동 비만에 관한 연구논문을 공동 집필했다.

Becoming a priest requires years of study.

사제가 되려면 다년간의 공부가 필요하다.

Talk

The famous author's talk on the big bang theory was aired on PBS.

PBS는 그 유명한 저자의 빅뱅이론에 관한 강연을 중계방송했다.

I know it's all just talk and no action.

이건 말뿐이고 행동은 없을 것이다.

Time

Would you prefer the interview to be at an earlier time?

인터뷰를 좀 더 일찍 하고 싶으신가요?

The two shows are separated by time and space.

그 두 쇼는 다른 시공간에서 펼쳐진다.

Tin

I microwaved a tin of soup for dinner.

저녁으로 캔 수프를 데웠다.

This pot is made mainly of tin and aluminum.

이 냄비는 주석과 알루미늄으로 만들어졌다.

Trust

Our relationship with God is founded on mutual love and trust.

하느님과 우리의 관계는 상호 신뢰와 사랑에 기초한다.

She created a trust for her grandchildren.

그녀는 손주들을 위해 펀드를 개설했다.

Wood

String instruments are made of wood.

현악기는 나무로 만들어진다.

The wood on the desk has begun to rot.

그 나무 책상이 썩기 시작했다.

Work

I'm trying to find work in fashion.

패션계에서 일하기 위해 알아보고 있다.

This is a great work of art.

이건 매우 훌륭한 작품이다.

Youth

The youth in our country is facing the toughest job market in history.

우리나라 젊은이들은 어느 때보다 어려운 취업시장에서 고전하고 있다.

A youth is suspected of starting the fire.

한 청년이 방화 용의자로 의심받고 있다.

국제회의
통역사의
비밀노트

Part 05

발음 (Pronunciation)

의사소통에서 발음은 가장 기본이 되는 요소이다. 아래의 예를 보며 정확한 발음이 문장의 의미 전달에 얼마나 큰 영향을 미치는지 숙지해야 한다. 가장 흔하게 저지르는 발음상의 오류를 위주로 정리하였다. 예문에서 잘 알 수 있듯이 발음이 잘못될 경우 문장 전체에 대한 이해가 불가능해진다. 그러므로 주의해서 정확한 발음으로 내용을 전달 할 수 있도록 실력을 연마해야 한다.

① 모음(Vowels)

[ē]: [i]

Beat : Bit

Why don't you try to write something more serious than your school cafeteria beat? (O)

학교식당 메뉴에 대한 기사 말고 좀 더 깊이 있는 기사를 써보지 그래?

Why don't you try to write something more serious than your school cafeteria bit? (X)

Beat(담당기사, 섹션, 혹은 담당 구역)가 들어갈 자리에 bit을 씀으로써 이해할 수 없는 문장이 되었다.

It seems a bit too dangerous, that's all. (O)

이거 조금 위험해 보여서 말이야.

It seems a beat too dangerous, that's all. (X)

Bit(조금)가 들어갈 자리에 beat을 씀으로써 이해할 수 없는 문장이 되었다.

Feel : Fill

I'll try not to feel too depressed about it. (O)

너무 우울해 하지는 않도록 할게.

I'll try not to fill too depressed about it. (X)

Feel(느끼다)의 자리에 fill을 씀으로써 이해할 수 없는 문장이 되었다.

Could you fill out this form for me please? (O)

이 서류 좀 작성해 주시겠어요?

Could you feel out this form for me please? (X)

Fill(채우다)의 자리에 feel을 씀으로써 이해할 수 없는 문장이 되었다.

Feast : Fist

Let's have a feast! (O)

축제를 열자!

Let's have a fist! (X)

Feast(축제)의 자리에 fist를 씀으로써 이해할 수 없는 문장이 되었다.

Hey, give me your fist! (O)

주먹 좀 줘봐! (인사할 때 장난스럽게 주먹을 마주칠 때 쓰는 표현)

Hey, give me your feast! (X)

Fist(주먹)의 자리에 feast를 씀으로써 이해할 수 없는 문장이 되었다.

Heal : Hill

The wounds will heal themselves. (O)

상처는 저절로 아물 거야.

The wounds will hill themselves. (X)

Heal(치유하다)의 자리에 hill을 씀으로써 이해할 수 없는 문장이 되었다.

Are we going to climb up the hill over there? (O)

저 언덕을 오를 거야?

Are we going to climb up the heal over there? (X)

Hill(언덕)의 자리에 heal을 씀으로써 이해할 수 없는 문장이 되었다.

Leave : Live

I'm going to take a leave of absence today. (O)

난 오늘 휴가 내려고.

I'm going to take a live of absence today. (X)

Leave(휴가)의 자리에 live를 씀으로써 이해할 수 없는 문장이 되었다.

I'll be living in Paris for a year at least. (O)

최소 1년은 파리에 살 거야.

I'll be leaving in Paris of a year at least. (X)

Live(살다)의 자리에 leave를 씀으로써 이해할 수 없는 문장이 되었다.

Peek : Pick

Could I at least take a peek at it for a second? (O)

잠깐이라도 보면 안돼?

Could I at least take a pick at it for a second? (X)

Peek(훔쳐보다)의 자리에 pick을 씀으로써 이해할 수 없는 문장이 되었다.

You can pick whatever movie you want. (O)

너가 좋아하는 영화 아무거나 골라도 돼.

You can peek whatever movie you want. (X)

Pick(고르다)의 자리에 peek을 씀으로써 이해할 수 없는 문장이 되었다.

Peach : Pitch

I like the peach color on your jacket! (O)

살구색 재킷이 예쁜데!

I like the pitch color on your jacket. (X)

Peach(살구)의 자리에 pitch를 씀으로써 이해할 수 없는 문장이 되었다.

Man, it's pitch dark here. (O)

야, 여기 정말 어둡다.

Man, it's peach dark here. (X)

Pitch(절정)의 자리에 peach를 씀으로써 이해할 수 없는 문장이 되었다.

Reach : Rich

Can we reach there before it gets dark? (O)

어두워지기 전에 거기 갈 수 있을까?

Can we rich there before it gets dark? (X)

Reach(도착하다)의 자리에 rich를 씀으로써 이해할 수 없는 문장이 되었다.

Her family is extremely rich. (O)

그녀의 집안은 매우 부유하다.

Her family is extremely reach. (X)

Rich(부유한)의 자리에 reach를 씀으로써 이해할 수 없는 문장이 되었다.

Sheep : Ship

Don't be fooled; he's a wolf clothed in sheep's skin. (O)

그는 양의 탈을 쓴 늑대니까 속지 않도록 해.

Don't be fooled; he's a wolf clothed in ship's skin. (X)

Sheep(양)의 자리에 ship을 씀으로써 이해할 수 없는 문장이 되었다.

The ship needs to be christened first before it embarks on its first voyage. (O)

첫 항해를 떠나기 전에 진수식을 해야 한다.

The sheep needs to be christened first before it embarks on its first voyage. (X)

Ship(배)의 자리에 sheep을 씀으로써 이해할 수 없는 문장이 되었다.

Bean : Bin

I ate rice and beans for lunch. (O)

나는 점심에 밥과 콩을 먹었다.

I ate rice and bins for lunch. (X)

Bean(콩)의 자리에 bin을 씀으로써 이해할 수 없는 문장이 되었다.

Gosh, your garbage bin is overflowing. (O)

세상에, 쓰레기통이 넘치고 있다.

Gosh, your garbage bean is overflowing. (X)

Bin(통)의 자리에 bean을 씀으로써 이해할 수 없는 문장이 되었다.

발음 [ü] : [ə]

Fool : Full

No matter what you do, you can never fool me. (O)

넌 아무리 해도 날 속이지 못해.

No matter what you do, you can never full me. (X)

Fool(속이다)의 자리에 full을 씀으로써 이해할 수 없는 문장이 되었다.

The place was so full of people, we couldn't get a table. (O)

식당이 너무 꽉 차서 자리를 구할 수 조차 없었어.

The place was so fool of people, we couldn't get a table. (X)

Full(꽉 차 있는)의 자리에 fool을 씀으로서 이해할 수 없는 문장이 되었다.

Pool : Pull

Did you know that Kenny's house has an indoor pool in the garden? (O)

케니네 정원에 수영장이 있다는걸 알았니?

Did you know that Kenny's house has an indoor pull in the garden? (X)

Pool(수영장)의 자리에 pull을 씀으로써 이해할 수 없는 문장이 되었다.

Stop pulling my shirt, please! (O)

내 셔츠 좀 그만 잡아당겨!

Stop pooling my shirt, please! (X)

Pull(당기다)의 자리에 pool을 씀으로써 이해할 수 없는 문장이 되었다.

Luke : Look

The book of Luke is a must-read for baby Christians. (O)

어린 기독교 신자들은 반드시 누가복음을 읽어야 한다.

The book of look is a must-read for baby Christians. (X)

Luke(루크, 사람이름, 누가 복음의 저자)의 자리에 look을 씀으로써 이해할 수 없는 문장이 되었다.

If you take a closer look, you'll see. (O)

좀 더 가까이 보면 보일 거야.

If you take a closer Luke, you'll see. (X)

Look(보다)의 자리에 Luke을 씀으로써 이해할 수 없는 문장이 되었다.

Poof : Puff

Poof, it vanished just like that! (O)

그렇게 연기처럼 사라졌어!

Puff, it vanished just like that! (X)

Poof(감탄사, 훽 사라지는 모습 묘사)의 자리에 puff를 씀으로써 이해할 수 없는 문장이 되었다.

You want to take a puff? (O)

한 모금 피우지그래?

You want to take a poof? (X)

Puff(한 모금의 담배)의 자리에 poof를 씀으로써 이해할 수 없는 문장이 되었다.

Food : Foot

We can get food from McDonald's. (O)

맥도날드에서 먹으면 되지 뭐.

We can get foot from McDonald's. (X)

Food(음식)의 자리에 foot을 씀으로써 이해할 수 없는 문장이 되었다.

Ouch, I just hurt my foot! (O)

아야, 방금 발 다쳤어!

Ouch, I just hurt my food! (X)

Foot(발)의 자리에 food를 씀으로써 이해할 수 없는 문장이 되었다.

Tooth : Took

Mom, is the tooth fairy real? (O)

엄마, 이의 요정은 정말 있어?

Mom, is the took fairly real? (X)

Tooth(치아)의 자리에 took을 씀으로써 이해할 수 없는 문장이 되었다.

They took my bag at the entrance. (O)

그들이 출입구에서 내 가방을 가져갔어.

They tooth my bag at the entrance. (X)

Took(가져가다의 과거형)의 자리에 tooth를 씀으로써 이해할 수 없는 문장이 되었다.

Shoot : Should

Shoot for the moon; even if you miss, you'll land among the stars. (O)

달을 향해 나아가라. 비록 실패할지라도 달 근처 별들과 함께 있게 될 테니.

Should for the moon; even if you miss, you'll land among the stars. (X)

Shoot(쏘다)의 자리에 should를 씀으로써 이해할 수 없는 문장이 되었다.

What should I do? (O)

어떡해야 하지?

What shoot I do? (X)

Should(의무를 나타내는 조동사)의 자리에 shoot을 씀으로써 이해할 수 없는 문장이 되었다.

Dude : Duh

Hey, did you get to meet the dude over there yet? (O)

그때 내가 말한 친구 거기서 만났어?

Hey, did you get to meet the duh over there yet? (X)

Dude(사람)의 자리에 duh를 씀으로써 이해할 수 없는 문장이 되었다.

Duh, I don't know what to say. (O)

글쎄, 뭐라고 해야 할지 난감하다.

Dude! I don't know what to say. (O)

뭐라고 해야 할지 모르겠네. Dude는 녀석, 친구란 뜻으로 이번 예문에서는 duh의 자리에 들어가도 의미가 크게 달라지지 않는다.

Boot : Book

Dad, it's not a boot camp. (O)

아빠, 이건 극기훈련이 아니에요.

Dad, it's not a book camp. (X)

Boot camp(극기훈련소)의 자리에 book camp가 들어가 의미가 어색해 진다. 다만 정말로 독서를 목적으로 캠핑을 조성한 경우의 문맥이라면 이러한 문장이 쓰일 수는 있다.

Have you read the latest book of Stephen King's? (O)

스티븐 킹의 최신작 읽었어?

Have you read the latest boot of Stephen King's? (X)

Book(책)의 자리에 boot을 씀으로써 이해할 수 없는 문장이 되었다.

Cool : Cook

Wow, that is way cool! (O)

이야, 정말 최고다!

Wow, that is way cook! (X)

Cool(멋진)의 자리에 cook을 씀으로써 이해할 수 없는 문장이 되었다.

How come you're such a bad cook? (O)

넌 어쩜 그렇게 요리를 못하니?

How come you're such a bad cool? (X)

Cook(요리사)의 자리에 cool을 씀으로써 이해할 수 없는 문장이 되었다.

② 자음(Consonants)

b/v

Berry : Very

Thank you very much. (O)

감사합니다.

Thank you berry much. (X)

Very(매우)의 자리에 berry를 씀으로써 이해할 수 없는 문장이 되었다.

Have you tasted the berry-flavored soda here? (O)

여기서 베리소다 마셔봤어?

Have you tasted the very-flavored soda here? (X)

Berry(산딸기 류 열매)의 자리에 very를 씀으로써 이해할 수 없는 문장이 되었다.

Best : Vest

Be the best you can be. (O)

최선을 다해라.

Be the vest you can be. (X)

Best(최고)의 자리에 vest를 씀으로써 이해할 수 없는 문장이 되었다.

I like your new vest! (O)

조끼 멋진데!

I like your new best! (X)

Vest(조끼)의 자리에 best를 씀으로써 이해할 수 없는 문장이 되었다.

Base : Vase

Let's park on the base floor. (O)

지하에 주차하자.

Let's park on the vase floor. (X)

Base(지하)의 자리에 vase를 씀으로써 이해할 수 없는 문장이 되었다.

What a pretty vase it is! (O)

어쩜 이렇게 예쁜 꽃병이 있을 수가!

What a pretty base it is! (X)

Vase(꽃병)의 자리에 base를 씀으로써 이해할 수 없는 문장이 되었다.

Bent: vent

Do this exercise with your knees bent. (O)

이 운동은 무릎을 굽히고 하라.

Do this exercise with your knees vent. (X)

Bent(굽어진)의 자리에 vent를 씀으로써 이해할 수 없는 문장이 되었다.

He found a vent for his frustration. (O)

그는 화풀이할 데를 찾아냈다.

He found a bent for his frustration. (X)

Vent(감정의 분출구)의 자리에 bent를 씀으로써 이해할 수 없는 문장이 되었다.

Boat : Vote

We're going to ride in a boat today. (O)

오늘 우리 보트 타러 간다.

We're going to ride in a vote today. (X)

Boat(보트)의 자리에 vote를 씀으로써 이해할 수 없는 문장이 되었다.

Make sure you get there in time to vote, okay? (O)

투표하기 충분한 시간을 두고 도착해야 해, 알았지?

Make sure you get there in time to boat, okay? (O)

보트 타기에 충분한 시간을 두고 도착해야 해, 알았지?

* 이 예문의 경우 boat가 자동사로 쓰여 '보트를 타다'의 의미를 가지므로 두 경우 문장이 성립된다. 문맥에 알맞게 발음에 신경 써야 한다.

Ban : Van

They're trying to put a ban on this book. (O)

정부는 이 책을 금서로 지정하려고 해.

They're trying to put a van on this book. (X)

Ban(금지하다)의 자리에 van을 씀으로써 이해할 수 없는 문장이 되었다.

That van looks pretty cool. (O)

그 밴 멋져 보인다.

That ban looks pretty cool. (X)

Van(밴)의 자리에 ban을 씀으로써 이해할 수 없는 문장이 되었다.

Bike : Vice

Where did you park your bike? (O)

자전거 어디에 세워뒀니?

Where did you park your vice? (X)

Bike(자전거)의 자리에 vice를 씀으로써 이해할 수 없는 문장이 되었다.

His only bike is that he smokes (X)

그의 유일한 단점은 애연가라는 거야.

His only bike is the he smokes. (X)

Vice(단점, 악)의 자리에 bike를 씀으로써 이해할 수 없는 문장이 되었다.

Bore : Vault

He's such a bore. (O)

그는 정말 지루한 사람이야.

He's such a vault. (X)

Bore(지루한 사람)의 자리에 vault를 씀으로써 이해할 수 없는 문장이 되었다.

The security at the basement vault is extremely well maintained. (O)

지하금고의 방범은 매우 잘 되어있다.

The security at the basement bore is extremely well maintained. (X)

Vault(금고)의 자리에 bore을 씀으로써 이해할 수 없는 문장이 되었다.

Bear : Very

How could I bear such agony? (O)

내가 어떻게 그런 고통을 참을 수가 있어?

How could I very such agony? (X)

Bear(견디다)의 자리에 very를 씀으로써 이해할 수 없는 문장이 되었다.

It's the very best brownie I've ever tasted in my life. (O)

내가 먹어본 브라우니 중에 이게 최고야.

It's the bear best brownie I've ever tasted in my life. (X)

Very(매우)의 자리에 bear을 씀으로써 이해할 수 없는 문장이 되었다.

Beethoven : Veto

Are you comparing yourself to Beethoven? (O)

지금 너 자신과 베토벤을 비교하는 거야?

Are you comparing yourself to veto? (X)

Beethoven(베토벤)의 자리에 veto를 씀으로써 이해할 수 없는 문장이 되었다.

A permanent UN Security Council member is armed with veto power. (O)

유엔안보리 상임이사국은 거부권 권한이 있다.

A permanent UN Security Council member is armed with Beethoven power. (X)

Veto(거부권)의 자리에 Beethoven을 씀으로써 이해할 수 없는 문장이 되었다.

Binary : Violate

You should avoid such a binary way of thinking. (O)

그렇게 이분법적인 생각은 피하는 게 좋아.

You should avoid such a violate way of thinking. (X)

Binary(2항의)의 자리에 violate을 씀으로써 이해할 수 없는 문장이 되었다.

How dare you violate such an important principle? (O)

어떻게 감히 이렇게 중요한 원칙을 어길 수 있니?

How dare you binary such an important principle? (X)

Violate(위반하다)의 자리에 binary를 씀으로써 이해할 수 없는 문장이 되었다.

f/p

Fan : Pan

I'm a huge fan of yours. (O)

당신의 열성팬이랍니다.

I'm a huge pan of yours. (X)

Fan(팬, 광)의 자리에 pan을 씀으로써 이해할 수 없는 문장이 되었다.

Who bought this frying pan? (O)

이 프라이팬 누가 샀어?

Who bought this frying fan? (X)

Pan(팬, 요리도구)의 자리에 fan을 씀으르써 이해할 수 없는 문장이 되었다.

Fool : Pool

You are such a fool. (O)

너 정말 바보야.

You are such a pool. (X)

Fool(바보)의 자리에 pool을 씀으로써 이해할 수 없는 문장이 되었다.

Let's chill out in the pool. (O)

수영장에서 놀자.

Let's chill out in the fool. (X)

Pool(수영장)의 자리에 fool을 씀으로써 이해할 수 없는 문장이 되었다.

Fat : Pat

I try not to eat any fat for now. (O)

당분간 지방을 먹지 않으려고 해.

I try not to eat any pat for now. (X)

Fat(지방)의 자리에 pat을 씀으로써 이해할 수 없는 문장이 되었다.

Tommy patted my shoulder on his way out; what was that for? (O)

타미가 나가면서 내 어깨를 토닥였어. 왜 그런 걸까?

Tommy fatted my shoulder on his way out; what was that for? (X)

Pat(토닥이다)의 자리에 fat을 씀으로써 이해할 수 없는 문장이 되었다.

Coffee : Copy

Would you like a cup of coffee? (O)

커피 한잔 드릴까요?

Would you like a cup of copy? (X)

Coffee(커피) 대신 copy가 들어가 이해할 수 없는 문장이 되었다.

Could you copy this for me? (O)

이것 좀 복사해 줄래요?

Could you coffee this for me? (X)

Copy(복사) 대신 coffee가 들어가 이해할 수 없는 문장이 되었다.

Fox : Pox

You look like a fox. (O)

넌 여우처럼 생겼어.

You look like a pox. (X)

Fox(여우)의 자리에 pox를 씀으로써 이해할 수 없는 문장이 되었다.

The small pox epidemic in Darfur is getting serious. (O)

수단의 다르푸르에서는 천연두 전염병이 심화되고 있다.

The small fox epidemic in Darfur is getting serious. (X)

Small pox(천연두)의 자리에 small fox를 씀으로써 이해할 수 없는 문장이 되었다.

Four : Pour

Have you seen the movie, "Fantastic Four"? (O)

"판타스틱 포" 영화 봤니?

Have you seen the movie, "Fantastic Pour?" (X)

Four(숫자 4)의 자리에 pour를 씀으로써 이해할 수 없는 문장이 되었다.

You should pour your heart into it if you really want it that bad. (O)

이게 정말 하고 싶다면 네 모든 것을 쏟아 부어야 해.

You should four your heart into it if you really want it that bad. (X)

Pour(쏟아 붓다)의 자리에 four을 씀으로써 이해할 수 없는 문장이 되었다.

Feat : Repeat

That's such a feat in and of itself. (O)

그 자체만으로 이건 정말 대단한 결과야.

That's such a repeat in and of itself. (X)

Feat(업적)의 자리에 repeat을 씀으로서 이해할 수 없는 문장이 되었다.

Repeat after me, okay? (O)

날 따라 해봐, 알았지?

Feat after me, okay? (X)

Repeat(따라 하다)의 자리에 feat을 씀으로써 이해할 수 없는 문장이 되었다.

Fun : Pun

Just have fun! (O)

그냥 즐겁게 놀아!

Just have pun! (X)

Fun(즐거움)의 자리에 pun을 씀으로써 이해할 수 없는 문장이 되었다.

I didn't get it the first time, but I now see it was a pun. (O)

처음 들었을 땐 몰랐는데, 이거 말장난이었구나.

I didn't get it the first time, but I now see it was a fun. (X)

pun(언어유희, 말장난)의 자리에 fun을 씀으로써 이해할 수 없는 문장이 되었다.

Flip : Plop

We'll flip the coin to decide, how about that? (O)

동전던지기로 결정하자, 어때?

We'll plop the coin to decide, how about that? (X)

Flip(뒤집다)의 자리에 plop을 씀으로써 이해할 수 없는 문장이 되었다.

Would you like to plop some ice into it? (O)

음료에 얼음 좀 넣어줄까요?

Would you like to flip some ice into it? (X)

Plop(퐁당 떨어뜨리다)의 자리에 flip을 씀으로써 이해할 수 없는 문장이 되었다.

Fur : Purr

What are we supposed to do with fur this year? (O)

올해는 털 코트를 어떤 식으로 코디해 입어야 하지?

What are we supposed to do with purr this year? (X)

Fur(털 코트)의 자리에 purr을 씀으로써 이해할 수 없는 문장이 되었다.

I heard a cat purr somewhere in the back alley. (O)

뒷골목에서 고양이가 우는 것을 들었다.

I heard a cat fur somewhere in the back alley. (X)

Purr(가르랑거리다)의 자리에 fur를 씀으로써 이해할 수 없는 문장이 되었다.

Future : Putrid

I see a bright future ahead of you. (O)

자네는 전도유망한 젊은이야.

I see a bright putrid ahead of you. (X)

Future(미래)의 자리에 putrid를 씀으로써 이해할 수 없는 문장이 되었다.

What's that putrid smell? (O)

이 썩은 악취는 뭐지?

What a future smell! (X)

Putrid(썩는)의 자리에 future를 씀으로써 이해할 수 없는 문장이 되었다.

Laugh : lap

I loved the sound of her laugh. (O)

나는 그녀의 웃음소리를 좋아했다.

I loved the sound of her lap. (X)

Laugh(웃음) 대신 lap이 들어가 이해할 수 없는 문장이 되었다.

Your cat is sitting on my lap. (O)

네 고양이가 내 무릎 위에 앉아있어.

Your cat is sitting on my laugh. (X)

Lap(무릎) 대신 laugh가 들어가 이해할 수 없는 문장이 되었다.

s/th

Sing : Thing

Just sing along! (O)

그냥 따라 불러!

Just thing along! (X)

Sing(노래 하다)의 자리에 thing을 씀으로써 이해할 수 없는 문장이 되었다.

So she has a thing for skirts, huh? (O)

그녀가 정말 스커트 종류를 좋아하는구나?

So she has a sing for skirts, huh? (X)

Have a thing for something은 뭔가를 정말 좋아할 때 쓰는 표현이다. 여기에 sing을 씀으로써 이해할 수 없는 문장이 되었다.

Sink : Think

Don't let it sink in too deep inside your heart. (O)

이번 일로 너무 낙심하지 말도록 해.

Don't let it think in too deep inside your heart. (X)

Sink(가라앉다)의 자리에 think를 씀으로써 이해할 수 없는 문장이 되었다.

Is that all you could think about? (O)

생각할 수 있는 게 그것밖에 없어?

Is that all you could sink about? (X)

Think(생각하다)의 자리에 sink를 씀으로써 이해할 수 없는 문장이 되었다.

Sank : Thank

My heart sank at the sound of the door slam shut. (O)

문이 닫히는 소리를 듣는 순간 가슴이 철렁했다.

My heart thank at the sound of the door slam shut. (X)

Sank(가라앉다의 과거형)의 자리에 thank를 씀으로써 이해할 수 없는 문장이 되었다.

I can't thank you enough for helping me out this much. (O)

이번에 도와주셔서 얼마나 감사한지 몰라요.

I can't sank you enough for helping me out this much. (X)

Thank(감사하다)의 자리에 sank를 씀으로써 이해할 수 없는 문장이 되었다.

Force : Fourth

May the Force be with you. (O)

"포스가 함께 하기를"이라는 스타워스의 명대사다.

May the fourth be with you. (X)

Force(포스)라는 단어 대신 fourth가 들어가 이해할 수 없는 문장이 되었다.

Sick : Thick

I'm sick and tired of that. (O)

난 이제 지긋지긋해.

I'm thick and tired of that. (X)

sick(지긋지긋한)의 자리에 thick을 씀으로써 이해할 수 없는 문장이 되었다.

If you don't have a thick skin and serious drive, you can just give up now! (O)

어차피 그렇게 몇 번 실패로 좌절할 것 같으면 지금 그만두는 게 나아!

If you don't have a sick skin and serious drive, you can just give up now! (X)

Thick(두꺼운)의 자리에 sick을 씀으로써 이해할 수 없는 문장이 되었다.

Mouse : Mouth

Look at the mouse! (O)

저 쥐 좀 봐

Look at the mouth! (X)

Mouse(쥐)의 자리에 mouth를 씀으로써 이해할 수 없는 문장이 되었다.

I just bought a mouth-wash. (O)

방금 구강청정제를 샀어.

I just bought a mouse-wash. (X)

Mouth(입)의 자리에 mouse를 씀으로써 이해할 수 없는 문장이 되었다.

Mousse : Smooth

I love this chocolate mousse. (O)

이 초콜릿 무스 정말 맛있다.

I love this chocolate smooth. (X)

Mousse(무스)의 자리에 smooth를 씀으로써 이해할 수 없는 문장이 되었다.

The choreography looks real smooth. (O)

그 안무는 정말 매끄러워 보인다

The choreography looks real mousse. (X)

Smooth(매끄러운)의 자리에 mousse를 씀으로써 이해할 수 없는 문장이 되었다.

Tease : Teeth

Don't tease me. (O)

나 놀리지마.

Don't teeth me. (X)

Tease(놀리다)의 자리에 teeth를 씀으로써 이해할 수 없는 문장이 되었다.

I'm thinking about whitening my teeth. (O)

치아미백을 할까 생각 중이야.

I'm thinking about whitening my tease. (X)

Teeth(치아)의 자리에 tease를 씀으로써 이해할 수 없는 문장이 되었다.

Strong : Throng

You were really strong in there. (O)

아까 정말 잘했어.

You were really throng in there. (X)

Strong(강한)의 자리에 throng을 씀으로써 이해할 수 없는 문장이 되었다.

Look at the throngs of people gathered over there. (O)

저기 들어가려고 줄 선 사람들 좀 봐.

Look at the strongs of people gathered over there. (X)

Throng(인파)의 자리에 strong을 씀으로써 이해할 수 없는 문장이 되었다.

Sorry : Thorny

I'm so sorry I hurt your feelings. (O)

기분 상했다면 미안해.

I'm so thorny I hurt your feelings. (X)

Sorry(미안한)의 자리에 thorny를 씀으로써 이해할 수 없는 문장이 되었다.

I never knew she had such a thorny problem. (O)

난 그녀가 그렇게 곤란한 문제를 갖고 있는지 몰랐어.

I never knew she had such a sorry problem. (X)

Thorny(골치 아픈)의 자리에 sorry를 씀으로써 이해할 수 없는 문장이 되었다.

Strive : Thrive

If you strive hard enough to get that prize, you'll pull it off. (O)

그 상을 타기 위해 각고의 노력을 하면 해낼 수 있을 거야.

If you thrive hard enough to get that prize, you'll pull it off. (X)

Strive(노력하다)의 자리에 thrive를 씀으로써 이해할 수 없는 문장이 되었다.

You must be so happy to see your business thrive like that. (O)

사업이 잘되니 얼마나 좋으시겠어요.

You must be so happy to see your business strive like that. (X)

Thrive(번창하다)의 자리에 strive를 씀으로써 이해할 수 없는 문장이 되었다.

l/r

Lead : Read

I play the lead role in the new movie. (O)

새 영화에 주연으로 출연하기로 했어.

I play the read role in the new movie. (X)

Lead(주연의)의 자리에 read를 씀으로써 이해할 수 없는 문장이 되었다.

How come you read so fast like that? (O)

어쩜 그렇게 속독을 잘해요?

How come you lead so fast like that? (O)

어쩜 그렇게 빨리 선두를 유지해요?

(*문맥에 따라서 다르게 해석될 수도 있는 예문이다. 원하는 의미에 따라 두 단어의 발음 구분을 명확히 하도록 주의할 것.)

Lead : Red

The reason turned out to be lead poisoning. (O)

납 중독이 원인으로 밝혀졌어.

The reason turned out to be red poisoning. (X)

Lead(납)의 자리에 red를 씀으로써 이해할 수 없는 문장이 되었다.

You look so dashing in your red shirt. (O)

너 빨간 셔츠가 참 잘 어울린다.

You look so dashing in your lead shirt. (X)

Red(빨간)의 자리에 lead를 씀으로써 이해할 수 없는 문장이 되었다.

Light : Right

You were the light that guided me during my darkest hours. (O)

당신은 내가 가장 힘들 때 날 이끌어준 빛이었어.

You were the right that guided me during my darkest hours. (X)

Light(빛)의 자리에 right을 씀으로써 이해할 수 없는 문장이 되었다.

My dad was right about you. (O)

우리 아빠가 널 제대로 보았어.

My dad was light about you. (X)

Right(맞는)의 자리에 light을 씀으로써 이해할 수 없는 문장이 되었다.

Long : Wrong

Why the long queue? (O)

줄이 왜 이리 길어?

What a wrong queue! (X)

Long(긴)의 자리에 wrong을 씀으로써 이해할 수 없는 문장이 되었다.

You can't be more wrong about this. (O)

너의 생각은 한참 잘못됐어.

You can't be more long about this. (X)

Wrong(잘못된)의 자리에 long을 씀으로써 이해할 수 없는 문장이 되었다.

Glass : Grass

Cinderella was the only one who could fit into the glass slipper. (O)

오직 신데렐라만이 유리구두에 발이 맞았지.

Cinderella was the only one who could fit into the grass slipper. (X)

Glass(유리)의 자리에 grass를 씀으로써 이해할 수 없는 문장이 되었다.

The grass always looks greener on the other side of the fence. (O)

남의 떡이 커 보인다.

The glass always looks greener on the other side of the fence. (X)

Grass(풀)의 자리에 glass를 씀으로써 이해할 수 없는 문장이 되었다.

Play : Pray

This is a perfect place for my puppy to play around. (O)

내 강아지가 뛰어놀 수 있는 최적의 장소야.

This is a perfect place for my puppy to pray around. (X)

Play(놀다)의 자리에 pray를 씀으로써 이해할 수 없는 문장이 되었다.

We'd better pray about it. (O)

그렇게 되도록 기도하는 게 좋겠어.

We'd better play about it. (X)

Pray(기도하다)의 자리에 play를 씀으로써 이해할 수 없는 문장이 되었다.

Flute : Fruit

You're such an amazing flute player. (O)

넌 정말 훌륭한 플루트 연주자야.

You're such an amazing fruit player. (X)

Flute(플루트)의 자리에 fruit를 씀으로서 이해할 수 없는 문장이 되었다.

I want to have this bowl filled with fruits. (O)

이 그릇에 과일을 가득 담고 싶어.

I want to have this bowl filled with flutes. (X)

이 그릇에 플루트를 가득 담고 싶어.

Animal : Any more

It's a parade of animals. (O)

동물 퍼레이드다.

It's a parade of anymores. (X)

Animal(동물)의 자리에 anymore을 씀으로써 이해할 수 없는 문장이 되었다.

Are there any more questions? (O)

더 하실 질문이 있나요?

Are there animal questions? (X)

Any more(더 이상)의 자리에 animal을 씀으로써 이해할 수 없는 문장이 되었다.

Level : Rebel

We should create a level playing field. (O)

공정한 경쟁의 장을 마련해야 해.

We should create a rebel playing field. (X)

Level(평평한)의 자리에 rebel을 씀으로써 이해할 수 없는 문장이 되었다.

You're such a rebel. (O)

넌 정말 반항아야.

You're such a level. (X)

Level(평평한) 자리에 rebel을 씀으로써 이해할 수 없는 문장이 되었다.

Alive : Arrive

I felt so alive in there. (O)

거기서 너무 즐거웠어.

I felt so arrive in there. (X)

Alive(살아있다)의 자리에 arrive를 씀으로써 이해할 수 없는 문장이 되었다.

When did you arrive here? (O)

언제 도착했니?

When did you alive here? (X)

Arrive(도착하다)의 자리에 alive를 씀으로써 이해할 수 없는 문장이 되었다.

국제회의
통역사의
비밀노트

Part 06

강세 (Stress)

한국어는 강세에 따라 크게 뜻이 달라지는 경우가 없다고 볼 수 있다. 영어의 경우에는 말을 할 때 어디에 강세를 두는가에 따라 의미가 달라질 수 있다.

1. Tom and Jane had pizza Friday. 〈톰과 제인이 금요일 피자를 먹었다.〉
2. TOM and Jane had pizza Friday. 〈다른 사람이 아닌 톰이 제인과 피자를 먹었다.〉
3. Tom AND Jane had pizza Friday. 〈피자를 톰과 제인 둘 다 먹었다.〉
4. Tom and Jane had PIZZA Friday. 〈평상시에는 피자가 아닌 다른 것을 먹었다.〉
5. Tom and Jane had pizza FRIDAY. 〈다른 날이 아닌 금요일에 먹었다.〉

이토록 아주 단순한 문장도 어느 단어에 강세를 두는가에 따라 화자가 전하려고 하는 뜻이 달라지므로 영어에서는 강세가 중요하다. 더 혼란스러운 것은 같은 단어인데 단어의 강세에 따라 뜻이 달라지는 경우이다. 많은 경우에는 뜻은 같지만 단순히 명사와 동사의 차이일 뿐이지만, (예 : ADdict/adDICT) 때에 따라 명사와 형용사의 경우도 있다. (예 : COMplex/comPLEX) 하지만 정말로 조심해야 하는 것은 전혀 다른 뜻인 경우이다. (- Refuse/reFUSE)
전문용어로는 heteronym(철자는 같지만 음과 뜻이 다른 단어)라고 한다. 이 파트에 나오는 단어들은 강세에 따라 의미가 달라지기 때문에 신경 써서 발음해야 한다. 주의해야 할 점은 미국식 발음과 영국식 발음에 따라 강세가 달라질 수 있는데 여기 나온 단어들은 미국식 발음 위주이다.

ABsent (adj) 결석한
abSENT (v) 불참하다
(★ 주의해야 할 점 : absent oneself으로 주로 쓴다)

Many students were ABsent because of the flu.
독감 때문에 학생들이 많이 결석했다.

The president decided to abSENT himself from the discussion because the topic was his family.
가족에 대한 논의였기 때문에 사장이 불참하기로 했다.

ABstract (adj) 추상적인; (n) 초록
abSTRACT (v) 추출하다

The ABstract should not be more than 200 words.

초록이 200자 이내라야 한다.

After listening to the long explanation, the moderator abSTRACTed the main points.

긴 설명을 들은 다음, 사회자가 중요한 점들을 추출했다.

ACcent (n) 억양, 악센트
acCENT (v) 강조하다

I knew right away she was from France from her French ACcent.

프랑스 발음 때문에 프랑스인인줄 금방 알아차렸다.

It sounds awkward if you acCENT the first syllable of each word.

단어마다 첫 음절에 강세를 두면 어색하게 들린다.

ADdict (n) 중독자
adDICT (v) 중독되다

Tim became adDICTed to video games and soon admitted that he was an ADdict.

팀은 비디오 게임에 중독되어 얼마 지나지 않아 중독자라고 인정했다.

ADDress (n) 주소, 연설
adDRESS (v) 연설하다, (누군가를) 칭하다, 문제/상황 등을 다루다.

The president adDRESSed numerous global issues in his weekly ADDress.

대통령은 그의 주간 연설에서 여러 글로벌 이슈를 다뤘다.

ANnex (n) 부속건물, 부록
anNEX (v) 합병하다, ~에 첨가하다

The ANnex was built because the school needed extra classrooms.

학교가 강의실이 필요해서 부속건물을 지었다.

There are many cases in history when one country anNEXed another.

역사적으로 한 국가가 다른 국가를 합병한 경우가 많다.

ALly (n) 동맹
alLY (v) 동맹하다

The U.S. has been a staunch ALly of Korea for many years.
미국은 수년 동안 한국의 견고한 동맹이다.

Tom always manages to alLY himself with those in power.
톰은 항상 힘 있는 사람들과 동맹을 맺는다.

ATtribute (n) 자질, 속성
atTRIBute (v) ~의 원인/책임으로 돌리다

The football player's strong physical ATtribute can be atTRIButed to tough training sessions.
축구선수의 강한 체력은 격렬한 훈련 덕분이다.

COMbat (n) 전투, 싸움
comBAT (v) 싸우다, 전투를 벌이다

The U.S. Forces comBATed the insurgents as a part of their COMbat operation.
미군은 전투 작전의 일환으로 반군과 싸웠다.

comBINE (v) 결합시키다, 합치다
COMbine (n) (농기구) 콤바인 (Combine harvester의 줄인 말)

It would be better to comBINE the two papers into one.
두 개의 논문을 하나로 합치는 것이 좋을 것 같다

The old COMbine keeps on breaking down.
낡은 콤바인이 자꾸 고장난다.

COMmune (n) 공동체, 프랑스 등의 최소 행정구역
comMUNE (v) 친하게 사귀다, 이야기 하다

The hippie COMmune was located in the woods, and the members deeply comMUNEd with nature.
히피 공동체는 숲 속에 있었고, 공동체의 일원들은 자연과 깊은 교감을 나눴다.

COMpact (adj) 소형의, 작은, 조밀한, 다부진
comPACT (v) 단단히 다지다

The new COMpact car's frame was made of a comPACTed layer of a nano-structured alloy.
새로운 컴팩트카의 프레임은 압축 나노 합금 층으로 만들어졌다.

comPLEX (adj) 복잡한
COMplex (n) 복합단지, 집합체

The territorial dispute near the border is a comPLEX issue involving numerous stakeholders.

영토 분쟁은 여러 이해 당사자가 얽힌 복잡한 문제이다.

The industrial COMplex will be moved to another city next year.

공업 단지는 내년 다른 도시로 이전될 예정이다.

COMpound (n) 복합체, 화합물, 시설 등의 구내
comPOUND (v) 악화시키다, 혼합하다, ~으로 구성되다

The experiment on a new chemical COMpound was comPOUNDed by technical problems.

새로운 화학적 화합물에 대한 실험이 기술적 문제로 인해 힘들어졌다.

COMpress (n) 압박붕대
comPRESS (v) 압축하다, 요약하다

I had to place a COMpress on the wound to stop the bleeding.

출혈을 막기 위해 압박 붕대를 써야 했다.

The data was too large to be sent via email and had to be comPRESSed.

이메일로 보내기엔 데이터 용량이 너무 커서 압축해야 했다.

CONcert (n) 콘서트
conCERT (v) 합의해서 계획하다
conCERTed (adj) 협동의
(★concerted efforts으로 제일 많이 사용된다.)

Last night's CONcert was a resounding success.

어젯밤 콘서트는 대성공이었다.

The governments will make conCERTed efforts to fight terrorism.

정부들은 테러를 퇴치하기 위해 협동할 것이다.

CONduct (n) 행동, 수행, 처리
conDUCT (v) 특정 활동을 하다, 지휘하다, 안내하다

The firm developed a new code of CONduct to prevent employees from acting improperly.

회사는 직원들이 부적절하게 행동하는 것을 방지하기 위해 새로운 행동수칙을 만들었다.

Despite his young age, the maestro knew how to conDUCT an orchestra.

어린 나이에도 불구하고 마에스트로는 오케스트라를 지휘하는 법을 알았다.

CONfines (n) 한계, 범위
conFINE (v) 국한시키다, 가두다

The genius's potential is too great to be conFINEd in the CONfines of science or human capacity.

그 천재의 잠재력은 과학이나 인간 능력의 한계 안에 국한시키기엔 너무나 크다.

CONflict (n) 분쟁, 갈등
conFLICT (v) 상충되다

The parties conFLICTed once again on mediation methods when trying to solve the CONflict.

당사자들은 갈등을 해결하고자 모였으나 조정 방식에 대해 다시 다른 견해를 보였다.

CONscript (n) 징집병
conSCRIPT (v) 징집하다

The young CONscripts looked deeply apprehensive about their safety.

어린 징집병들은 안전에 대해 매우 염려하는 눈치였다.

Israel also conSCRIPTs women.

이스라엘에서는 여성도 징집한다.

conSOLE (v) 위로하다
CONsole (n) 콘솔, 제어반

The teacher tried to conSOLE the young student.

선생님이 어린 학생을 위로하려고 했다.

The CONsole looked very complicated with all the buttons to push.

눌러야 할 버튼이 많아 콘솔이 복잡해 보였다.

CONsort (n) 통치자의 배우자, 고음악 악기 편성/연주단
conSORT (v) 나쁜 무리들과 어울리다

The country fell into shock when the prince CONsort turned out to have conSORTed with prostitutes.

부군이 매춘부들과 어울렸다는 사실이 밝혀져 나라가 충격에 빠졌다.

CONtent (n) 내용
conTENT (adj) 만족한

After eating all the CONtents in the chocolate box, she had a very conTENT look on her face.

그녀는 초콜릿 상자 내용물을 다 먹은 뒤 아주 만족스러운 표정을 지었다.

CONtest (n) 시합
conTEST (v) 이의 제기하다

The CONtest was unexciting because it was so one-sided.

시합이 너무 일방적이어서 재미가 없었다.

The lawyer conTESTed the ruling.

변호사가 판결에 대해 이의 제기했다.

CONtract (n) 계약
conTRACT (v) 수축하다, 병에 걸리다, 계약을 맺다

The CONtract is no longer valid as she conTRACTed a disease.

그녀가 병에 걸리면서 계약이 무효가 되었다.

CONtrast (n) 대조, 대비, 차이
conTRAST (v) 대조시키다, 뚜렷한 차이를 보이다

The black and white CONtrast was striking.

흑백 대비가 강렬했다.

The Korean government's quick response conTRASTed with the Chinese government's.

한국 정부의 신속한 대응은 중국 정부와 대조되었다.

CONverse (n) 정반대의, 역(逆)의
conVERSE (v) 대화를 나누다, 이야기하다

A lot of people think that all Asians are good at math. I have often found the CONverse to be true.

많은 이들이 아시아인이 모두 수학을 잘한다고 생각한다. 정반대의 경우가 사실일 때를 종종 보았다.

I had a chance to conVERSE with a movie director at my friend's Christmas party.

친구가 연 크리스마스 파티에서 한 영화감독과 이야기 할 기회가 있었다.

CONvert (n) 개종자, 전향자
conVERT (v) 전환시키다, 개조하다, 개종하다

A new Christian CONvert was ostracized from her community.

기독교 개종자는 그녀의 공동체로부터 버림받았다.

Missionaries were sent into deepest jungles to conVERT local tribes.

선교사들은 현지 부족들을 개종시키기 위해 깊은 정글로 파견되었다.

CONvict (n) 재소자
conVICT (v) 유죄를 선고하다

Under the principle of double jeopardy, a CONvict cannot be conVICTed of the same offense twice.

일사부재리의 원칙에 따라 범죄자는 동일 범행에 대해 다시 처벌받을 수 없다.

DEcrease (n) 감소, 하락
deCREASE (v) 감소하다, 하락하다

Juvenile crime rate deCREASED in recent years due to a DEcrease in gang activities.

조직폭력단 활동 감소에 따라 청소년 범죄율도 감소했다.

DEsert (n) 사막, 불모지, 황야
deSERT (v) 버리다, 유기하다, 저버리다

The caravan deSERTed unnecessary belongings one by one as they drove through the DEsert.

사막을 횡단하는 캐러밴들은 차례차례 불필요한 물품을 버렸다.

DEtail (n) 세부사항
deTAIL (v) 자세하게 설명하다

Don't worry too much about the DEtails.

세부사항에 대해 너무 걱정하지마.

The teacher deTAILed all the steps needed to pass the test.

선생님이 시험을 통과하기 위해 필요한 모든 세부사항을 설명했다.

DIScharge (n) 방출, 배출, 퇴원, 제대
disCHARGE (v) 해고하다, 석방하다, 에너지를 방출하다, 임무를 이행하다, 발포하다

The doctor met with the patient's family to discuss his DIScharge.

의사는 환자의 퇴원을 논의하기 위해 환자의 가족들과 만났다.

Numerous homosexual soldiers were disCHARGEd due to the "Don't Ask, Don't Tell" policy.

수많은 동성애자 사병들이 "Don't Ask, Don't Tell" 정책으로 인해 전역했다.

ENtrance (n) 입구
enTRANCE (v) 도취시키다

It was difficult to find the ENtrance to the hotel.

호텔 입구를 찾기가 힘들었다.

The audience was enTRANCEd by the jazz singer.

재즈 가수가 관객을 도취시켰다.

ENvelope (n) 봉투
enVELop (v) 감싸다, 뒤덮다

We need thicker and harder ENvelopes to hold all the documents.

문서를 다 담을 수 있는 두껍고 단단한 봉투가 필요하다.

Traffic accidents occurred as the fog enVELoped the highway.

안개가 고속도로를 뒤덮으면서 교통사고가 일어났다.

EScort (n) 호위대, 에스코트
esCORT (v) 호위/에스코트하다

The freighter was on its way to the next destination under the EScort of a naval warship.

화물선은 해군 군함의 호위 하에 다음 목적지로 향했다.

It was very chivalrous of him to esCORT the date to the party.

데이트 상대를 파티로 에스코트하는 그의 모습은 매우 정중했다.

EXploit (n) 공훈, 위업
exPLOIT (v) (부당하게) 이용하다

Dictators like to window dress their misadventures during their youth as EXploits.

독재자들은 어렸을 때 일어난 사고들을 위업처럼 포장하기를 좋아한다.

The part-time workers felt that they had been exPLOITed.

비정규직 노동자들은 부당하게 이용당했다고 생각했다.

EXport (n) 수출, 수출품
exPORT (v) 수출하다

Now we can include K-Pop celebrities and Korean TV shows as Korea's main EXports.

이제 한류 스타와 드라마도 한국의 주요 수출품목으로 포함된다.

Local farmer's organic agricultural goods are exPORTed to many European countries.

지역 농부의 유기농 농작물은 유럽국가들로 수출된다.

EXtract (n) 발췌, 초록, 추출물
exTRACT (v) 추출하다, 발췌하다, 돈, 정보 등을 억지로 뜯어내다

The expensive facial cream includes ginseng EXtract.

값비싼 크림에는 인삼 추출물이 들어있다.

The research team succeeded in exTRACTing DNA from a fossil fuel.

연구진은 화석으로부터 DNA 추출에 성공했다.

FInance (n) 재원, 자금
fiNANCE (v) 자금을 대다

FInance for government projects comes from taxpayer money.

정부 프로젝트의 재원은 납세자들로부터 온다.

She asked big companies whether they could fiNANCE her project.

그녀는 본인의 프로젝트에 대해 자금을 대줄 수 있는지 대기업들한테 물어봤다.

FRAGment (n) 조각, 파편
fragMENT (v) 산산이 부서지다, 해제되다

There were glass FRAGments at the site.

현장에 유리 조각들이 있었다.

The group fragMENTed under outside pressure.

외부세력 때문에 단체가 해체되었다.

FREquent (adj) 잦은, 빈번한
freQUENT (v) 단골로 다니다

I am not entirely satisfied with the airline's services but I just use it anyways to collect FREquent flyer miles.

항공사의 서비스가 완전히 만족스럽지는 않지만 프리퀀트 플라이어 마일리지를 쌓기 위해 이용한다.

The trendy local bar is freQUENTed by wealthy investment bankers.

트렌디한 바는 부유한 투자은행가들이 주 단골고객이다.

IMpact (n) 영향, 충격, 충돌
imPACT (v) 충돌하다, 영향을 주다

Michael Jackson had an enormous IMpact not only on pop music but also on world peace.

마이클 잭슨은 팝음악뿐만 아니라 세계 평화에도 크나큰 영향을 미쳤다.

Climate change imPACTs our daily lives.

기후변화는 우리 삶에 영향을 미친다.

imPRINT (v) 각인시키다, 인쇄하다
IMprint (n) 찍어 생긴 자국, 각인

The last scene of the movie "The Last Emperor" left a deep IMprint on my mind.

영화 "마지막 황제"의 마지막 장면은 내게 깊은 인상을 남겼다.

The avid fan had the rock star's picture imPRINTed on her t-shirt.

열성팬은 락스타의 사진을 티셔츠에 인쇄했다.

INcense (n) 향
inCENSE (v) 몹시 성나게 하다

You can always smell INcense when you go to a Buddhist temple.

절에 가면 항상 향 냄새가 난다.

The boss became very inCENSEd when the employees did not follow instructions.

직원들이 지시를 따르지 않자 상사는 몹시 화가 났다.

INcrease (n) 증가, 인상
inCREASE (v) 증가하다, 인상하다

After the global financial crisis, the Korean economy is back on track, and its growth rate is on the INcrease.

세계금융위기 후 한국 경제는 정상 궤도로 돌아와 경제성장률도 증가세에 있다.

The price of books inCREASEd due to a shortage of paper.

종이 부족으로 책 가격이 상승했다.

INsert (n) 삽입 광고, 부속품
inSERT (v) 끼워넣다, 삽입하다

Newspaper INsert advertising is an effective marketing strategy.

신문삽입광고는 효과적인 마케팅전략이다.

I need to inSERT a video clip into a PowerPoint slide.

파워포인트 슬라이드에 비디오클립을 삽입해야 한다.

INsult (n) 모욕적인 말 또는 행동
inSULT (v) 모욕하다

A reverse “V” sign is an INsult in the United Kingdom.

거꾸로 “V” 표시를 하는 것은 영국에서는 모욕적인 제스처다.

Eric received detention because he inSULTed his teacher.

에릭은 선생님께 모욕적인 말을 퍼부어 벌을 받게 되었다.

INtern (n) 인턴, 교육실습생
inTERN (v) 구금하다, 억류하다

I'm an INtern at a computer company right now.

지금 컴퓨터 회사에서 인턴사원으로 일하고 있습니다.

Our family was inTERNed for the duration of the war.

우리 가족은 전쟁 동안 구금당했다.

inVALid (adj) 무효한, 허약한
INvalid (n) 환자

The treaty was considered inVALid by the international court.

국제재판소는 협약이 무효라고 판결했다.

He has been an INvalid for a long time.

그는 오랫동안 환자였다.

MANdate (n) 권한
manDATE (v) 지시하다

The landslide victory gave the new president a MANdate for reform.

압승으로 인해서 대통령이 개혁을 할 권한을 얻었다.

The law manDATEs that all citizens be allowed to vote.

법에 따르면 모든 시민이 투표할 수 있다.

OBject (n) 물건, 관심 대상, 목적
obJECT (v) 반대하다

My new state-of-the-art gadget has become an OBject of envy among my colleagues.

동료들 사이에서 내 최신 전자기기는 선망의 대상이 되었다.

No one obJECTed to the new ambitious yet dangerous project lest she should be fired.

해고 당할까 두려워 그 누구도 야심차지만 위험한 사업에 반대하지 않았다.

OVERwork (n) 과로
overWORK (v) 과로하다

It is a given that new employees will overWORK without complaining.

신입사원들이 불평도 없이 일을 많이 할 거라고 생각한다.

He was exhausted from OVERwork.

과로 때문에 피곤했다.

PERfect (adj) 완벽한
perFECT (v) 완벽하게 하다

The actress's dress for the Academy Awards was immaculate and PERfect for her figure.

아카데미 시상식에서 여배우가 입은 드레스는 그녀의 몸매에 더할 나위 없이 완벽했다.

The figure skater trained ceaselessly to perFECT her jump combination.

피겨 스케이팅 선수는 점프 컴비네이션을 완벽히 다듬기 위해 끊임없이 훈련했다.

PERmit (n) 허가증, 증명서, 면허장
perMIT (v) 허가하다, 허용하다

Getting a business PERmit in that country was extremely difficult.

그 나라에서 사업허가증을 받는 것은 매우 어려웠다.

Ally's mother perMITted Ally to stay at the graduation party until midnight.

앨리의 어머니는 앨리가 졸업파티에서 자정까지 노는 것을 허락했다.

PERvert (n) 성도착자
perVERT (v) 왜곡하다, 비뚤어지게 하다

The government needs to enact stricter laws that punish sexual PERrverts.

정부는 성도착자를 처벌하는 더 강력한 법을 제정해야 한다.

His religious views were perVERTed to provide grounds to criticize him.

그의 종교적 견해는 왜곡되어 그를 비난하는 근거로 사용되었다.

PREsent (n) 현재, 선물
PREsent (adj) 존재하는, 참석한
preSENT (v) 제시하다

More than half the board members PREsent at the meeting were extremely satisfied with the preSENTed management plan.

회의에 참석한 이사회 임원 절반 이상이 회의에서 제시된 경영계획에 매우 흡족해했다.

PROceeds (n) 수익금
proCEED (v) 진행하다, 앞으로 나아가다

All the PROceeds will go to the program that helps aspiring entrepreneurs proCEED forward with their ideas.

모든 수익금은 미래의 기업가들이 아이디어를 진행시킬 수 있도록 돕는 청년 프로그램에 쓰이게 된다.

PROduce (n) 생산품, 농작물
proDUCE (v) 생산하다, 제작하다

The non-profit organization proDUCEd a video clip to promote organic agricultural PROduce.

비영리기관에서 유기농 농산물을 홍보하기 위한 영상을 제작했다.

PROgress (n) 진보, 진전
proGRESS (v) 진전을 보이다, 나아가다

Discussion between the city government and the developers showed no signs of PROgress.

시 정부와 부동산 개발업자들 간의 논의에는 진전이 없었다.

The Korean national football team proGRESSed to the Asian Cup quarterfinals.

한국 축구대표팀은 아시안컵 8강에 진출했다.

PROject (n) 사업, 프로젝트
proJECT (v) 계획하다, 예상/추정하다, 투영하다, 돌출되다, 좋은 인상을 나타내다

The conglomerate announced its plan to embark on a new ambitious PROject.

재벌기업이 야심찬 신(新)프로젝트 추진 계획을 발표했다.

The nation's GDP per capita for next year is proJECTed to exceed $20,000.

내년 1인당 국민소득은 2만 불을 넘을 것으로 예상한다.

PROtest (n) 저항, 항의
proTEST (v) 항의하다, 이의를 제기하다, 항변하다

The manager turned a blind eye to the laid-off worker's PROtest.

매니저는 해고된 직원의 항의를 모른 척 했다.

Several thousand farmers proTESTed against the Free Trade Agreement.

수천 명의 농민들이 자유무역협정에 대한 항의시위를 벌였다.

REbel (n) 반역자, 저항세력, 반항아 [rébəl]
reBEL (v) 반란을 일으키다, 저항하다 [rɪˈbel]

A former military general formed a REbel group and usurped the police authority.

전 장군이 반란세력을 일으켜 경찰권을 강탈했다.

The punk rock band sang about teenagers reBELLing against the school and the authority.

펑크 락밴드는 학교와 권위에 저항하는 청소년들에 대해 노래했다.

REcall (n) 리콜, 기억력, 소환
reCALL (v) 기억해내다, 제품을 회수하다, 소환하다

The automobile company began a REcall on its latest model due to faulty locks

자동차 회사는 최신 모델의 잠금장치 결함으로 인해 리콜을 시작했다.

The politician claimed that he could not reCALL receiving bribes.

정치인은 뇌물을 받은 기억이 없다고 주장했다.

REcord (n) 음반, 기록, 경력, 전과
reCORD (v) 기록하다, 녹음/녹화하다

The pop star's new REcord broke the sales REcord during the first week.

팝스타의 새 음반은 첫 주 음반 판매량 기록을 경신했다.

Whatever you say in this meeting room will be reCORDed.

이 회의실에서 말하는 모든 내용은 녹음됩니다.

REfill (n) 리필제품
reFILL (v) 다시 채우다, 리필하다

Consumers are encouraged to buy REfill products instead of a new package to reduce waste and protect the environment.

쓰레기를 줄이고 환경을 보호하기 위해 소비자들에게 새로운 제품 대신 리필 제품 구매를 장려한다.

She kindly reFILLed my empty cup with coffee.

그녀는 친절하게 내 빈 잔에 커피를 다시 부어줬다.

REfuse (n) 쓰레기 [ˈrefju:s]
reFUSE (v) 거절하다, 사퇴하다 [rɪˈfju:z]

There is a massive island of plastic REfuse the size of Texas in the middle of the Pacific Ocean.

태평양 한복판에는 플라스틱 폐기물로 이뤄진 텍사스 주 크기의 거대한 섬이 떠있다.

People concerned about the environment reFUSE plastic bags at the supermarket and carry reusable shopping bags instead.

환경을 생각하는 사람들은 슈퍼마켓에서 비닐봉투를 사용하지 않고 재활용 가능한 장바구니를 들고 다닌다.

REject (n) 불량품, 거부당한 사람
reJECT (v) 거부하다, 거절하다, 버리다

My friend confessed that she was a REject back in high school and was often bullied by her classmates.

내 친구는 고등학교 때 왕따였고 친구들로부터 괴롭힘을 당했다고 고백했다.

The opposition party categorically reJECTed the claims as groundless rumors.

야당은 그 주장을 근거 없는 소문이라며 일축했다.

RElay (n) 계주, 교대용팀
reLAY (v) 전달하다, 중계하다

Rescuers worked in RElays to save the trapped miners.

갇힌 광부들을 구출하기 위해 구조원들이 교대를 하며 작업을 했다.

He reLAYed the message to his boss.

그는 메시지를 사장에게 전달했다.

REplay (n) 재경기, 다시 보기, 과거 일의 재현
rePLAY (v) 재경기를 하다, 재생하다

I watched the REplay of the football match between the top two teams in the league.

리그 상위권 두 팀의 재경기를 봤다.

The police officer rePLAYed the video clip from the surveillance camera so as to find some clues.

경찰관은 감시카메라 단서를 찾기 위해 비디오를 다시 재생했다.

SUBject (n) 주제, 화제, 사안, 학과, 소재, 피실험자,
subJECT (v) 종속시키다

The school encourages all students to take as broad range of SUBjects as possible.

학교는 모든 학생들이 더 다양한 과목을 듣도록 장려한다.

The airport policy to subJECT all passengers to a full-body scan has brought about an intense debate.

모든 공항 승객에 대해 알몸 투시를 시행하겠다는 방침에 대해 격렬한 논쟁이 일고 있다.

SURvey (n) 조사, 측량, 조망, 설문조사

surVEY (v) 살피다, 점검하다, 측량하다, 설문조사하다

A SURvey of local residents revealed that one in three residents was dissatisfied with the education superintendent's measures.

주민들에 대한 설문조사 결과 주민 중 1/3이 현 교육감의 방침에 불만을 드러내고 있었다.

Two-thirds of the residents who were surVEYed answered that they were either satisfied or partially satisfied with the measures.

응답한 주민의 2/3은 방침에 만족스럽거나 일부 만족스럽다고 답했다.

SUSpect (n) 용의자

susPECT (v) 의심하다, 혐의를 두다

The SUSpect in the kidnapping and killing was held without bail.

납치 살인 사건의 용의자는 보석금 없이 구속되었다.

The seller is susPECTed of distributing knock-off luxury goods.

그 판매자는 가짜 명품을 유통한 혐의를 받고 있다.

TORment (n) 고통, 고뇌, 고민거리

torMENT (v) 고통을 주다, 괴롭히다, 학대하다

Waiting for the job interview result was sheer TORment.

면접 결과를 기다리는 일은 말 그대로 고통이었다.

The parents are torMENTed over their missing son.

부모는 실종된 아들 때문에 괴로워하고 있다.

TRANSfer (n) 이동, 이적, 전학, 환승

transFER (v) 이동하다, 양도하다, 전학가다, 권력을 이양하다, 전염시키다

The entire student body was keen on finding out more about the mysterious TRANSfer student.

전교생이 베일에 싸인 전학생에 대해 더 알고 싶어했다.

The dictator, under international pressure, agreed to transFER power by democratic election.

국제적인 압력 하에 독재자는 민주선거를 통해 권력을 이양하기로 합의했다.

TRANSplant (n) 이식, 이식된 장기 또는 조직
transPLANT (v) 이식하다, 이주시키다

The helicopter is waiting outside to transport the organ for the TRANSplant safely.

이식할 장기를 안전하게 운반하기 위한 헬리콥터가 대기 중이다.

The news that the surgeons successfully transPLANTed a kidney to the father was a great relief.

아버지에게 성공적으로 콩팥을 이식했다는 소식은 큰 안도감을 주었다.

TRANSport (n) 수송, 수송수단
transPORT (v) 수송하다, 이동시키다

Roads in Denmark are built for bicycles, the main means of TRANSport for the Danes.

덴마크의 도로는 덴마크인의 주요 이동 수단인 자전거에 맞춰져 있다.

The paramedics swiftly transPORTed the injured victims to the nearby hospital.

구급대원들은 부상당한 피해자들을 재빨리 인근 병원으로 이송했다.

UPset (n) 예상 밖의 승리, 혼란, 곤경, 배탈
upSET (v;adj) 속상하게 하다, 뒤엎다, 잘못되게 하다

The underdog team pulled off a major UPset and surprised the fans.

약체팀이 예상 밖의 승리를 거둬 팬들을 놀라게 했다.

The fans were upSET by the band's decision to split when the lead guitarist quit the band.

팬들은 리드 기타리스트가 밴드를 탈퇴함에 따라 밴드를 해체하겠다는 결정에 속상해했다.

Part 07

국제회의
통역사의
비밀노트

연어 (Collocations)

외국어를 배우면서 단순하게 단어만 외우면 한계에 부딪히기 마련이다. 명사하고 짝이 맞는 형용사, 동사 등을 알아야 자연스러운 영어를 구사할 수 있다. 의미상 틀린 단어도 아니고 문법적으로도 문제가 없지만 연어(collocation)가 잘못 되어 있기 때문에 어색하게 들릴 때가 있다. Idioms(관용구)와는 다른 개념으로 '연어'라고 한다. Collocations의 종류는 상당히 다양하다. 이 파트에서는 다양한 표제어들의 연어 중에 일상적으로 가장 흔하게 접하는 표현들을 모았다.

- Adjective + noun
- Noun + noun (e.g. collective nouns)
- Verb + noun
- Adverb + adjective
- Verbs + prepositional phrase (phrasal verbs)
- Verb + adverb

Banquet 연회/만찬

Adjective + Banquet

Grand/great/lavish/sumptuous 성대한/호화로운

예 This is the most sumptuous banquet I have ever attended.

이번 만찬은 지금껏 참석했던 것 중에 가장 호화로운 만찬이다.

Formal/official/royal/state 정식만찬/공식만찬/궁중연회/국빈만찬

예 All of the A-listers were invited to the official banquet.

최고 유명인사들이 모두 공식 만찬에 초대됐다.

Wedding 결혼 피로연

예 The wedding banquet lasted until midnight.

결혼 피로연은 자정까지 계속되었다.

Verb + Banquet

Give/hold (연회/만찬)을 열다

예 The organizers decided to hold the banquet in the garden.

주최 측은 정원에서 연회를 열기로 했다.

Arrange/prepare (for) ~을 위해 (연회/만찬)을 준비하다

예 The organizers arranged to hold a banquet for the conference participants.

주최 측은 컨퍼런스 참가자들을 위한 만찬을 열기 위해 준비했다.

Attend (연회/만찬)에 참석하다

예 The Prime Minister will not be able to attend the banquet today.

총리는 오늘 만찬에 참석할 수 없을 것이다.

BARGAIN (정상가보다) 싸게 사는 물건/거래

Adjective + BARGAIN

Absolute/Amazing/Good/Real 엄청나게 싸게 산 물건/특가품

예 If you go to the market, you're bound to find amazing bargains.

시장에 가면 분명히 매우 싼 물건을 발견하게 될 것이다.

Verb + BARGAIN

Find (값싸고 질 좋은 물건을) 찾다/발견하다

예 How do you find such amazing bargains all the time?

어떻게 항상 그렇게 싸고 질 좋은 물건을 잘 찾나요?

Get (값싸고 질 좋은 물건을) 발견하다

예 I managed to get an absolute bargain.

엄청나게 싸고 질 좋은 물건을 찾을 수 있었다.

Pick up (싼 물건을) 찾아내다

예 Did you manage to pick up any bargains at the market today?

오늘 시장에서 싼 물건 좀 샀어?

BARGAIN을 동사로 쓸 경우

To bargain hard for something ~을 얻기 위해 열심히 협상/흥정하다

예 The trade union bargained hard for better pay.

노조는 임금 인상을 위해 부단히 협상했다.

〈표현〉

Drive a hard bargain = force somebody to agree to the arrangement that is best for you

(협상에서) 자신에게 유리한 방향으로 상대가 합의하도록 강하게 밀어 붙이다.

예 The trade union always drives a hard bargain.

노조는 항상 협상에서 자신들의 주장을 굽히지 않는다.

Keep (to) your half/part/side of the bargain.

협상 내용 중 해당 부분을 이행하다.

예 Be sure to keep your part of the bargain.

합의한 내용 중에 귀하가 이행해야 할 부분은 반드시 이행하셔야 합니다.

BREAK (명사) 휴식

Adjective + BREAK

Short 짧은 휴식

Coffee (tea)/lunch 커피(차) 마시는 휴식시간/ 점심시간

Christmas/Easter 크리스마스/부활절 휴가

Spring/fall 봄/가을 방학

예 It's been a long morning. I think we would all enjoy a short break.

힘든 오전시간을 보냈으니, 모두 잠시 휴식해도 좋을 것 같습니다.

Verb + BREAK

Have/take (휴식을) 갖다

예 Did you manage to take a break?

휴식시간 가질 여유는 있었나요?

Preposition

At break 휴식 중에/쉬는 시간에

During (the) break 휴식(방학) 중에

예 Why don't we meet during the break?

휴가(방학) 때 만날까요?

CONFERENCE (보통 여러 날 동안 대규모로 열리는) 회의/학회

* Meeting은 모든 회의를 통틀어서 말한다. Conference는 조금 학술적인 색을 띤다.

Attend, go to 참석하다

예 I was unable to attend last year's conference.

작년 컨퍼런스에 참석하지 못했다.

Hold, organize/call, convene 열다/소집하다

예 This year's conference will be held in Busan.

올해 컨퍼런스는 부산에서 개최될 예정이다.

* 어떤 회의라도 주제가 있고 모인 목적이 있다. 그럴 경우에 아래의 표현을 사용한다.

Be devoted to sth (the topic of ~)/Examine sth/Focus on sth/Look at sth

(주제를) 다루다/살펴보다

* 회의가 끝날 때는 무엇을 결정하기도 한다.

Agree to sth ~하기로 합의했다

Decide sth ~하기로 결정했다

Vote on sth ~에 대해 투표하다

* 결정한 다음에는 무엇을 채택하거나 지지한다.

Adopt, approve, back, support 채택/승인/지지하다

Recommend sth 권고/건의하다

UN과 같은 특정기구의 회의에서 결정된 사항은 구속력이 없어서 건의만 하게 된다.

예 The Conference for Women's Rights(가상) recommended that women be given priority in micro-financing.

여권 신장을 위한 컨퍼런스에서 소액대출 시 여성들을 우선 대상자로 지정하도록 권장했다.

Condemn sth 마찬가지로 구속력은 없지만 안 좋은 일이 있을 때 비난하고 규탄한다.

예 The Conference for Women's Rights condemned the recent attacks on civilians.

여권 신장을 위한 컨퍼런스에서 참석자들은 민간인에 대한 최근 공격에 대해 규탄했다.

* 회의장소 관련 표현

~ center 큰 회의장(강당)을 갖춘 근대적 건물(도시)

예 The conference center is located 30 minutes away from the city center.

컨퍼런스 센터는 도심에서 30분 거리에 있다.

~ complex 복합건물

예 The conference complex encompasses two hotels, a shopping arcade, restaurants and much more.

회의시설이 있는 건물 단지에는 두 개의 호텔, 쇼핑 상가, 레스토랑 등 많은 시설이 갖춰져 있다.

~ facilities 회의 시설

예 The conference facilities have been upgraded.

회의 시설이 향상되었다.

~ venue 회의 장소

예 The conference venue has been changed due to safety concerns.

안전에 대한 우려 때문에 회의 장소가 변경되었다.

ECONOMY 경제

긍정적인 형용사:

Booming/buoyant/dynamic/healthy/sound/stable/strong

호황인/활황인/역동적인/견실한/건전한/안정적인/튼튼한 경제

예 We would all like to live in a booming economy.

우리 모두는 경기 호황을 원한다.

부정적인 형용사:

Ailing/depressed/flagging/fragile/stagnant/weak

불안정한/불경기의/쇠약한/취약한/부진한/위태위태한 경제

예 The president presented new measures to boost the ailing economy.

대통령은 불안정한 경제를 살리기 위해서 새로운 조치를 제안했다.

예 The government took drastic measures to boost the flagging economy.

정부는 침체되고 있는 경제를 활성화 시키기 위해 과감한 조치를 단행했다.

Advanced/developed/modern 선진/발전된/현대적인 경제

Liberal/market/mixed/monetary/planned/rural/service-based/socialist

자유/시장/혼합/화폐/계획/농촌/서비스 기반/사회주의 경제

Domestic/global/internal/international/local/national/world

국내/글로벌/내부/국제/지역/국가/세계 경제

Black/informal/underground 지하/비공식/지하 경제

예 It is difficult for the government to control the black economy when the economy is stagnant.

경기 침체가 지속될 때 정부가 지하경제를 단속하는 것은 어렵다.

Verb + ECONOMY

Build/rebuild (경제를) 재건하다

예 Each presidential candidate presented his plans to rebuild the economy.

대선 후보들은 모두 각자의 경제 재건 계획을 제시했다.

Control/handle/manage/manipulate/operate/regulate/run

(경제를)통제/다루다/관리/조종/운용/규제/운영

Boost/develop/expand/help/improve/kick-start/reinvigorate

부흥/개발/팽창/돕다/개선/부양/활성화하다

PHRASES

The backbone/mainstay of the economy 경제의 근간

예 Manufacturing was the backbone of the economy in the 20th century.

제조업은 20세기 경제의 근간을 이루었다.

Size of the economy 경제 규모

예 The size of the economy has quadrupled in the same amount of time.

같은 기간 경제 규모는 4배 증가했다.

State of the economy 경제 상황

예 The president is being judged on the current state of the economy.

대통령은 경기 상황에 따라 평가 받는다.

ENVIRONMENT 환경

Adjective + ENVIRONMENT

Immediate 주변 환경

예 We are most affected by our immediate environment.

우리는 주변 환경에 의해 가장 많이 영향을 받는다.

Alien/new/unfamiliar 낯선/새로운/익숙하지 않은

예 It takes time to adapt to an alien environment.

낯선 환경에 적응하는데 시간이 걸린다.

Changing 변화하는 환경

Natural 자연 환경

Global/world/local 글로벌/세계/지역 환경

Protected/safe/secure/stable 안전한/안정적인 환경

예 Our kids have been raised in a protected environment.

우리 아이들은 안전한 환경에서 자랐다.

Marine 해양환경

긍정적인 형용사:

Friendly/pleasant/clean/healthy/stimulating/favorable

친근한/쾌적한/깨끗한/건강한/자극이 되는/우호적인 환경

예 The new school has a much more healthy and stimulating environment.

새 학교는 한층 더 건강하고 자극을 주는 환경을 제공한다.

부정적인 형용사:

Uncertain/unstable/dangerous/noisy/competitive/hostile/extreme/harsh

불확실한/불안정한/위험한/시끄러운/경쟁적인/적대적인/극한의/가혹한 환경

Fragile 취약한 환경/여건

예 This fragile environment needs to be protected from tourists.

훼손되기 쉬운 취약한 환경을 관광객들부터 보호해야 합니다.

Rural/urban 농촌/도시 환경

Office/work/working/workplace 사무실/작업/근무/근무환경

예 I moved here because I like the working environment.

이곳으로 이직한 이유는 근무환경이 마음에 들었기 때문이다.

Economic/financial/political/business/commercial/corporate/professional

경제/재무/정치/비즈니스/상업적인/기업/전문적인 직업 환경

예 It would be foolish to invest in stocks in the current economic environment.

현재 경기 상황에 주식에 투자하는 것은 어리석은 일일 것이다.

Verb + ENVIRONMENT

Create/provide (환경을) 조성/제공하다

예 As parents, we try to provide a safe environment for our children.

부모로서 아이들에게 안전한 환경을 마련하려고 노력한다.

Adapt to (환경에) 적응하다

Improve (환경을) 개선하다

Explore (환경을) 탐사/탐험하다

Preserve/protect/safeguard (환경을) 보존/보호하다

Harm/damage (환경을)해치다/훼손하다

Phrases

Conservation/protection of the environment 환경 보존/보호

예 There are many NGOs which work to protect the environment.

현재 환경보호 활동을 하는 NGO 단체들이 많이 있다.

Damage to the environment 환경을 훼손하다

예 Cutting trees does a lot of damage to the environment.

벌목은 환경에 많은 피해를 초래한다.

Harmful to the environment 환경에 유해한

Have an impact on the environment (환경에) 영향을 미치다

예 These farming methods have had an adverse impact on the environment.

이러한 경작 방법은 환경에 부정적인 영향을 초래해 왔다.

HEALTH 건강

Adjective + HEALTH

긍정적인 형용사:

Excellent/full/good/perfect (건강이) 매우 좋은/양호한/완벽한

예 It's good to know that you're enjoying excellent health.

건강상태가 매우 좋다니 기쁩니다.

부정적인 형용사:

Bad/declining/delicate/failing/fragile/frail/ill/poor

나쁜/악화되고 있는/병약한/허약한/좋지 못한 건강 상태

예 His fragile health prevents him from going out.

건강 상태가 좋지 못하여 그는 외출을 하지 못한다.

General/mental/physical/sexual 전반적인/정신/신체/성 건강

Public 공중 보건/위생

예 The Zika virus is a threat to public health.

지카 바이러스는 공중보건에 위협이 된다.

Verb + HEALTH

Enjoy/have 건강하다/건강을 누리다

예 Mary has enjoyed good health all her life.

메리는 평생 건강한 삶을 누렸다.

Look after/maintain (건강을) 돌보다/유지하다

예 It is important to maintain your physical health while it is still good.

신체 건강은 건강할 때 지켜야 한다.

Improve (건강 상태를) 개선/증진하다

예 I have started to exercise three times a week to improve my health.

건강을 증진시키기 위해서 일주일에 세 번씩 운동하기 시작했다.

Promote (건강을) 향상시키다

Recover/regain (건강을) 회복하다

Nurse sb back to health (사람)을 돌보아 건강을 회복시키다

예 She nursed her mother back to health.

그녀는 어머니의 건강이 회복될 때까지 어머니를 돌보았다.

Damage/harm/ruin/undermine/risk (건강을) 해치다/축내다/망치다/위협하다

예 Everybody knows that smoking will ruin your health.

흡연이 건강을 망친다는 것을 모두가 알고 있다.

HEALTH + noun

Care 보건/의료서비스

예 Some people believe that it is the responsibility of the government to provide health care.

일부 사람들은 보건 서비스 제공이 정부의 책임이라고 생각한다.

Issue/needs/problem 건강 문제/건강요구

Hazard/risk (건강 상의) 유해/위험

예 Soft drinks should be considered a health hazard.

청량음료는 건강에 유해하다고 인식되어야 한다.

Education (보건) 교육

예 It is never too early to begin health education.

건강 교육은 빨리 시작할수록 좋다.

Center 보건소

Insurance 건강보험

예 Health insurance is expensive in many countries.

많은 국가의 국민들이 비싼 건강보험료를 낸다.

Food 건강식품

예 Coca Cola was once considered a health food which helped digestion.

사람들이 한때 코카콜라를 소화를 돕는 건강식품으로 생각했다.

Warning 건강 유해성 경고

예 The authorities issued a health warning.

당국은 건강 유해성 경고를 내놓았다.

Phrases

Good/bad for your health 건강에 좋은/유해한

예 Exercising regularly is good for your health.

규칙적인 운동은 건강에 좋다.

Not in the best of health 건강 상태가 최상이 아닌

예 Evan has not been in the best of health since the accident.

이반은 그 사고 이후로 건강 상태가 그다지 좋지 않다.

In good/poor health 건강한/건강이 좋지 않은

예 Even though it took a long to recover, Paul is now in good health.

회복기간이 상당히 길었지만, 폴은 이제 건강한 상태이다.

Sb's state of health (~의) 건강 상태

예 The airline refused to allow Mary to travel because of her state of health.

항공사는 메리의 건강상태를 이유로 탑승을 거절했다.

INTERVIEW
인터뷰/면접

Adjective + INTERVIEW

Face-to-face 면대면 인터뷰

예 The candidate is always more effective in face-to-face interviews.

그 지원자는 항상 면대면 인터뷰에서 더 빛을 발한다.

Telephone 전화 인터뷰

Group 집단 면접

In-depth 심층 면접

예 The in-depth interview lasted more than one hour.

심층면접은 1시간 이상 진행되었다.

exclusive 독점/단독 인터뷰

예 The actor decided to give an exclusive interview to CNN.

그 배우는 CNN과 단독 인터뷰를 하기로 결정했다.

Verb + INTERVIEW

Carry out/conduct/do/hold (인터뷰를) 진행하다

예 The interview will be conducted in the TV studio.

인터뷰는 TV 스튜디오에서 진행될 것이다.

Give sb/grant sb (인터뷰 권한을) 주다/부여하다

예 The millionaire granted an exclusive interview to CNN.

그 백만장자는 CNN에 단독 인터뷰 권한을 주었다.

Attend/be called for/have (면접에) 참석하다/(면접)요청을 받다/(면접)하다

Phrases

Round of interviews 인터뷰 회차

예 There will be a second round of interviews before a final decision is made.

최종 결정을 내리기 전에 2차 인터뷰가 있을 것이다.

INVITATION 초대/초청

Adjective + INVITATION

Kind/formal/open 친절한/공식적인/언제든 방문할 수 있는 초대

예 Thank you for your kind invitation.

친절한 초대 감사합니다.

예 The organizers issued formal invitations.

주최측은 정식 초대장을 발행했다.

Dinner/party/wedding 저녁/파티/결혼식 초대

Verb + INVITATION

Get/have/receive (초대)받다

Accept/take sb up on/take up (초대를) 수락하다

예 I think I will take you up on your invitation.

당신의 초대를 수락하려고 생각하고 있습니다.

Decline/refuse/turn down (초대를) 거절하다

예 The reclusive actress refused all invitations to attend the awards ceremony.

은둔 성향의 그 여배우는 모든 시상식 초대를 거절했다.

Extend (공식적)/issue 초대를 하다/초청장을 보내다

예 The Ministry of Foreign Affairs extended formal invitations to all the ambassadors.

외무부는 모든 대사들을 정식으로 초청했다.

Send/send out (초대장을) 보내다

Preposition

At sb's invitation (누구의) 초대를 받아

예 The band gave a concert at the invitation of the government.

그 밴드는 정부 초청으로 콘서트를 열었다.

By invitation 초청객에 한하는

예 The golf course is by invitation only.

그 골프장은 초청객만 이용이 가능하다.

To sthg ~에 대한 (초대)

예 Did you receive an invitation to the exhibition?

전시회 초청을 받았나요?

INVITE
초대하다/초청하다

Adverb + INVITE

Formally/officially 정식으로/공식적으로 초대하다

Cordially/kindly/warmly 진심으로/친절하게/따뜻하게 초대하다

예 You are cordially invited to the opening ceremony.

귀하를 개막 행사에 진심 어린 마음으로 초청합니다.

(★ cordially는 invite와 가장 많이 쓴다.)

Personally 개인적으로 초대하다

Prepositions

Into ~로 (초대)

예 I was invited into the house for the first time.

나는 그 집에 처음 초대받았다.

For ~자리에 (초대)

예 Should we invite the Taylors for dinner?

테일러 씨 가족을 저녁 식사에 초대해야 할까요?

Journey
여행/여정

Adjective + Journey

Long/marathon 긴 여정/장거리 여행

예 It was a marathon journey to reach the remote islands.

외딴 섬에 도착하기까지 긴 여정이었다.

Brief/short 짧은 여행

10-kilometer/two-hour 10킬로미터/2시간 거리

예 At this time of the morning, the 10-kilometer journey to the research center should not take us more than 30 minutes.

오전 이 시간에는 연구소까지 10km 거리를 가는데 30분 이상 걸리지 않을 것이다.

Comfortable/pleasant/safe 편안한/즐거운/안전한 여행

예 Hope you have a comfortable (pleasant, safe) journey back home.

댁까지 편안한(즐거운/안전한) 여행이 되시길 바랍니다.

Arduous/awkard/difficult/grueling/hard/tedious/terrible/tiring/tortuous

고된/어색한/힘든/녹초로 만드는/어려운/지루한/끔찍한/피곤한/우여곡절이 많은 여정/여행

예 It was an arduous journey because there were no paved roads.

전부 비포장 도로였기 때문에 고된 여행이었다.

Dangerous/hazardous/perilous 위험한 여행

Emotional/sentimental 감정적인/정서적인/향수 어린 여행

예 Revisiting her hometown was an emotional journey for my mother.

고향 방문은 어머니에게 감정적으로 많은 것을 느끼게 한 여행이었다.

It was a sentimental journey to go back to where we went for our honeymoon.

예전 신혼여행지를 다시 찾은 것은 일종의 '감성 여행'이었다.

Verb + Journey

Go on/have/make (여행)하다

Begin/set out on (여행을) 시작/출발하다

예 We set out on our journey across the North Pole.

우리는 북극 횡단 여행을 떠났다.

Continue/resume (여행을) 계속하다/재개하다

예 We will be able to resume our journey after we fill up our supplies.

보급품을 보충한 후에 여행을 이어갈 수 있을 것이다.

Complete (여행을) 완료하다

예 The journey across Australia was completed on foot.

도보로 호주 횡단 여행을 마쳤다.

Phrases

Be tired after a Journey/be tired from a Journey

여행으로 인해 지친/피곤한

예 You must be tired after your long journey. Let's meet tomorrow morning after you are rested.

긴 여행으로 지쳤을 텐데, 좀 쉬고 나서 내일 아침에 만나자.

A leg/stage of a Journey (여행 과정에서) 단계/부분

예 This is the first leg of our journey. We will continue through the rest of Asia afterwards.

이것이 우리 여행의 첫 번째 단계입니다. 이후에 아시아의 다른 지역도 계속 여행할 예정입니다.

MEETING

크고 작은 회의가 수시로 개최되는데 그럴 때마다 정확한 연어를 사용해야 한다.

Have/hold a meeting 회의를 개최하다

Arrange/call/convene/organize/summon 회의를 소집하다

개회: declare open, open

폐회: declare closed, close

Adjourn/break up 휴회하다; (★ break up는 강제성이 조금 있다)

취소: call off, cancel

연기: postpone

Host, chair, conduct, preside over 좌장이 주최할 경우

The purpose of a meeting 회의목적

The minutes of a meeting 회의록

MEET

Verb + MEET

Arrange to (만날) 준비를 하다

예 We should arrange to meet with the suppliers.

공급업체들과 만날 준비를 해야 한다.

Be able to/can 할 수 있다

Be unable to/fail to 할 수 없다

Be designed to/be tailored to ~ 맞게 고안되다/맞추어 지다

MEET

Meet with (특히 논의를 위하여) ~와 만나다

예 We will meet with the country representatives next week.

다음 주에 그 국가의 대표들과 만날 예정이다.

Meet for ~하기 위해 만나다

예 Let's meet for lunch next week.

다음 주에 점심 식사하게 만납시다.

NEGOTIATE
(Verb) 협상하다

NEGOTIATE + Adverb

Carefully/Successfully/Freely/Individually/Separately/Jointly/Directly/Secretly

주의 깊게/성공적으로/자유롭게/개별적으로/별도로/공동으로/직접/비밀리에 협상하다

Constantly/continually 계속해서 협상하다

예 Each employee negotiated their contract separately.

각 직원들은 개별적으로 자신의 계약에 대해 협상했다.

Verb + NEGOTIATE

Be able to~ 협상할 수 있다

예 I should be able to negotiate a favorable contract.

나에게 우호적인 계약으로 협상할 수 있어야 한다.

Be prepared to/be willing to~ 협상할 준비를 하다/협상할 의향이 있다

예 I am willing to negotiate a new deal.

새로운 거래 협상을 할 의향이 있다.

Attempt to/seek to/try to~ 협상하려고 하다

예 I will attempt to negotiate a better deal for you.

저는 귀하에게 보다 유리할 협상을 하려고 할 것입니다.

Manage to~ (겨우) 협상하다

예 I managed to negotiate a better deal.

가까스로 더 유리한 거래 협상을 할 수 있었다.

Help to 협상하는데 도움을 주다

예 He helped to negotiate the details of the contract.

그는 세부적인 계약 내용을 협상하는데 도움을 주었다.

PRESENTATION (informative talk) 발표/프레젠테이션

Adjective + PRESENTATION

Formal/effective/slick/upbeat/business/sales/audio-visual/slide/video

공식적인/효과적인/말만 번지르르한/긍정적인/비즈니스/매출/시청각자료/슬라이드/비디오 프레젠테이션

예 Even though the company isn't doing too well, the CEO managed to give an upbeat presentation.

회사 사정이 좋은 편은 아니었지만, CEO는 긍정적인 분위기로 발표를 마칠 수 있었다.

예 The new manager gave a slick presentation.

새 관리자는 그럴 듯하게 들리는 발표를 했다.

(★slick는 조금 부정적인 뜻, Oil slick (유닥, 기름띠)이라는 느끼하다는 뜻으로 많이 사용한다.)

Verb + PRESENTATION

Give/make 발표하다.

PRESENT 제시하다/보여주다

Adjective + PRESENT

Clearly/well 명확하게/잘

예 The topic was clearly presented to the public.

그 주제가 대중들에게 명확하게 전달되었다.

Oral/visual 구어의/시각의

예 The oral presentation was so vivid that we could almost see the descriptions.

구두 발표가 아주 생생하게 잘 전달되어 발표 내용을 직접 보고 있는 듯했다.

PRESENT + adverb

Attractively/neatly 보기 좋게/깔끔하게

예 That was very neatly presented.

내용이 아주 깔끔하게 잘 전달되었다.

Verb + PRESENT

Aim to/attempt to/seek to/try to/designed to (제시) 하려고 하다

예 Today, I will attempt to present our newest model.

오늘 저는 저희의 가장 최신 모델을 보여드리려고 합니다.

REPORT
보고/보도/보고서

Adjective + REPORT

Important/influential/major 중요한/영향력 있는/주요한 보고서

Lengthy 긴 보고서

예 Nobody read the lengthy report.

아무도 그렇게 긴 보고서는 읽지 않았다.

Brief/short 간략한/짧은 보고(서)

Complete/comprehensive/extensive/full/wide-ranging/detailed/in-depth

완전한/종합적인/광범위한/완전한/폭넓은/상세한/심도 있는 보고

예 It took over five years to complete, but the committee wanted to ensure that it was a comprehensive and in-depth report.

보고서를 마무리하는데 5년 이상 걸렸지만, 위원회는 심도 있는 종합 보고서를 만들기를 원했다.

General 일반 보고서

Encouraging/excellent/favorable/positive

고무적인/뛰어난/유리한/긍정적인 보고서

Adverse/bad/critical/damning/hard-hitting/negative/pessimistic

불리한/부정적인/비판적인/직설적인/부정적인/비관적인 보고서

Latest/new/recent/up-to-date 가장 최신의/새로운/최근 보고서

Previous 이전 보고서

Early/initial/interim/preliminary 초반의/초기의/중간/예비 보고서

Further/later/subsequent 추가/후속 보고서

Periodic/regular/annual/quarterly 정기적인/규칙적인/연례/분기 보고

Final/draft/formal 최종/기초/공식 보고

Written/verbal 서면/구두 보고

Published/unpublished 출간된/출간되지 않은 보고서

Misleading/conflicting 호도하는/상충된 보도

예 There were conflicting reports about the economy.

경기 상태에 대해 상충되는 보도가 있었다.

Unconfirmed 미확인 보도

예 There were unconfirmed reports that the suspect had been caught.

용의자가 체포되었다는 확인되지 않은 보도가 있었다.

Independent/joint 독립적인/공동 보고/보도

Official/unofficial 공식적인/비공식적인 보고/보도

Confidential/secret 기밀의

Public/government/parliamentary 세간의 평/정부 보고/의회 보고

Police/media/press 경찰 보고서/언론 보도

Committee/financial 위원회/재무 보고

Verb + REPORT

Deliver/give sb a report/make/present

(보고서를) 내놓다/제공하다/만들다/제시하다

예 Have you decided who will deliver the report?

누가 보고서를 준비할지 정했나요?

Compile/draw up/prepare/produce/write

(보고서를) 취합/작성/준비/만들다/쓰다

File/submit (보고서를) 제출하다

예 The tax report needs to be filed by the end of May.

세금 보고서는 5월 말까지 제출해야 한다.

Issue/release (보고서를) 발표하다

Leak (보고서를) 유출하다

예 It will be difficult to find out who leaked the report.

그 보고서를 유출한 사람을 밝혀내는 것은 쉽지 않을 것이다.

Have/hear/receive 보고를 받다

Call for/commission 청하다/의뢰하다

Read/consider/discuss/publish/appear in

읽다/고려하다/논의하다/출간하다/(보고서에)나타나다

REPORT + Verb

Be based on sth ~에 기반하다

예 This report is based on interviews with the refugees.

동 보고서는 난민들과의 인터뷰에 기반하고 있습니다.

Concern sth/cover sth/detail sth/ examine sth/ look at sth/ related to sth

(보고서 내용) 다루다/상술하다/조사하다/살펴보다/관련되다

예 The report examines the health hazards linked to smoking.

그 보고서는 흡연과 관련된 건강상의 위험에 대해 다루고 있다.

Comprise sth/contain sth/include sth/ ~으로 구성되다/~을 포함하다

예 The report includes data from the past ten years.

그 보고서는 과거 10년 간의 데이터를 포함하고 있습니다.

Comment (on) sth/describe sth/explain sth/express sth/indicate sth/ mention sth/outline sth/say sth/state sth

(~에 대해) 언급하다/묘사하다/설명하다/표현하다/가리키다/언급하다/개괄적으로 다루다/ 내용을 담고 있다.

예 The report indicated that the economy would not improve in the near future.

보고서는 근시일 내에 경기가 개선되지 않을 것이라고 지적했다.

Cite sth/list sth/note sth 인용하다/열거하다/언급하다

예 The report cited recent developments which indicate that a volcanic eruption is imminent.

보고서는 화산 분출이 임박했다는 증거가 되는 최근의 현상들을 언급했다.

Acknowledge sth/ admit (to) sth/reveal sth 인정하다/드러내다

예 The report revealed the inherent problems that the city is facing.

해당 보고서는 그 도시가 직면하고 있는 내재적인 문제를 드러내고 있었다.

Draw attention to sth/emphasize sth/highlight sth/point sth out/stress sth/warn sth

관심을 끌다/강조하다/지적하다/경고하다

예 The report drew attention to the plight of refugees.

그 보고서는 난민들이 처한 곤경에 이목을 집중시켰다.

Confirm sth/conclude sth/find sth/link sth with sth

(~ 라고) 확인하다/결론짓다/밝히다/~와 ~를 연관 짓다

예 The report linked the increase in breathing disorders with yellow dust.

보고서는 호흡기 질환 증가 추세와 황사를 연관 지어 살펴보고 있다.

Advocate sth/call for sth/propose sth/recommend sth/suggest sth/urge sth

지지하다/촉구하다/제안하다/권장하다/추천하다/강력히 권고하다

예 The report called for drastic reforms.

보고서는 과감한 개혁을 촉구했다.

Accuse sb or sth/Attack sb or sth/ blame sb or sth/criticize sb or sth/

(~를) (~에 대해) 비난하다

Prepositions

According to a (the) report 보고(서)에 따르면

예 According to a UN report, women still do not enjoy the same rights as men in many countries around the world.

UN 보고서에 따르면 전 세계 많은 국가에서 여전히 여성들은 남성들과 동등한 권리를 누리지 못하고 있는 것으로 나타났다.

A report by sb ~의 보고

Verb + REPORT

Be expected to/expect to 기대/예상되다

Be delighted to/be glad to/be happy to/be pleased to (보고)하게 되어 기쁘다

예 I am delighted to report that there has been a 200% increase in sales compared to last year.

작년 대비 매출 200% 신장이라는 소식을 전하게 되어 기쁘게 생각합니다.

Have to (보고) 해야 하다

Fail to (보고) 하지 못하다

Phrase

Widely reported 널리 보도된(보고된)

예 The terrorist attack was widely reported in the foreign press.

테러 공격이 해외 언론에 널리 보도되었다.

SPEECH 연설

Adjectives

Brief/little/short 짧은 연설

Interminable/long/long-winded/rambling(부정적 의미: 너무 길어서 지루할 때)
끝도 없이 계속되는/긴/길고 지루한/장황하고 두서 없는 연설

Keynote/major 기조연설

Eloquent/excellent/good 유창한/뛰어난/좋은 연설

Emotional/impassioned/rousing/stirring/touching
감정을 자극하는/열성적인/감동적인 연설

Boring 지루한 연설

Impromptu 즉흥 연설

Televised 방송된 연설

Political 정치 연설

Opening 개회사

Closing 폐회사

Acceptance 수락연설

After-dinner 식후연설

Farewell 고별사

Inaugural 취임연설

Maiden 처녀연설(최초로 하는 연설)

Verb + SPEECH

Deliver/give/make 연설하다

예 The First Lady delivered a very moving speech.

영부인은 매우 감동적인 연설을 했다.

SUPPORT 지지

Adjectives

긍정적인 형용사:

Complete/full/total 전폭적인 지지

Active/considerable/enthusiastic/firm/generous/good/great/loyal/massive/overwhelming/solid/strong/tremendous/unqualified/wholehearted

적극적인/상당한/열성적인/굳건한/아낌없는/달맞은/대단한/충성 어린/대규모/전폭적인/견고한/강력한/엄청난/완전무결한/진심 어린 지원

Unflagging/unstinting/unswerving/unwavering

지칠 줄 모르는/아낌없는/변함없는/확고한 지지

Growing/increased/increasing 지원/지지 확대(증가)

Broad/mass/popular/public/wide/widespread 폭 넓은/대중적 지지

부정적인 형용사:

Limited/lukewarm/qualified 제한된/미온적인/조건적인 지원

Adequate, sufficient

적당한, (넘치지는 않지만 어떤 목적 달성을 위해 필요한 만큼)충분한

Direct/indirect 직/간접적인 지원

Long-term 장기적인 지원

Verb + SUPPORT

Enjoy/have/derive/draw/get/receive (지지를) 얻다/끌어내다/받다

Enlist/find/gain/mobilize/secure/win/attract/cultivate/drum up/muster/rally/recruit/seek/solicit/whip up(지지를 받기 위해 노력해야 할 때) 지지를 모으다/얻다

Give sb/sth/lend/offer/provide (sb/sth) with (~를) 지지하다/지지를 보내다

Throw one's full support behind sb (~를) 전적으로 지지하다

예 The governor decided to throw his full support behind the Democratic candidate.

그 주지사는 민주당 후보를 전적으로 지지하기로 결정했다.

lose/cut (off)/withdraw 지지를 잃다/(과거에 지지하다가)지지를 철회하다

예 He lost the support of his constituents.

그는 자신의 선거구 유권자들의 지지를 잃었다.

Count on/rely on ~에 의지하다

예 The candidate is counting on the black vote.

그 후보는 흑인 유권자들에게 의지하고 있다.

Announce/come out in support of/confirm/demonstrate/express/pledge/reaffirm/show

지지를 선언하다/나타내다/확인하다/내보이다/표현하다/약속하다/재확인하다/표하다

Bolster/broaden/build up/increase/strengthen

(지지 기반을) 강화하다/넓히다/키우다/늘리다/공고히 하다

SUPPORT + noun

Base/group/network 지지 층

예 The candidate has always had a strong support base in New York.

그 후보는 예전부터 뉴욕에서 강력한 지지 기반을 갖고 있었다.

Adverbs 적극적으로 지지할 경우

Fervently/overwhelmingly/strongly/fully/wholeheartedly/unanimously/actively/tacitly/enthusiastically/loyally

열렬하게/압도적으로/강력하게/전적으로/진심으로/만장일치로/적극적으로/암묵적으로/열성적으로/충실히 지지하다

Verb + SUPPORT 지지하기로 약속했을 때

Agree to/be pledged to/pledge to/ promise to/be prepared to/be willing to

동의하다/서약하다/맹세하다/약속하다/준비가 된/기꺼이 지지하다

지지를 거부할 경우

Fail to/refuse to (지지)하지 않다/거부하다

TIME

표현 - 이러한 표현들은 굳어진 표현들이기 때문에 다르게 사용할 필요가 없다. 있는 그대로 사용해야 한다.

- How time flies! 시간/세월이 빨리 간다!라는 뜻으로 When you're having fun 이라고 덧붙이는 경우가 많다. 즐거울 때는 시간이 빨리 간다고 느낀다.
- Time drags. 시간이 안 가고 질질 끌 때 쓰는 표현
- Time heals all wounds. 마음의 상처를 받았을 때 상대방을 위로 해주기 위해, '시간이 지나면 다 잊게 된다'라는 뜻의 좋은 표현.
- Look at the time! 어떤 일에 몰두해서 시간이 생각보다 많이 지났을 때 쓰는 표현.
- This time tomorrow~ 내일 이 시간에. 예를 들어, 친구가 여행 가기 전에 만났을 때 "This time tomorrow you'll be in Paris! (내일 이 시간에 넌 파리에 있을 것이다!)"라고 말할 수 있다.
- This time yesterday~ 어제 이 시간에. 그 반대로 여행 다녀 왔을 때 "This time yesterday you were in Rome. (어제 이 시간에 넌 로마에 있었다.)"
- Give me time! 시간이 얼마 남지 않고 급할 때 쓰는 표현.
- No time to lose. 일을 자꾸 미루지 말고 지금 하라.
- No time like the present. 일을 자꾸 미루지 말고 지금 하라.
- Your time is up! 마감 시간을 정해 놓고 기다리다가 그 시간이 되었을 때 쓰는 표현.
- All in good time! 차차 시간이 모든 일을 해결한다. 때가 되면 다 풀린다.
- If time permits~ 시간이 없는 상황이지만 시간을 더 달라고 정중하게 요청하는 경우에 쓰인다,

  예 If time permits, I would like to explain the new software program.

  시간이 허락한다면, 신규 소프트웨어 프로그램에 대해서 설명을 좀 드리고 싶습니다.

Right on time 제 시간에 무엇을 했을 때

✔ Am I late? 제가 늦었나요?

✔ No, you're right on time. 아니요. 딱 제시간 맞추셨어요.

Run out of time 시간이 부족하다

예 She couldn't finish the test because she ran out of time.

시간이 부족했기 때문에 그녀는 시험을 다 끝내지 못했다.

Save time 돈처럼 시간도 절약할 수 있다

예 In order to save time, I will summarize my presentation.

시간을 아끼기 위해서 요약해서 발표하겠습니다.

Spare time 여유시간

예 So what do you like to do in your spare time? 그럼 여유시간에는 뭘 즐겨 하시나요?

Spend (some time) 시간을 보내다

예 I would like to spend some time gardening. 정원 손질하며 시간을 좀 보내고 싶습니다.

Take (your) time to 충분한 시간을 갖다

예 Take your time to look over the contract and let me know if you have any questions.

계약서를 찬찬히 살펴보시고 질문 있으시면 알려주세요.

Tell someone the time 시간을 알려주다

예 Can you tell me the time, please? 지금 몇 시인가요?

Waste time 시간 낭비하다

Tell the time 시간을 알리다

Local time (summer, GMT) 현지시간 (섬머타임, Greenwich Mean Time, 그리니치 표준시간)

Have the time 시간을 알려주다

Ahead of/behind (~ 시간 만큼) 이른/늦은 예 2 hours behind 두 시간 늦은

Peak time 성수기

Fix/set a time 시간을 정하다

When the times comes~ 때가 되면

Devote time to~(gardening) ~에 집중하다

Kill/pass time 소일거리

Find/make time 시간을 내다

Be pressed for time/short of time/be out of time 시간이 부족하다

Play for time 시간을 벌기 위해 꾸물거리다

All the time 항상

The whole time (=always, repeatedly) 내내/계속/반복적으로

A battle/race against time 시간과의 싸움

In good/plenty of time 시간이 넉넉하게/충분하게

In next to no time/in no time at all 순식간에

In 30 minutes' time 30분 만에

In your own good time (taking as long as you need/want) 필요한 시간을 넉넉히 갖고

Adjectives

Good/happy/great 즐거운 시간/좋은 시간

예 I had a good time tonight. 오늘밤 즐거운 시간 보냈습니다.

Tip 이때는 time이라고 하지만 'We had some good times.'처럼 과거의 시간을 회상하면서 '좋은 때였다'라고 하고 싶을 때는 times 복수로 해야 한다.

Bad/difficult/hard/tough/rough/sad/troubled/unhappy 어려운/힘든/난처한/슬픈 시간/시기

Before your time 나이 든 사람이 젊은 사람한테 말할 때 '네가 태어나기 전 일'

예 The Korean War? That was before my time. 한국 전쟁이요? 제가 태어나기 전에 일어났죠.

In my time 내 시대에는

예 Mr. Curtis was the manager in my time. 커티스 씨는 제가 일했을 당시 매니저였죠.

From/since time immemorial – for a very long time 오래전부터

예 Since time immemorial, flowers have blossomed here in these fields.

아주 옛날부터 이 들판에는 꽃들이 만발해서 피어있었다.

~of all time 역대 최고의

예 Babe Ruth is considered by many to be the best baseball player of all time.

많은 이들이 베이브 루스를 역사상 최고의 야구선수로 평가한다.

At a time 한번에

예 If you eat all these oranges at a time, you'll get sick!

이 오렌지를 한꺼번에 다 먹으면 탈이 날 거야!

At the present time/for the time being (= temporarily) 현재로써, 임시로

예 At the present time, all schools are closed until further notice.

현재로써는 추가 공지 있을 때까지 모든 학교가 휴교할 것이다.

X times out of x times X 번 중에 x 번

예 Nine times out of ten my mother will tell me to wear a scarf when I go out.

외출할 때 열 번 중에 아홉 번은 엄마가 내게 스카프를 하고 가라고 얘기하신다.

Record time 상당히 빨리(기록적인 시간)

예 When Tom heard that his wife was in labor, he arrived at the hospital in record time.

톰은 아내가 분만 중이라는 얘기를 듣고 병원으로 번개처럼 달려왔다.

Well-timed/carefully timed/be timed to coincide with는 거의 유사하게 쓸 수 있다. '시의 적절한, 때를 잘 맞춘'

예 The speech was well-timed to be given after the elections.

연설은 선거가 끝난 뒤 적절한 때에 진행되었다.

The ad campaign was carefully timed to begin a month before the Olympics in order to create momentum.

홍보에 탄력을 얻을 수 있도록 광고 캠페인은 시기를 잘 맞춰서 올림픽 개최 한 달 전에 시작되었다

VISIT 방문

Adjective + VISIT

Brief/fleeting/quick/short 짧은/단기 방문

예 It was a brief visit but it was still quite productive.

짧은 방문이었지만 상당히 생산적인 방문이었다.

Lengthy/long 긴/장기 방문

예 The in-laws stayed for a lengthy visit. 시댁식구들이 길게 방문했다.

Three-day/hour-long 3일 일정의/세 시간 방문

Long-awaited 오래 기다린/고대했던 방문

Regular 규칙적인/정기적인 방문

Constant/frequent 지속적인/빈번한 방문

Infrequent 잦지 않은 방문

Annual/daily/twice-weekly 연례/일일/주 2회 방문

Forthcoming/impending 다가 오는/임박한 방문

예 Everybody was excited about the Queen's forthcoming visit.

곧 다가올 여왕의 방문에 모두가 매우 기대하고 있다.

Exchange/reciprocal/return 상호방문/답방

예 The president agreed to a return visit the following year.

대통령은 내년으로 예정된 답방에 합의했다.

Surprise/unannounced/unexpected/unwelcome

불시의/예고 없는/예기치 않은/반갑지 않은 방문

예 Surprise visits are not always welcomed.

불시의 방문이 항상 반갑지는 않다.

Casual 가벼운/우연한 방문

Formal/ministerial/official/presidential/royal/state

격식을 차린/장관급/공식적인/대통령/왕가/국빈의 방문

High-profile 세간의 이목을 끄는 방문

예 The high-profile visit by the prime minister received a lot of press coverage.

이목이 집중되었던 총리의 방문은 많은 언론의 주목을 받았다.

Trade 교역 확대를 목적으로 하는 방문

Private/unofficial 비공식 방문

Foreign/overseas 외국/해외 방문

Personal 개인적인 방문

Verb + VISIT

Go on/make/pay sb/undertake 방문하다

예 You should pay regular visits to the doctor. 병원에 규칙적으로 가야 한다.

Get/have/receive 내방을 받다

Look forward to (방문을) 고대하다

예 I'm looking forward to visiting my alma mater. 모교 방문이 무척 기대된다.

Arrange/organize 마련/준비(조직)하다

예 Do you know who organized this visit?

이번 방문을 누가 준비했는지 아시나요?

Postpone/cancel/cut short (방문을) 연기/취소/서둘러 끝내다

예 The president had to cut short his visit. 대통령은 방문을 서둘러 마무리했다.

Prolong (방문을) 연장하다

Announce (방문을) 알리다

Be (well) worth (방문) 해 볼만한 가치가 있는

예 The museum itself is well worth a visit.

그 박물관은 그 자체로 볼만한 가치가 충분하다

Preposition

During/on a ~ (방문) 중에

예 During this visit, the president will be signing a new trade deal.

이번 방문 중에 대통령은 새로운 무역 협정을 체결할 것이다.

~from ~의 방문

예 We had a visit from Girl Scouts selling cookies.

쿠키를 파는 걸스카우트 단원들이 찾아왔다.

VISIT (verb)
방문하다

Adverb

Regularly 규칙적으로 방문하다

예 My relatives visit me regularly every year.

나의 친척들은 매년 나를 만나러 온다.

Verb + VISIT

Come to/go to (방문하러) 오다/가다

예 How often do your parents come visit you?

부모님께서 얼마나 자주 당신을 보러 오시나요?

Decide to/hope to/intend to/plan to/promise to/wish to

(방문을) 결심하다/희망하다/의도하다/계획하다/약속하다/바라다

예 My friends promised to visit again during the summer.

내 친구들은 이번 여름에 다시 나를 만나러 오기로 약속했다.

Be expected to/be likely to (방문) 기대되는/가능성이 있는

예 Over one million tourists are expected to visit Korea this year.

올해 백만 명 이상의 관광객이 한국을 방문할 것으로 기대된다.

Invite sb to/urge sb to 초청/재촉하다

예 I urged my parents to visit during the cooler months.

부모님께 시원한 계절에 오시라고 부탁드렸다.

WEATHER

날씨 얘기는 특히 처음 보는 사람들하고 쉽게 얘기할 수 있기 때문에 날씨에 대한 collocation을 알면 도움이 된다. 날씨, 스포츠 등에 대한 말은 흔히 small talk이라고 한다. 상대방하고 공통 화젯거리를 찾기 전에 부담 없이 할 수 있는 이야기이다.

Adjective + WEATHER

환상적인 날씨일 경우 :

Beautiful/excellent/fair/fine/glorious/good/ideal/lovely/perfect/superb

화창한/환상적인/맑게 갠/쾌청한/기막히게 좋은/안성맞춤의/다주 좋은/완벽한/최상의 날씨

그 반대일 경우 :

Adverse/appalling/atrocious/awful/bad/dismal/dreadful/foul/gloomy/grim/inclement/inhospitable/lousy/miserable/nasty/rotten/rough/terrible/vile/wretched

악천후/끔찍한/지독한/좋지 않은/음울한/지독한/궂은/우울한/험한/사람이 살기 힘든/엉망인/불쾌한/궂은/험악한 날씨

동남아의 덥고 습한 날씨가 아닌 한국의 여름을 얘기 할 때

Hot/humid/muggy/sultry/warm 더운/습한/후텁지근한/무더운/따뜻한

추울 때

Bitter/cold/freezing/frosty/icy/wintry/cool

혹독한/추운/얼 정도로 추운/몹시 추운/얼음같이 찬/황량한/서늘한(시원한)

비가 올 때

Damp/rainy/wet 축축한/비가 많이 오는/비가 오는(궂은)

비가 올 것처럼 구름이 많이 낄 때

Cloudy/grey/foggy 구름 낀/우중충한/안개 낀

바람이 많이 불 때

Blustery/stormy/windy 바람이 거센/폭풍우가 몰아치는/바람이 많이 부는

온화한 날씨

Mild/calm 온화한

예 We have been enjoying mild weather this winter.

이번 겨울에는 날씨가 참 따뜻하다.

맑고 밝은 날씨

Bright/clear/sunny 청명한/쾌청한/화창한

건조한 날씨

Dry 건조한

변덕스러운 날씨

Fickle/uncertain/unpredictable/unsettled 변덕스러운/일정치 않은

예 The weather has been so fickle these days that the kids haven't been able to play outdoors.

요즘 날씨가 너무 변덕스러워서 아이들이 밖에 나가서 놀 수가 없다.

극심한 날씨, 기상이변

Extreme/fierce/harsh/severe/violent/wild 기상이변/사나운/혹독한

계절에 맞지 않는, 때 아닌

Unseasonable/unseasonal 계절적으로 볼 때 이상한/계절에 안 맞는

Verb + WEATHER

To brave the weather 날씨가 안 좋은데도 불구하고 나가기로 결정하다

예 The expedition team decided to brave the weather before nightfall.

원정대는 날씨가 안 좋았지만 어두워지기 전에 나가기로 결정했다.

WEATHER + Verb

Clear (up)/improve/let up/warm up/ 맑아지다/나아지다/따뜻해지다

예 The weatherman said that the weather will let up soon.

일기 예보관이 날씨가 곧 나아질 것이라고 얘기했다.

Hold out/keep up (~ 날씨가) 지속되다

예 If the weather keeps up, we could go swimming this afternoon.

이런 날씨가 계속되면, 오후에 수영하러 갈 수 있을 것이다.

Break/deteriorate/worsen (날씨가) 바뀌다/나빠지다

예 It has been sunny for the past week, but then the weather broke.

지난주 내내 화창한 날씨였는데, 그 이후에 날씨가 갑자기 흐려졌다.

Become/get/turn (기상 상태가) ~ 하게 되다

예 It was really cold for five days, but then the weather turned hot.

닷새간 날씨가 너무 추웠는데, 그 이후에 더워졌다.

Remain/stay/close in/set in 유지되다/악화되다/~한 날씨가 되다

Allow/permit (날씨가) 허락하다

예 Weather permitting, we will have a picnic this Sunday.

날씨가 괜찮다면 이번 일요일에 소풍을 갈 것이다.

Prevent (날씨가) 방해하다

예 The weather prevented the soccer game from continuing.

날씨 때문에 축구 경기가 중단됐다.

WEATHER + Noun

Conditions 기상여건

예 Check weather conditions before you go hiking.

하이킹을 가기 전에 날씨를 확인하십시오.

Patterns/system 기후 패턴/기상관측시스템

예 Supercomputers follow global weather patterns.

슈퍼컴퓨터가 세계 기후 패턴을 추적하고 있다.

Forecast/report 일기 예보

Data/records 기상 자료/기록

Phrases

A change in the weather 날씨의 변화

예 We were hoping for a change in the weather but it continued to rain.

날씨가 바뀌기를 기대했지만 계속 비가 내렸다.

Whatever the weather 날씨와 무관하게

예 The office outing will take place whatever the weather.

회사 야유회는 날씨와 상관없이 진행될 것이다.

Weather the storm 난국을 돌파하다

예 The company was able to weather the storm thanks to several belt-tightening policies.

여러 가지 긴축경영 방책 덕분에 그 기업은 난국을 돌파할 수 있었다.

Under the weather 몸이 안 좋을 때, 컨디션이 안 좋을 때

예 Are you feeling okay? You look a little under the weather.

괜찮으세요? 몸이 좀 안 좋아 보이네요.

Fair-weather friend 잘 나갈 때만 친구하다가 곤란 해질 때 사라지는 친구

예 Be careful of Sally. She's a fair-weather friend.

샐리를 조심해. 잘 나갈 때만 옆에 있어주는 사람이거든.

국제회의
통역사의
비밀노트

Part 08

Common grammatical mistakes made by native speakers

평생 미국에서만 산 미국인도 영어를 틀리는 경우가 있다. 모국어라고 영어를 다 잘 하는 것은 아니라는 뜻이다. 원어민도 틀리는 영어인데 우리가 틀리면 어떠냐?라고 할 수 있겠지만 더욱 수준 있는 영어를 구사하기 위해서는 그런 흔한 실수는 하지 않아야 한다. 이 장에서는 원어민들도 흔히 틀리는 영어를 짚어보고 어떻게 하면 피할 수 있을까를 연구해본다.

Apostrophe

Apostrophe는 생략을 나타내는 경우에 사용되거나 소유격을 표시하기 위해 사용된다.
I should have를 빨리 말 할 때 I should ve, Do not →Don't라고 사용한다.

예 Peter's bag is on the floor.
Jane's necklace belonged to her mother.

모두 소유격을 나타낸다. 한국말에서는 '의'에 해당된다고 할 수 있다.
모국어들은 복수를 나타낼 때 's로 틀리게 표시하는 경우가 많다.

예 The boy's are playing soccer. (X)

Boy의 복수의 뜻으로 사용하고 있기 때문에 The boys are playing soccer. 라고만 하면 된다. 조금 조심해야 하는 경우는 복수의 단어를 소유격으로 나타내야 할 때이다.

예 The students' books are new.(0)

학생은 여러 명이라서 's'로 복수를 표시했는데 소유격을 나타내기 위해서는 apostrophe가 뒤에 표시되어야 한다. Student's'이라는 표시는 존재하지 않는다.
글을 쓸 때 조심해야 하지만 말을 할 때는 차이가 없으므로 문제가 되지 않는다.

Concerned/ concerning

이 단어는 좀 헷갈리는 단어이다. 다의어일 뿐만 아니라 접미사에 따라 뜻이 달라진다. 어근은 concern으로 관심, 걱정, 우려 등이라는 뜻이다. 하지만 concerned의 위치에 따라 뜻이 달라진다.

예 concerned parents라고 하면 걱정하고 있는 부모들이라는 뜻이지만
parents concerned라고 하면 관련된 부모들이라는 전혀 다른 뜻이다.

concerning이라고 하면 '~와 관련된'이라는 뜻만 있다. '걱정스럽다'라는 뜻은 없다. 하지만 미국인들도 잘못 사용하는 경우가 많다. Concerning대신 regarding이 사용 가능하면 제대로 사용하고 있다는 것을 알 수 있다.

예 It is very concerning that young voters are losing interest in politics. (X)

It is of great concern that young voters are losing interest in politics. (O)

I have a question concerning the graph in your presentation. (O)

I have a question concerned with the graph in your presentation. (X)

* 완전히 틀린 것은 아니라 원어민들도 이해하지만 원어민들은 자연스럽게 그런 질문을 하지 않을 것이다. 참고로, 추천서처럼 편지를 받을 수취인이 확실하지 않은 경우에는 Dear Sir/Madam이라고 할 수도 있지만 To Whom it May Concern이라고 쓰는 경우도 많다.

Your/you're

앞에서 얘기한 것처럼 apostrophe는 무엇이 생략되었을 때 사용된다. You're의 경우에는 you are에서 'a'가 생략된 것이다. 그러기 때문에 apostrophe가 있을 때 you are라고 풀어서 말을 해보고 말이 되면 you're라고 쓰고 말이 안 되면 your라고 쓰면 된다.
You's라고 하지 못하기 때문에 Your는 소유격을 뜻한다.

예 Your pretty. (x) →You're pretty
Is this you're book? (x) →Is this your book?

Its/it's

위에 나온 your/you're와 유사하게 소유격과 축약 형태에서 오는 혼동이다. You're에서 본 것처럼 it's는 축약 형태이기 때문에 it is로 풀어보고 문장이 성립되면 it's로 사용하면 된다. 그 외에는 소유격으로 쓰면 된다.

예 Its raining. (x) → It's raining. (O)
Each province thinks that it's mascot is the cutest. (x)
→ Each province thinks that its mascot is the cutest. (O)

Could/should/would

헷갈리기 쉽고 미묘한 뜻의 차이가 있어, 한국인도 많이 틀리는 동사들이다. 일단 뜻풀이를 보면 could는 가능성을 말하는 것이다. 'I could go to the movies with you.'는 갈 수 있다는 뜻만 있다. 반면, should는 의무를 나타낸다. 예를 들어, 영화가 15세 이상 관람가여서 부모가 아이와 함께 영화를 봐야 한다면 'I should go to the movies with you.'라고 할 수 있다. 'I would go to the movies with you.'는 뒤에 어떤 조건이 충족될 때 쓴다. 예를 들어, 상대방이 표를 사주거나 다른 친구들도 같이 가거나 등과 같은 조건이 붙는다. 원어민이 헷갈리는 이유는 should've가 should of처럼 들릴 수 있기 때문이다.

There/their/they're

이 경우도 역시 발음이 같으므로 쓸 때도 틀릴 수 있다. There는 거기, their는 그들의, they're는 they are의 축약단어이다. There하고 their를 구별하기 위해서 어렸을 때 배웠던 팁은 't'를 가리고 here 그리고 heir가 된다는 것이다. Here는 여기, 그래서 there 거기가 쉽게 떠오르고 heir는 상속자이니까 소유 즉, their로 연결하면 된다는 것이다. They're의 경우에는 모든 축약의 단어와 마찬가지로 풀어서 속으로 말을 하면 They are가 그 문장에 적합한지를 보면 된다.

Fewer/less

Fewer는 셀 수 있는 명사와 같이 사용하고 less는 셀 수 없는 명사와 사용한다. 예를 들어, fewer cars, fewer books, fewer stores 그리고 less water, less air 등 이다.

Amount/number

Fewer/less와 유사하게 amount/number도 역시 셀 수 있는 명사와 셀 수 없는 명사로 구분이 된다. Amount는 셀 수 없거나 추상적인 명사, 예를 들어, amount of water처럼 사용이 되고 number는 셀 수 있는 명사와 쓴다, 예를 들어, number of cars, number of chairs 등이다.

To/two/too

To는 전치사, two는 하나, 둘 셀 때, too는 너무, 지나치게, 매우 등의 뜻으로 쓴다.

Then/than

Then과 than은 역시 발음이 같아서 쓸 때 헷갈릴 수 있다. Then은 부사로 주로 사용 되고 시간의 흐름에 순차적인 일, 행동 등을 표현하려고 할 때 쓴다. 예를 들어, I like to have breakfast and then shower. 그에 비해 than은 두 가지를 비교할 때 쓰는 접속사이다.

예 My house is bigger than yours.

Who/whom

Who와 whom은 문법적으로 둘 다 대명사이다. 간단히 말해서 who는 주어와 관련될 때 사용하고 whom은 목적어와 관련될 때 쓴다. 이때 he/him을 생각하면 쉽게 알 수 있다. 대답이 he일 경우 who로 질문하고 him으로 대답이 될 경우는 whom으로 질문하게 된다.

Who sang the song? He sang the song.

Whom should I sing the song for? I'll sing the song for him.

Affect/effect

Affect는 주로 동사로 쓰고 effect는 명사로 쓴다.

예 The power outage affected hundreds of homes in the area.
The smell of coffee always has a positive effect on me.

하지만 간혹가다 effect가 동사로 쓰일 때가 있다. 그것은 바로 to bring about 즉, '이루어지게 하다'라는 뜻으로 쓰일 때이다. 예를 들어, to effect change라고 쓰면 '변화를 이루게 한다'는 뜻이 된다.
최근에는 affect를 말하려고 할 때 impact를 동사를 쓰는 경우를 자주 볼 수 있다. 사실 impact는 명사지만 동사로 쓰면 조금 더 임팩트가 있으리라 생각 해서 사용한다. 엄격히 따지면 틀린 것이지만 요즘은 일반적으로 많이 쓰기 때문에 넘어갈 수밖에 없는 상황이다. 언어는 살아 숨쉬고 변하기 때문에 예전에는 틀린 것이 허용되는 경우가 자주 생긴다.

Which/that

일단 that이 들어 있는 절 앞뒤에는 콤마가 없고 which는 콤마가 들어갈 수도 있고 안 들어갈 수도 있다. That과 연결된 절은 제한절(restrictive clause)이기 때문에 수식하는 절을 제한한다. Which와 연결된 절은 which절이 없어도 문장의 본 뜻에는 변화가 없다.

Lay/lie

Lie의 거짓말, 거짓말하다라는 뜻을 제외하고 '눕다'라는 뜻만 보면, lie는 직접목적어가 필요 없다. 예를 들어, lie down on the bed. 반면 lay는 직접목적어가 필요하다. 예를 들어, lay a flower on the grave.
동사가 현재일 때 큰 문제 없이 구별할 수 있다. 하지만 문제는 동사의 과거형태이다. 이때 lie의 과거형태는 lay이다. 불행히 이에 대해 쉽게 알 수 있는 요령은 없다.

예 The dog lay down on the sofa yesterday.
I laid the final report on the teacher's desk last week.

Present tense	Past tense	Past principle
Lie	Lay	Lain
Lay	Laid	Laid

하지만 위 표만 기억하면 실수 없이 lie/lay를 잘 구별해서 쓸 수 있다.

Continual/ continuous

어원이 같고 거의 비슷하게 사용되지만, 살짝 뜻이 다르다. Continual은 계속되면서 간간히 멈추기도 하지만 continuous는 쉬지 않고 계속 지속된다는 것이다. Continual battles이라고 하면 싸우다가 사이사이에 쉬지만, continuous battles이라고 하면 한 번도 쉬지 않고 계속 싸운다는 것이다.

Envy/jealousy

Envy는 부러움 또는 질투이고 jealousy는 질투라는 뜻이다.
다시 말해 envy는 남이 가진 것을 원할 때이고 jealousy는 내가 가진 것을 남에게 빼앗길까 봐 걱정하는 것이다.

예 When I saw her new Prada bag, I felt great envy.

Principle/ principal

동음 이의어이다. 즉, 발음은 같지만, 뜻과 스펠링은 다르다. Principle은 원칙, principal은 교장이다.

Tip principal의 뒷글자가 pal인데 pal은 친구라는 뜻, 즉 사람이기 때문에 principal은 교장 선생님이라고 기억하면 쉽다.

Whether/if

조건이 있으면 if를 사용하고 그 외에 whether를 사용한다.

예 If you want to go with us, you'll have to buy a ticket.

Yes/no로 답변할 수 있을 때는 whether/if를 무관하게 사용할 수 있다.

예 I wasn't sure whether I had turned the lights off. (O)
I wasn't sure if I had turned the lights off. (O)

Farther/further

더 먼 거리라는 뜻으로 많이 혼동해서 사용하지만, farther는 물리적인 거리를 뜻하고 further는 추상적인 또는 물리적이지 않은 거리를 뜻할 때 사용한다.

예 From the U.S., Singapore is farther away than Seoul.

예 After the long debate, we were further from a solution than when we started.

Since/because

Because의 뜻으로 사용할 수 있는 표현들이 영어에 상당히 많다. 예를 들어, due to the fact that, owing to the fact that, on account of 등이 있다. 하지만 모두 because으로 대체 가능하다. 영어는 간단하게 말을 할 수 있으면 간단 명료한 방법을 택해야 한다.
그뿐만 아니라 The reason is because~이라는 표현도 자주 쓰지만 사실 the reason is는 불필요한 표현이다. 간단하게 because만 사용하면 된다. 'The reason I was late is because there was a traffic accident.'이라는 문장을 'I was late because there was a traffic accident.'이라고 해도 뜻은 달라지지 않는다.
Because의 의미로 due to를 자주 쓰는데, 일단 due to로 문장을 시작하면 무조건 틀린 것이다.

예 Due to rain, the game was cancelled.(X)
The game was cancelled because of rain.(O)

전통적으로 due to는 형용사처럼 사용하지만 글을 쓰거나 말을 하면서 형용사의 여부를 따지지는 않는다. 그래서 due to를 대신해서 attributable to, caused by, 또는 resulting from으로 대체할 수 있으면 사용해도 된다.
Since하고 because는 동의어로 사용할 수 있다.

예 Since it was raining, the game was cancelled.(O)
Because it was raining, the game was cancelled.(O)

하지만 주의해야 할 점이 있다. Since는 흐른 시간을 나타내기도 한다. (예: It's been raining since yesterday.) 즉, 두 가지 뜻으로 해석할 수 있는 경우에는 since 사용을 피해야 한다. (예: Since they met, he's become much more talkative.) 만났기 때문도 되지만 만난 이후도 된다.

Disinterested/uninterested

interest라는 같은 어근을 사용해서 뜻이 같을 것이라고 생각할 수 있지만 disinterested는 '사심이 없다'라는 뜻이고 uninterested는 '무관심하다'라는 뜻이다.

예 A lawyer should provide disinterested advice.

변호사는 사심 없는 충고를 줘야 한다.

The class was completely uninterested in the lecture.

Anxious/eager

사전을 찾으면 anxious는 '불안한, 하고 싶어 하는' 등으로 나온다. Eager는 '~싶다, 갈망하는' 등으로 나온다. Anxious의 명사형은 anxiety 즉, '불안, 초조'이다. Anxious는 부정적인 의미가 있으므로 'I'm anxious to go to Rome this summer.'라고 쓰면 틀린 것이다. 'I'm eager to go to Rome this summer.' 또는 'I'm looking forward to going to Rome this summer.'라고 하는 것이 정확하다.

Tip anxious와 eager는 함께 쓰이는 전치사가 다르다. Anxious + about, eager + to 형태로 쓰는 것이 맞다. 이 방법으로 두 단어를 구분 할 수 있다.

Different than/ different from

둘 다 가능하여 틀리지 않다. 하지만 공식적인 영어를 쓰려고 할 경우에는 different than보다 different from을 더 선호한다. 영국식 영어에는 different to라고도 쓰지만 미국식 영어에서는 사용하지 않는다.

확실하지 않을 때는 different from이라그 하는 것이 더 안전하다. 단, different than은 뒤에 절이 있을 때 더 자연스럽고 different from 다음은 명사 또는 명사절일 경우에 더 자연스럽다.

예 The jacket looks different from the picture on the Internet.
The jacket looks different than I remember.

Bring/take

Bring/take는 한국 사람들이 영어를 하면서 많이 틀리는 것 같지 않지만, 미국 사람들은 많이 틀리는 것이다. 이 두 단어의 관건은 화자의 시점이다. 내가 물건을 가지고 있는데 어떤 사람에게 가져다줄 때는 take to somebody, 하지만 다른 사람이 나한테 가져오면 bring to me가 된다. 'You bring things here and take things there.'라는 문장을 기억하면 틀리지 않고 정확하게 사용할 수 있을 것이다.

또 기억할 수 있는 다른 방법은 bring은 어디로 물건, 사람 등을 가져가는 행동을 나타나는 반면 take는 어떤 장소로부터 가져가는 것이다. 우리가 패스트푸드점에 갈 경우 흔히 take out이라고 하는데 그 식당으로부터 음식을 가지고 나가는 것이기 때문이다.

Lose/loose

문법적으로 lose는 '잃다'라는 뜻을 가진 동사이고 loose는 '헐렁하다'의 뜻을 가진 형용사이다. 발음은 [luːz] 그리고 [luːs] 이다.

예 If you lose the game, you will not be able to reach the finals.
She had lost so much weight that all her clothes were loose on her.

Whose/who's

발음이 같아서 말할 때는 상관없지만 쓸 때는 신경 써야 한다. 많은 경우에 's는 소유격을 표시하지만, 이 경우에는 who is의 축약 형태이다. 그래서 who's를 써야 할지 확실하지 않을 때 who is으로 대체 가능하면 who's이라고 쓰면 되고 그렇지 않으면 whose로 쓰면 된다. Whose는 who의 소유격이다.

예 I know a man whose wife works here.
I know a man who's currently working here.

Me/I ; you and me/you and I

언제부터인가 미국사람들 사이에 'me'를 사용하는 것을 꺼리고 문법적으로 me가 맞는데도 불구하고 I를 사용하는 실수를 하는 경우가 많이 있다.
우리는 문법부터 배웠기 때문에 큰 문제가 안되지만 그래도 다시 복습한다면 me는 목적어로 I는 주어로 사용된다.

예 Remember, this is a secret between you and I. (X)
Remember, this is a secret between you and me. (O)

Robert and me went to the movies last night. (X)
Robert and I went to the movies last night. (O)

그래도 확실하지 않을 때는 me/I를 제외한 앞에 이름이나 대명사를 제외한 me/I가 문법적으로 맞는지 확인하면 된다.

Remember, this is a secret between I.(X)
Me went to the movies last night.(X)

이를 통해 틀렸음을 쉽게 감지할 수 있다.

Accept/except

이 두 단어는 발음이 거의 비슷하기 때문에 혼동하기 쉽지만 뜻은 전혀 다르다. Accept는 '받아들이다'라는 뜻인 반면 except는 '~를 제외하고'라는 뜻이다.

예 I was ecstatic when Jane accepted my proposal.
All the children went to school except for those who had a cold.

Tip accept는 agree와 동의어인데 두 단어는 'a'로 시작하고 except는 exclude와 유사한 단어로 'ex'로 시작하니 기억하기 쉽다.

Irregardless/regardless

Regardless에 '이미 ~불구하고, 상관없이, 무관하게' 등의 뜻으로 사용하는 단어인데 irregardless는 존재하지 않는 단어이다.

예 Irregardless of what you think, I support Trump. (X)
Regardless of what you think, I support Trump. (O)

Assure/insure/ensure

Assure는 약속하거나 자신 있게 말을 할 때 쓰는 단어이다.

예 I assure you that the answer is correct.

Ensure는 '확실하게 하다'는 뜻이다.

예 Ensure that you have closed all the windows before you leave the house.

Insure는 '보험을 들다'는 뜻이다.

예 Did you have your house insured against fire?

Compliment/complement

발음은 전혀 차이가 없기 때문에 원어민도 흔히 혼동하여 쓰는 단어들이다. 하지만 뜻은 전혀 다르다. Compliment는 '칭찬하다'는 뜻으로 쓰인다.

예 He is always complimenting me on my outfit.

그 반면 complement는 '보완하다, 덧붙이다'라는 뜻이다.

예 They say that wine complements a good meal.

Between/among

Between은 분리할 수 있는 두 개의 무엇(사람과 물질 모두 가능) 사이를 말할 때이고 among은 여럿이 있을 때 쓴다.

예 I can't decide between David and Michael.

예 I can't decide which book to read among all the books in the library.

Pronounce/pronunciation

Pronounce는 '발음하다'를 뜻하는 동사이고 발음은 [prənáuns]이다.
명사형은 pronunciation이고 'o'가 빠지면서 발음이 [prənʌnsiéiʃən]으로 된다.

예 You pronounce a word.
The pronunciation of 'schedule' differs in the U.S. and the U.K.

Do you mind~

정중히 허락을 구할 때 흔히 쓰는 표현은 'Would you mind if I~' 또는 'Do you mind if I~'이다. 이에 대한 답변이 긍정일 때는 No로, 부정일 경우에는 Yes라고 답변해야 한다. 왜냐면 'No, I do not mind if you~'로 답변해야 하기 때문이다. 다시 말해, ~를 해도 나는 상관 없다, 거슬리지 않는다는 뜻이다. 이것이 정확한 답이지만 요즘은 그와 상관없이 긍정일 때 Yes 그리고 부정일 때 No로 답변하는 경우가 더 많다.
오해의 소지가 있으므로 긍정으로 답을 하고 싶을 때 "Not at all!"이라고 하면 Yes로 이해를 할 것이다.

국제회의
통역사의
비밀노트

Part 09

NUANCE - 과연 같은 뜻일까?

사전을 찾으면 같은 뜻으로 나오지만 쓰임이 엄연히 다른 단어들이 많다. 언제, 어떻게 단어 선택을 해야 할지 고민될 때가 많다. 다음 유사단어들을 보고 상황에 맞게 선택하도록 한다!

ability – capacity

ability: 사람 또는 동물의 선천적 능력, 후천적으로 개발된 능력
capacity: 가능성은 있지만 개발하지 않은 수용능력

ability가 더 강하고 긍정적인 의미로 사용된다.

지적 능력을 뜻할 때는 **ability to, capacity for**를 사용한다.

The rules hampered the ability of doctors to respond to the upsurge in demand for vaccines.

규제는 의사들이 증가하는 백신 수요에 빠르게 대처하는 능력을 제한하였다.

By the time children become adults, most kids have lost that capacity to not fear challenges.

아이들이 어른이 될 때쯤이면 도전을 두려워하지 않는 능력을 잃게 된다.

accompany – chaperon – escort

accompany escort, chaperon을 모두 포함하는 단어

chaperon 어른(미국 초중고 댄스파티 또는 수학여행에 동행하는 보호자)이 미성년자와 동행할 때 쓰이는 단어

escort 동등한 위치의 두 사람 또는 성인들 간에 사용. Escort service 등의 윤락행위에 쓰이는 경우도 있다

Throughout her pregnancy, her husband accompanied her to every single medical checkup.

임신 기간 동안 남편은 모든 정기검진에 동행했다.

The mother was careful not to embarrass her daughter while she chaperoned the high school dance.

어머니는 딸의 보호자 자격으로 고등학교 댄스파티에 동행하면서 딸이 부끄럽지 않도록 조심했다.

The party crashers were immediately escorted out of the bar by security.

안전요원은 파티 무단침입자들을 즉시 바에서 쫓아냈다.

advice – counsel – recommendation – suggestion

advice 충고, 권고 (v.) **advise**

counsel 심사숙고 후에 하는 심각하고 무게 있는 충고

recommendation 추천 (advice보다 약한 뜻)

suggestion 제안 (recommendation보다 약한 뜻)

Parents were advised to create Facebook or Twitter accounts to monitor their children.

부모들은 페이스북이나 트위터 계정을 만들어 아이들을 감시하라는 충고를 받았다.

Senior students sought career counseling in the hopes of finding a suitable career direction.

고학년들은 알맞은 진로를 찾고자 진로 상담을 받았다.

The new book has received enthusiastic reviews and is highly recommended by readers.

신간은 호평을 받았으며 독자들의 강력한 추천을 받았다.

It is better to check the local tourism websites for travel suggestions.

여행 팁을 원한다면 지역 관광 웹사이트를 확인해보는 것이 좋다.

affect – effect

affect 동사일 때는 influence와 같은 뜻 / 명사로 사용할 때는 심리학에서 '감정, 느낌'을 뜻하는 전문용어로 사용

effect 주로 명사로 사용되며 conclusion, consequence와 같은 뜻 / 동사로 쓰이는 경우에는 '변화 등을 초래하다' cause, produce 등의 의미로 사용

Tunisia's Jasmine Revolution dramatically affected the Arab World. Its effect can be seen in a number of other Arab countries where the citizens organised anti-government protests.

튀니지에서 발생한 재스민 혁명은 아랍 세계에 극적인 영향을 미쳤다. 다른 아랍 국가 시민들이 반정부 시위를 조직하면서 이 영향력을 확인할 수 있었다.

annoy – bother – disturb – irritate

annoy 귀찮다, 성가시다, 번거롭다 / 남을 고의적으로 귀찮게 하거나 그런 경우를 당할 때

bother 그다지 심각하지 않은 일 때문에 귀찮을 때

disturb **bother** 보다 강도가 높을 때 사용 / 극단적으로는 정신 질환을 뜻한다

irritate 누군가를 귀찮게 하거나 화나게 할 때

The football players were annoyed by the gym's broken shower booths.

축구선수들은 체육관 샤워 시설이 고장 났다는 사실에 짜증이 났다.

One drawback of using dormitory rooms at a youth hostel is that an overly noisy guest may disturb others.

유스호스텔 도미토리를 이용하는 데 있어 한 가지 단점은 지나치게 시끄러운 손님이 다른 이들에게 피해를 줄 수 있다는 것이다.

Spring cleaning is such a bother that by the time I get around to it, it's autumn.

봄 청소는 너무 하기 귀찮아서 시작하려고 할 때쯤이면 이미 가을이다.

The massive surge of spam mails irritated the blog users.

대량 스팸메일은 블로그 사용자들을 화나게 했다.

amiable – amicable

amiable 사람의 성격을 묘사할 때 사용, 호감을 주는, 붙임성 있는
amicable 사람 또는 국가 간의 관계를 묘사할 때 사용. 우호적인 평화적인
settlement, relations, relationship, attitude 등의 단어와 함께 사용하여 **friendly**와 동일한 의미를 가진다.

Arnold is always the life of the party with his amiable and pleasant personality.

아널드의 붙임성 있고 친절한 성격 덕분에 항상 파티의 활력소가 되어준다.

The star couple's spokesman announced that their divorce was amicable.

스타 부부의 대변인은 부부의 이혼이 원만하게 마무리되었다고 밝혔다.

amoral – immoral

amoral 도덕관념이 없는, 도덕적인 기준이 없는, 도덕과 관계없는
immoral 부도덕한
"a-" prefix는 '없다'라는 뜻을 지닌다. **e.g. atheist** (무신론자), **asexual** (무성의)

Even the most amoral of people would consider human trafficking appalling.

도덕적 기준이 없는 이들도 인신매매는 끔찍하다고 여길 것이다.

He is extremely conservative; he believes birth control and abortions are immoral.

그는 매우 보수적이어서 피임과 낙태는 부도덕한 행위라고 믿는다.

anticipate – expect – predict – forecast – foresee

anticipate 앞으로 일어날 일에 대해 관심을 갖고 기대하고 준비했을 경우
expect 일반적으로 단순히 기대하다, 미래의 일을 예상하다
predict 지표나 자료를 바탕으로 예언, 예측하다. 결과를 확신했을 때 쓰인다. 예지력이나 초자연적인 능력으로 예언할 때도 쓰인다.
forecast 과학지식에 근거해 예상하다
foresee 과학적인 근거가 없이 예상할 때, 특히 머릿속에 그림이 그려질 때

The local restaurants anticipated record-high sales during the festival.

지역 식당들은 축제기간에 기록적인 판매실적 달성을 기대했다.

We expect the shipments to arrive later this week.

수송품이 이번 주말에나 도착할 것으로 예상한다.

The baseball analysts predicted the San Francisco Giants would win the World Series.

야구 분석가들은 샌프란시스코 자이언츠가 월드 시리즈 챔피언이 되리라 예측했다.

The organization made a generally optimistic economic forecast for the next quarter.

컨설팅 회사에서 다음 분기에 대해 전반적으로 긍정적인 예측을 하였다.

The fortune teller foresaw a bright future for the newly married couple.

점쟁이는 신혼부부의 앞날에 환한 미래가 펼쳐질 거라 점쳤다.

anxious – eager – enthusiastic – earnest

anxious 안 좋은 일에 대한 걱정, 근심 불안
eager 뭔가를 간절히 열망하고 바라는 들뜬 마음
earnest 정성스럽고 진지하게 바라는 마음
enthusiastic eager보다 정도가 높다

The students were anxious about the upcoming test results.

학생들은 곧 나올 시험 결과에 대해 걱정했다.

The injured football player was eager to go out and play on the field as soon as possible.

부상을 입은 축구 선수는 하루빨리 경기에 나가고 싶어 했다.

Her earnest efforts and hardworking character led her to become a successful entrepreneur.

지극한 노력과 근면 성실한 성격 덕분에 그녀는 성공적인 사업가가 되었다.

Japanese fans gathered at the airport and enthusiastically welcomed the Korean celebrity.

일본 팬들은 공항에 모여 한국 연예인을 열광적으로 환영했다.

apt – likely

apt -하기 쉬운, -하는 경향이 있는. 선천적으로 특정한 결과를 초래할 확률이 높을 때 사용한다.

likely 상당히 높은 확률을 말할 때 쓰이며 가장 일반적으로 쓰일 수 있다.

Teenagers are apt to be influenced by pop culture more easily than adults.

청소년은 성인보다 대중문화에 더 쉽게 영향을 받는 경향이 있다.

The heavy snowfall in Gangwon-do is likely to attract skiers and snowboarders to its ski resorts.

강원도에 내린 폭설은 스키어들과 스노우보더들을 스키 리조트로 향하게 할 가능성이 높다.

argue – quarrel – spat

argue 논리적으로 입장을 전개해 반박하거나 사실에 도달하는 다툼 (=dispute, contend)

quarrel 논리가 결여된 말다툼 (=fight, squabble)

spat quarrel과 비슷한 뉘앙스, 짧은 말다툼

The debaters argued their point clearly and logically.

토론자들은 쟁점을 명확하고 논리적으로 주장했다.

To their parents' frustration, the brothers quarreled relentlessly.

형제들은 끊임없이 다퉈 부모를 지치게 했다.

The scholar was involved in a bitter spat with critics who accused him of spreading an unfounded theory.

학자는 그가 근거 없는 이론을 펼친다고 주장하는 비평가들과 격한 말다툼을 했다.

assure – ensure – insure

assure 보장, 보증하다 (=guarantee)

ensure 확실하게, 안전하게 하다 (=secure)

insure 보험을 계약하거나 인수하다

I can assure you that this new gadget will change your life.

이 새로운 기계는 당신의 삶을 바꾸리라 확신합니다.

The three consecutive victories ensured her top ranking in women's tennis.

세 번 연속 우승을 통해 그녀는 여성 테니스 랭킹 상위권을 확정 지었다.

Travelers are advised to insure themselves against injuries or property losses.

여행자들은 부상이나 손해에 대비해 보험에 들 것을 권유받는다.

avert – avoid – escape – elude

avert 피하려고 구체적인 행동을 취할 때
avoid 단순히 상황을 피할 때
escape 실수로 또는 고의적 피할 때
elude 교묘하게 상황을 피할 때

They were able to avert disaster by hiding in the basement.

그들은 지하실로 대피해 사고를 피할 수 있었다.

The prime minister avoided an awkward situation with skillful diplomacy.

총리는 능숙한 외교력으로 어색한 상황을 피했다.

The politician involved in a scandal narrowly escaped a swarm of journalists.

스캔들에 연루된 정치인은 기자 무리를 아슬아슬하게 피했다.

The protesters eluded the police by sneaking into the alley.

시위자들은 골목으로 숨어 들어가 경찰을 피했다.

bizarre – grotesque – outlandish

bizarre 별난, 색다른, 기괴한 (=weird)
grotesque 모양이나 외관이 괴상하고 흉할 때
outlandish 보는 사람들이 충격을 받고 분노할 정도로 이상할 때

Lady Gaga caused a sensation on the pop scene with her bizarre outfits and stage performances.

레이디 가가는 독특하고 기묘한 의상과 무대 퍼포먼스로 팝계에 센세이션을 일으켰다.

In the musical « Phantom of the Opera, » the Phantom is portrayed as a person with a grotesque appearance.

뮤지컬 오페라의 유령에서 유령은 흉측한 외모를 한 인물로 묘사된다.

You can find all kinds of outlandish wardrobes in this vintage clothes shop.

이 빈티지 옷가게에서는 모든 종류의 괴상한 옷가지를 찾아볼 수 있습니다.

begin – commence – inaugurate – initiate

begin 일반적으로 모든 상황에서 사용 가능

commence 좀 더 공식적인 단어이다 cf. **commencement:** 졸업식, 시작

inaugurate 상당히 중요하고 무게를 지닌 단어로, 취임식 또는 특정 행사를 통한 임무의 시작

initiate 사업, 개혁을 시작할 때 쓰임. 회원으로 가입하다, 법안 등을 제안하다

The conference call will begin shortly.

전화 회의가 곧 시작됩니다.

The government is planning to commence construction of the community center this week.

정부는 이번 주 커뮤니티센터 건설을 시작할 계획이다.

In his inauguration speech, the president pledged to bridge the gap between the rich and the poor and boost the economy.

취임 연설에서 대통령은 빈부 격차를 줄이고 경제를 성장시키겠다 다짐했다.

The ruling party decided to initiate talks with the opposition party to resolve ongoing friction.

여당은 야당과의 계속되는 마찰을 해소하기 위해 대화에 임하기로 했다.

betterment – improvement

betterment 사회적인 문제를 개선

improvement 일반적인 개량, 개선

improvement > betterment

The after-school education program contributed to the betterment of the community.

방과후 교육 프로그램은 지역사회 개선에 기여했다.

The staff suggested a couple of ideas for improvement of the work environment.

직원들은 업무환경 개선을 위한 몇 가지 아이디어를 제안했다.

bring – carry – fetch – take

bring 멀리 있는 사람이나 장소로부터 더 가까운 곳으로 가지고 오다
carry 위치와 관계없이 한 장소에서 다른 장소로 옮기다
fetch 왕복의 의미까지 포함
take 다른 곳으로 가져가다

I will bring the camping equipment; you bring the barbecue grills.

내가 캠핑 장비를 가져올 테니 너는 바비큐 그릴을 가져와라.

The porter carried the luggage up to the room.

포터가 짐을 방으로 가져다줬다.

The kid threw the Frisbee for his dog to fetch.

아이는 개가 물어 가져올 수 있게 원반을 던졌다.

I ordered a couple of lattes to take to my office.

나는 사무실에 가져갈 라떼 두 잔을 주문했다.

burglar – robber – thief – larcenist

burglar 빈집이나 건물에 침입해 물건을 훔치는 도둑
robber 흉기로 위협해 물건을 훔치는 강도
thief burglar, robber를 통틀어서 사용할 수 있다
larceny '절도'라는 법적인 용어로 쓰인다

The local police warned residents to protect their homes from burglary over the holidays.

지역 경찰은 여름 휴가철 동안 빈집털이범을 주의하도록 경고했다.

Daring to fight against armed robbers is a bold move but rather reckless.

무장강도에 맞서 싸우는 것은 용감한 행동이나 상당히 무모하다.

The thief was finally caught after stealing dozens of cars throughout the district.

차량 절도범은 지역 내 십여 대의 차량을 훔친 뒤에야 잡혔다.

The jewelry thieves were charged with grand larceny.

보석 도둑은 중절도 혐의를 받았다.

center – middle – heart

center 정확히 원의 한가운데
middle center보다 더 포괄적인 의미
heart 추상적인 의미의 핵심, 중심

At the center of the guesthouse was a grand piano that was open for anyone to play.

게스트하우스 중앙에는 모두가 연주할 수 있는 그랜드피아노가 놓여 있었다.

It is very dangerous to stand in the middle of the road.

도로 중앙에 서 있는 것은 위험천만한 일이다.

The discussion continued for hours to get to the heart of the problem.

문제의 핵심을 파악하기 위한 논의가 몇 시간이고 계속되었다.

character – reputation – personality – temperament

character 포괄적인 의미의 인격, 개인의 도덕적 윤리적인 면을 강조
reputation 타인이 인식하는 개인의 인격. character와 달리 물건, 회사 등에도 적용할 수 있다.
personality 내면의 성격, 외면의 모습을 모두 포함하는 단어
temperament 기질, 감정적인 성질, 성향

His humble and caring character makes him very popular among both students and faculty alike.

그의 겸손하고 배려 깊은 성격 덕택에 학생과 교수진 사이에서 그는 인기가 매우 높다.

Trying too hard to build a good reputation could backfire.

좋은 평판을 심어주기 위해 지나치게 노력하다가는 역효과가 날 수도 있다.

Other than his academic background, his biggest strength lies in his down-to-earth personality.

그의 학력 이외 그가 가진 가장 큰 장점은 그의 현실적인 성격이다.

By temperament, beagles are livelier than other dog breeds.

비글은 다른 종자보다 기질적으로 더 활발하다.

clench – clinch

clench 물리적으로 꽉 쥐거나 단단히 잡을 경우 (=clasp, clutch)
clinch 매듭을 짓거나 결말을 내는 상황 (=conclude, confirm)

Mike clenched his fist and glared at his friend.

마이크는 주먹을 꽉 쥐고 친구를 노려봤다.

Yu-Na Kim, the star figure skater, clinched the coveted gold medal in the Vancouver Olympic Games 2010.

피겨 스케이팅 스타 김연아는 2010년 밴쿠버 올림픽에서 모두가 원하던 금메달을 따냈다.

compose – comprise

사물을 보는 관점에 따라 달라진다.

compose 부분을 다 모아 전체를 구성하는 경우 (=constitute, form)
comprise 전체를 분해해 부분적으로 보는 경우 (=include는 모든 구성요소를 나열하지 않아도 된다)

The contract stipulates that five people compose the advisory committee.

계약서에 따르면 5명이 자문 위원회를 구성해야 한다고 명시되어 있다.

The advisory committee is comprised of five people representing each department.

자문 위원회는 각 부서를 대변하는 다섯 명으로 구성되어 있다.

consistently – constantly – persistently

consistently 일관성 있게
constantly 항상, 변함없이, 끊임없이 (=steadily, invariably)
persistently 계속해서, 반복적으로 (부정적인 느낌)

It is important for parents to be consistent when praising and punishing their children.

부모는 자녀를 칭찬하고 벌을 주는 데 일관성을 유지해야 한다.

The government pledged to work constantly to carry out education reform.

정부는 교육 개혁을 전개하기 위해 끊임없이 노력하겠다고 맹세했다.

The public relations team put its utmost effort to get rid of the persistent rumor but to no avail.

홍보팀은 계속되는 소문을 없애기 위해 갖은 노력을 기울였지만 소용 없었다.

contagious – infectious

contagious 간단한 접촉, 또는 기침이나 공기를 통해 전염되는 경우, 빠르게 번지는
infectious 성적 접촉 등 확실한 접촉을 통해 전염되는 경우

Measles is a highly contagious disease and state health officials are sending warnings across the state.

홍역은 매우 전염성이 높은 질병으로, 주 보건당국은 주 전체에 경계령을 내렸다.

The refugees were exposed to infectious diseases after the flood.

홍수 발생 후 피난민들은 전염병에 노출되었다.

contemporary – modern

contemporary 현대의, 동시대의
modern 현대의, 오늘날의 (=current)

The works of rising contemporary artists were displayed at Art Basel.

바젤 아트 페어에서는 떠오르는 현대 예술가들의 작품들을 선보였다.

Computers have become a necessity in modern times.

오늘날 컴퓨터는 필수품이 되었다.

continual – continuous

continual 좁은 간격으로 같은 행동이 되풀이 되는 것 (=successive, repetitive)
continuous 시간 또는 공간이 끊임없이 이어지는 것 (=uninterrupted)

The victims will need continual mental therapy sessions to treat post-traumatic stress disorder.

피해자들은 외상 후 스트레스를 치료하기 위해 꾸준한 상담치료가 필요할 것이다.

To make matters worse, continuous rainfall made it impossible for the farmers to plant their crops.

설상가상으로 끊임없이 내리는 비 때문에 농민들은 작물을 심을 수가 없었다.

country – nation – state

country 지리적인 측면, 즉 영토를 강조할 때 국가
nation 국민을 강조할 때 국가
state 정치적인 체제를 강조할 때의 국가

Due to its abundant natural resources, the country is in a strategically important position.

풍부한 천연자원으로 인해 이 나라는 전략적으로 중요한 위치에 놓여있다.

Korea, a nation of strong-willed diligent people, achieved rapid economic growth.

강한 의지를 지닌 근면 성실한 국민들이 모인 한국은 고도의 경제성장을 이룩했다.

Egypt's military promised a peaceful transition of power to help build a democratic state.

이집트 군부는 민주주의 국가를 건설하기 위한 평화적인 권력 이양을 약속했다.

couple – pair

couple 서로 결합되거나 연결된 것
pair 같이 있어야 유용한 것

The resort held a dance party for the couples.

리조트에서 커플들을 위한 댄스 파티가 열렸다.

I need a new pair of glasses.

나는 새 안경을 맞춰야 한다.

data – information

data 분석에 사용될 사실적 정보, 과학적 실험의 결과, 컴퓨터 처리가 가능한 정보
information 일반적인 정보
information > data

According to the research data, second-hand smoking is more fatal than smoking.

연구 자료에 따르면 간접흡연은 직접흡연보다 더 치명적이다.

I feel uncomfortable disclosing my personal information on websites.

웹사이트에 내 개인 정보를 공개하기가 불안하다.

debut – premiere

debut 예술가(미술,음악,연극 등)가 처음으로 공개적인 활동을 시작할 때
premiere 영화, 연극, 음악 등의 첫 공연

Natalie Portman made an impressive debut in "Leon" at the age of thirteen.

나탈리 포트만은 13세에 영화 '레옹'으로 인상적인 데뷔를 했다.

Christopher Nolan's new film received critical acclaim at its premiere.

크리스토퍼 놀란의 새 영화는 시사회에서 비평가들의 극찬을 받았다.

defective – deficient

defective 결함, 하자가 있는 불량품 (=incomplete)
deficient 부족함, 질이 떨어지는 제품 (=inadequate)

GM announced a recall of all 2010 vehicles due to a defective car part.

GM은 결함 부품으로 인해 2010년 차량을 전량 리콜을 했다.

The current communication system is so underfinanced that it is seriously deficient.

현재 커뮤니케이션 시스템은 너무나 자금이 불충분해 심각한 결함이 있다.

delusion – illusion

delusion 미혹, 잘못된 생각, 망상-잘못된 생각에 대한 집착
illusion 환영, 환각, 환상-시각적인 자극으로 달리 보이는 것

The family was under the delusion that their child was possessed by the devil.

그 가족은 아이가 악마에게 홀렸다는 망상에 사로잡혀 있었다.

Those who oppose possession of rifles argue that guns simply provide the illusion of safety.

총기소유에 반대하는 이들은 총이 안전에 대한 환상만 심어준다고 주장한다.

desire – crave – long – yearn

desire '원하다, 바라다'를 말하는 격식 있는 표현
crave 열망, 갈망하는 다양한 상황에 쓰이는 표현
long 언젠가는 이룰 수 있는 강한 소원
yearn 간절히 무언가를 하고 싶을 때 사용하며, 대상에 대한 지속적인 그리움이 내포되어 있다

All parents desire to raise their children well, but along with parenting comes a great responsibility that some cannot bear.

모든 부모는 아이를 잘 키우길 원하지만, 육아에는 어떤 이들은 감당하지 못하는 책임이 따른다.

I suppressed my sudden late-night craving for chocolate.

야밤에 초콜릿을 먹고 싶은 갑작스러운 욕구를 억제했다.

I long to visit the Maldives some day.

언젠가는 몰디브에 가고 싶다.

Families separated by the division of the two Koreas yearn to meet their families before they die.

이산가족들은 죽기 전 가족을 만나고 싶은 마음이 간절하다.

diagnosis – prognosis

diagnosis 진단, 원인 분석
prognosis 질병의 예후, 진행과 결과 예측

The doctor diagnosed the patient's problem as lung cancer.

의사는 환자에 대해 폐암이라는 진단을 내렸다.

As the patient continued on with chemotherapy, doctors have given him an encouraging prognosis.

환자가 화학요법을 계속 받으면서 의사들은 그에게 예후가 좋다고 했다.

discover – invent – originate

discover 이미 존재하고 있는 것을 발견
invent 전에 없던 것을 발명
originate 발명이라는 뜻이 있으나 '(생각, 방법 등의) 시작이다, 근원이 되다'라는 뜻이 더 보편적이다

Christopher Columbus believed that he discovered India, but it was actually America.

크리스토퍼 콜럼버스는 그가 인도를 발견했다고 믿었지만 사실은 미대륙이었다.

The investor is known to fund entrepreneurs with innovative inventions.

그 투자가는 혁신적인 발명품을 개발한 사업가들을 지원하는 것으로 유명하다.

Hip hop music originated in the African-American community in New York City in the 1970s.

힙합음악은 1970년대 뉴욕의 흑인 사회에서 시작되었다.

discreet – discrete

discreet 분별 있는, 사려 깊은 (=careful)
discrete 별개의, 분리된, 구별된 (=different, individual)

Companies ask employees to be discreet in using personal computers and storing confidential information.

회사는 직원들이 PC 사용 및 기밀정보 저장에 신중할 것을 요구한다.

The power comes from discrete generators.

전력은 별개의 발전기로부터 온다.

disinterested – uninterested

disinterested 청렴한, 공평한
uninterested 무관심한 (=indifferent)

The judge, seemingly disinterested, could not help but feel sympathy for the fraud victims.

판사는 겉보기에는 객관적이었으나 사기 피해자들에 대해 동정심을 느낄 수밖에 없었다.

Despite critical acclaim, the audience remained uninterested in the enigmatic film.

비평가들의 극찬에도 불구하고 관객들은 그 난해한 영화에 무관심했다.

emigrate – immigrate – migrate

보는 관점에 따라 사용하는 단어가 달라진다.

Emigrate 해외로 이민을 갈 때
Immigrate 이민을 받아주는 국가 입장일 때
Migrate **emigrate, immigrate**는 영구적인 이주, migrate는 일시적인 현상

Most Filipinas emigrate to work as helpers in foreign countries.

많은 필리핀인들이 도우미로 일하고자 이민을 간다.

The U.S. Immigration Office has recently restricted the number of immigrants.

미국 이민국은 최근 이민자 수를 제한했다.

The NGO fights for the rights of underpaid and exploited migratory workers.

그 비정부단체는 저임금을 받고 착취당하는 이주 노동자들의 권리를 되찾기 위해 맞서 싸운다.

evidence – proof – testimony

evidence 증거, 증언. 증인 또는 문서를 통해 얻은 정보. a piece of evidence라고 쓴다.
proof 확실한 물증이 있을 때 명백한 증거
testimony 선서를 한 후에 증인이 하는 증언
cf. exhibit 범행에 사용된 문서, 흉기 등 법정에서 증거로 제시되는 증거물

The police found corroborating evidence that proved the suspect's guilt.

경찰은 용의자의 범법을 확증하는 보강 증거를 발견했다.

In case of homicide, the burden of proof is on the prosecutor.

살인의 경우 입증 책임은 검사 측에 있다.

The witness was charged with perjury for making a false testimony for her boyfriend.

증인은 남자친구를 위해 거짓 증언을 한 죄로 위증 혐의를 받고 기소되었다.

excuse – pardon – forgive

excuse 작은 실수에 대한 가벼운 용서
pardon 'pardon me' 를 제외하고는 심각한 실수, 범죄에 대한 사면
forgive 본인에 대한 피해를 용서할 때 사용, 종교적인 상황에서도 사용 가능

Please excuse us for the noise; it was my son's graduation party.

소음을 양해해주십시오. 저희 아들의 졸업파티를 하는 중이었습니다.

The special pardon granted to the businessman involved in a bribery case enraged the citizens.

뇌물 사건에 연루된 기업가에게 특별 사면이 내려지자 시민들은 분개했다.

It took years for the bereaved daughter to forgive her father's killer.

유가족인 딸이 아버지를 죽인 살인자를 용서하기까지 몇 년이 걸렸다.

expand – dilate – distend – inflate

expand 일반적인 의미의 펴다, 넓히다, 팽창시키다
dilate 좁은 공간에 팽창하는 것, 특히 동공에 쓴다
distend 보통 크기보다 팽창하는 것
inflate 공기 또는 가스로 팽창시키는 것

Despite the sharp rise in the number of passengers, the airport authorities have been unable to receive the funds to expand the airport's infrastructure.

승객 수가 급격히 증가했음에도 불구하고, 공항 당국은 공항 인프라 확충을 위한 자금을 받을 수 없었다.

Ophthalmologists employ pupil dilating eye drops before conducting vision correction surgery.

안과의들은 라식 수술에 들어가기 전 동공 확대 안약을 점안한다.

Snakes are able to distend their jaws to swallow preys larger than themselves.

뱀은 자신보다 큰 먹이를 삼키기 위해 턱을 늘릴 수 있다.

It took dad a very long time to blow up an inflatable boat for the kids.

아버지가 아이들을 위해 고무보트를 부풀리는 데 아주 오랜 시간이 걸렸다.

famous – celebrated – distinguished – eminent

famous 일반적인 의미의 '유명한,' 긍정적인 의미의 유명한. (불명예스러운, 악명 높을 때는 infamous, notorious를 쓴다)
celebrated 특별한 재능, 재주, 업적으로 유명해진 사람에 대해 사용
eminent 특정 분야를 대표하는 탁월한 사람이나 사물
distinguished eminent한 사람이나 사물 중에서 업적도 많고 상도 많이 탔을 경우 사용

That small café is famous for its delicious homemade quiche.

저 작은 카페는 맛있는 홈메이드 키슈로 유명하다.

Many concerts and events were held to commemorate the 200th birthday of Chopin, a celebrated composer.

천재 작곡가 쇼팽 탄생 200주년을 기념하기 위한 많은 콘서트와 행사가 열렸다.

The sudden death of the eminent scientist and columnist caused the whole nation to go into shock.

저명한 과학자이자 칼럼니스트의 갑작스러운 죽음은 전국을 충격에 빠뜨렸다.

A distinguished scholar on Middle East politics was invited for the open discussion.

뛰어난 중동 정치학자는 공개 토론에 초대되었다.

feint – feign – pretend – affect – assume

feint 속임수 또는 연기, 동작을 수반해 무엇인가를 하는 체한다
feign 동작 없이도 무엇인가를 가장하다
pretend 어떤 역할을 하든 상상의 역할을 수행
affect 다른 사람에게 잘 보이기 위해 어떤 자질이 있는 체하다
assume 속이기 위해 특정 외형적인 태도를 보이는 것

The player feinted to shoot right and tricked the goalkeeper.

선수는 오른쪽으로 공을 차는 듯한 페인트 동작으로 골키퍼를 속였다.

I feigned indifference at the sight of the famous Hollywood star.

유명 할리우드 스타를 보고도 무관심한 척했다.

Josh pretends he is not nervous but in fact he has terrible stage fright.

조쉬는 태연한 척 하지만 사실은 무대공포증이 심하다.

She uncharacteristically affected a British accent during the interview.

그녀는 인터뷰 중 그녀답지 않게 영국 발음을 하는 척했다.

In Greek mythology, Zeus assumed the form of a swan to seduce Leda.

그리스 신화에서 제우스는 레다를 유혹하기 위해 백조의 모습을 취했다.

frighten – scare – afraid – alarm

frighten, scare 갑작스럽게 일시적으로 두려워할 때
afraid 습관적으로 두려워할 때
alarm 곧 있을 또는 예측할 수 없는 위험에 대한 두려움, 불안
appall 소름 끼치게 하다, 섬뜩하게 하다

I put on a scary Halloween costume to scare/frighten the children who come to trick-or-treat.

나는 trick-or-treat 놀이를 하려고 찾아오는 아이들을 놀래키기 위해 무서운 할로윈 복장을 입었다.

Using nightlights is helpful for children who are afraid of the dark.

어둠을 두려워하는 아이들에게는 야간등이 도움이 된다.

The heroic pilot managed to land safely on the airstrip without alarming the passengers.

용감한 파일럿은 승객들을 두려움에 떨지 않게 하면서 안전하게 활주로에 착륙하는 데 성공했다.

Citizens were appalled by the abominable crime the teenagers committed.

시민들은 청소년들이 저지른 끔찍한 범죄에 섬뜩해 했다.

guerrilla – militia

guerilla 정규군이 아닌 비전통적인 전쟁 기법에 능한 게릴라군
militia 평상시에는 생업에 종사하다가 비상시에 불려와 군을 도와주는 의용군, 시민군

The insurgents used guerilla tactics to combat the government forces.

반란군들은 정부군에 맞서 싸우기 위해 게릴라 전술을 사용했다.

During the Japanese colonial rule, farmers and scholars organized militia units to fight against Japanese rulers.

한일강제합방 당시 선비들과 농민들은 일본군에 맞서기 위해 의용군단을 조직했다.

habit – custom – usage – practice

habit 개인의 습관이나 버릇
custom 어떤 단체의 행동, 관습
usage 큰 집단의 관습적인 습관
practice 일정한 습관, 또는 어떤 일을 할 때 일정한 과정을 따르는 것. Habit보다 조금 고상한 표현

My dentist advised me to make a habit of flossing at least once a day.

치과의사는 최소 하루에 한 번 치실을 사용하는 습관을 들이라 권유했다.

Just as families gather for Christmas, it is custom for Korean families to gather for Lunar New Year.

크리스마스에 가족들이 모이듯이 한국 가족들은 음력 설날에 모이는 것이 관습이다.

The new administration announced a concrete plan to uproot bribery practices rampant within the government departments.

새 행정부는 정부 부처 내 팽배한 뇌물 관행을 뿌리째 뽑는 구체적인 계획을 선언했다.

healthful – healthy – salutary – wholesome

healthful 건강에 좋은
healthy 건강이 좋은
salutary 건전한, 이로운, 건강 유지 및 회복에 좋은
wholesome 신선한, 육체적/도덕적으로 좋은

The architect used eco-friendly materials for the building to create a clean and healthful environment.

건축가는 건물에 친환경적인 자재를 사용하 깨끗하고 건강에 좋은 환경을 구축했다.

Eating a lot of vegetables and exercising daily has kept me healthy.

나는 채소를 섭취하고 매일 운동함으로써 건강을 유지할 수 있었다.

The uprising of citizens across the Middle East provides a salutary lesson for dictators worldwide.

중동 시민들의 시위는 전 세계 독재자들에게 유익한 교훈을 안겨준다.

In order to lose weight and stay in shape, eat wholesome food, such as nutritious energy bars, as an alternative to high calorie junk food.

체중을 줄이고 건강을 유지하려면 고열량 군것질 대신 에너지바 같은 영양가 있는 음식을 섭취하라.

house – home – dwelling – residence

house 건물 자체
home '우리 집' 등 감정이 포함된 집
dwelling 시적인 표현. 법적, 기술적인 상황에 쓰이기도 한다.
residence '저택'에 가까운 단어

The newlywed couple is searching for a house in the suburbs.

신혼부부는 교외에 거주할 집을 찾고 있다.

After a long business trip, I cannot wait to go back home and see my family.

긴 출장 후 집에 돌아가 가족을 빨리 보고 싶다.

Typical Native American dwellings include longhouses and teepees.

전형적인 미 원주민 거주지에는 롱하우스와 티피 등이 있다.

The family paid a fortune to decorate their beautiful summer residence in the Hamptons.

우리는 햄튼에 있는 여름별장을 꾸미기 위해 엄청난 돈을 지출했다.

illegal – illegitimate – illicit – unlawful

illegal 특정 나라의 법에 금지된
illegitimate 적절한 법적 지위가 없는
illicit 법에 어긋나는 부정한
unlawful 자연의 법칙이나 신의 법을 어기는, 또는 법에 허용되지 않는

Possession of marijuana in Korea is strictly illegal and may result in up to ten years in prison.

한국에서의 마리화나 소지는 불법이며 최대 10년 징역에 처할 수 있다.

The voters were shocked to learn that the candidate had an illegitimate child.

유권자들은 그 후보가 혼외자녀가 있다는 소식에 충격에 빠졌다.

Propofol, a popular anesthetic, has recently become susceptible to illicit use.

널리 사용되는 마취제인 프로포폴은 최근 부정 사용에 취약한 약물이 되었다.

Delinquent teenagers were charged with unlawful possession of alcohol and drugs.

비행 청소년들은 불법적인 주류 및 약물 소지로 기소되었다.

ingenious – ingenuous

ingenious 독창적, 발명의 재능이 있는, 똑똑한
ingenuous 정직, 솔직하고 순진한

Fred and George Weasley, the mischievous twin brothers in the novel Harry Potter, use ingenious magic inventions to play pranks on students and teachers.

소설 해리포터에 등장하는 장난꾸러기 쌍둥이 프레드와 조지 위즐리는 학생들과 교사들에게 장난을 치기 위한 기발한 마법 발명품들을 사용한다.

Lisa Kudrow plays Phoebe Buffay, an ingenuous, fun-loving character in "Friends."

드라마 프렌즈에서 리사 쿠드로는 순진하고 장난기 많은 피비 부페이 역을 연기한다.

legible – readable

legible 글씨를 알아보기 쉬운, 읽기 쉬운
readable 내용 면에서 읽기 쉬운, 재미있는

The letter was soaked in rain and the handwriting was barely legible.

편지는 빗물에 젖어 글씨를 거의 알아보기 힘들었다.

John Grisham novels are readable and entertaining.

존 그리샴의 소설들은 읽기 쉽고 재미있다.

libel – slander

libel 글, 그림, 방송된 명예훼손
slander 구두로 명예훼손

A dozen online forum members were indicted with libel for defaming a famous Korean hip hop singer.

한국의 유명 힙합 가수를 모욕한 죄로 십여 명의 온라인 카페 회원들이 명예훼손으로 기소되었다.

Any comments or posts containing slander or offensive language will be deleted.

남을 헐뜯는 내용이나 모욕적인 말이 담긴 댓글이나 게시물은 삭제됩니다.

loath – unwilling – reluctant

loath 싫어하는, 꺼리는
unwilling 전면적인 거절을 나타내는 강한 단어
reluctant 하기 싫으나 어쩔 수 없이 해야 할 경우

My dog is loath to take a bath after a long walk.

나의 개는 산책 후 목욕하는 것을 아주 싫어한다.

The supermodel was unwilling to work for the new campaign without receiving the check in advance.

슈퍼모델은 선금을 받기 전까지는 새로운 광고 화보 촬영을 거절했다.

She was reluctant to apologize for her mistakes.

그녀는 자신이 저지른 실수에 대해 사과하고 싶지 않아 했다.

mobile – movable – portable

mobile 자체적으로 움직일 수 있는 것
movable 원래 이동할 수 있도록 만들어진 것은 아니지만 움직일 수 있는 것
portable 고정되지 않고 휴대할 수 있는 물건

The designs and features of mobile telephones have evolved dramatically in only a decade.

휴대폰의 디자인과 기능은 약 10년 사이에 엄청나게 진화했다.

You can use movable cabinets to increase storage capacity and maximize space.

수납공간을 늘리고 공간 활용을 극대화하기 위해 이동식 서랍을 사용하면 좋다.

As many portable bathrooms as possible were installed during the rock festival to minimize inconvenience.

불편을 최소화하기 위해 록페스티발 기간 동안 최대한 많은 이동식 화장실이 설치되었다.

moral – ethic

moral 도덕, 윤리, 옳고 그른 것을 구별하는 것
ethic 특정 문화 또는 집단 고유의 도덕적 원칙 또는 가치 (cf. ethics 도덕적 원칙의 체제, 행동강령)

Many company owners nowadays feel the moral responsibility to be more energy-efficient and environmentally friendly.

많은 사업주들은 오늘날 더 에너지를 효율적이고 친환경적으로 기업을 운영하려는 도덕적 책임을 통감한다.

Human cloning presents a serious ethical problem.

인간 복제는 심각한 윤리적 문제를 제기한다.

murder – manslaughter – homicide

murder 계획된 의도적 살인
manslaughter 계획하지는 않았으나 의도적일 수 있는 살인
homicide 일반적인 살인

The local bartender was arrested on suspicion of murder.

그 지역의 바텐더는 살인 혐의를 받고 체포되었다.

The defendant admitted manslaughter but denied murder.

피고는 과실치사는 인정했으나 살인은 부인했다.

Homicide rates doubled between 1997 and 2000.

1997년과 2000년 사이 살인율이 2배로 증가했다.

occur – happen – take place

occur 계획하지 않은 일, 공식적인 단어이며 특정한 사건에 한정된다
happen occur과 같은 의미이나 우연의 의미가 더 강하다
take place 계획하고 준비된 일이 행해 질 때

An increasing proportion of car accidents occur due to the use of cell phones while driving.

점점 더 많은 교통사고가 운전 중 휴대폰 사용으로 일어난다.

I happened to come across my old high school friend the other day.

저번에 예전 고등학교 친구를 우연히 만났다.

A book signing event by Bill Bryson for his new book will take place on October 13, 2010.

빌 브라이슨의 신간 기념 책 사인회는 2010년 10월 13일에 열립니다.

oppress – persecute – repress – suppress

oppress 한 개인 또는 집단에 대한 정치적, 사회적 억압
persecute 인종, 종교, 정치적 이유의 박해
repress 개인감정이나 욕구를 억압
suppress 동물, 사람, 감정, 행동에 전반적으로 쓰일 수 있는 억압

Female oppression still exists in many societies today.

여성 억압은 오늘날 여전히 많은 사회에 존재한다.

Many religious groups were victims of brutal persecutions throughout the history.

인류 역사에서 많은 종교 단체들은 잔혹한 박해의 희생양이 되었다.

I could no longer repress my anger and had to leave the meeting room.

더는 화를 억누를 수가 없어 회의실을 떠나야만 했다.

Law enforcement officers violently suppressed the riot.

법집행관들은 폭동을 무력 진압했다.

persuasion – exhortation

persuasion 오랜 시간을 두고 이성, 감정에 호소하는 설득
exhortation persuasion보다 강한, 연설을 통해 이뤄지는 강력한 권유, 훈계

After hours of conversation, the teacher was finally able to persuade the student to stay in school.

여러 시간 동안의 대화 끝에, 선생님은 마침내 학생이 학교에 남도록 설득할 수 있었다.

The American citizens were exhorted to buy and use local products.

미국인들은 지역 제품을 사고 사용하도록 촉구받았다.

portion – part – fragment – piece

part portion보다 더 광범위하게 쓸 수 있다
portion part보다 작은 범위, 한 사람이나 특정 목적을 위해 할당된 부분
fragment 조각, 파편, 불규칙하게 부서진 부분
piece 조각, 부분이지만 그 자체로 완성된 것일 수도 있다

Part of the conference is devoted to commemorate the recently deceased scholar.

컨퍼런스의 일부분은 최근 돌아가신 학자를 추모하는 시간으로 이뤄진다.

My roommate was kind enough to leave me a generous portion of her mother's delicious homemade pie.

친절한 룸메이트는 그녀의 어머니가 만든 홈메이드 파이의 많은 부분을 남겨놓았다.

Fragments of broken glass lay scattered on the ground.

깨진 유리의 파편이 땅에 널려있었다

A brilliant idea came to mind, but I didn't have a piece of paper to jot it down.

기발한 생각이 머릿속에 떠올랐지만 적어 놓을 종이가 없었다.

precedence – precedent

precedence 선행, 전례, 우선권, 우선순위
precedent 법적인 상황에서 선례, 판례

Should the welfare of the children take precedence over the parents' freedom of religion?

아이들의 복지가 부모들의 종교의 자유브다 우선순위에 놓여야 하는가?

The court's ruling set a dangerous precedent for similar cases in the future.

법원의 판결은 향후 비슷한 사건에 대한 위험한 선례를 남겼다.

proceed – advance – rise – progress

Proceed 앞으로 나가다, 전진하다, 계속하다
Advance 앞으로 나가는 동작의 느낌이 강하다
Rise 위로 움직이며 나아가다
Progress 특정한 목표를 위해 나아갈 때 사용

Despite confusion about the new regulation, the government decided to proceed as planned.

새로운 규제에 대한 혼란에도 불구하고 정부는 계획대로 밀어붙이기로 했다.

The troops continued to advance in the battlefield.

군대는 전장에서 계속 전진해나갔다.

Scuba divers must rise to the surface slowly to avoid bends.

스쿠버다이버들은 잠수병을 피하기 위해 수면으로 천천히 올라와야 한다.

Despite continuous efforts, there was no sign of progress on at the site of the earthquake.

지속적인 노력에도 불구하고 지진 피해지 복구에는 진전의 기미가 없었다.

pupil – student – protégé

pupil 초등학생부터 중학생, 대가 밑에서 사사하는 학생
student 고등학생부터 대학생
초등학생은 student라고 쓸 수 있으나 대학생을 pupil이라고 하면 어색하다
protégé 사회생활 · 재능 계발 등을 위한 도움을 받는 제자

The city spends a substantial amount of money per pupil.

시 정부에서는 한 학생당 많은 재정적 투자를 한다.

The introductory course on Korean is a popular course for freshman students.

한국어 기초 수업은 1학년 학생들에게 매우 인기 있는 강좌다.

The retired artist is devoted to training his protégés at his atelier.

은퇴한 예술가는 스튜디오에서 제자 양성에 힘을 쏟고 있다.

rare – scarce

rare 구하기 힘들고 값비싼 귀하고 진기한 물건
scarce 공급이 일시적으로 달리는 물건

Shenandoah National Park is home to a variety of rare species of flora and fauna.

셰난도 국립공원은 다양한 희귀 동식물의 서식지이다.

White rice was scarce during and after the Korean War.

한국전쟁 전후로는 흰 쌀이 귀했다.

rebellion – revolt – revolution – uprising

rebellion 일반적인 의미의 '반항,' 정부에 대한 저항, 정당 내부의 반대
revolt 작은 규모의 무력 반란
revolution 혁명으로 새 정부를 세우는 것
uprising 민중이나 시민이 정치적 변화를 꾀하기 위한 저항, 봉기, 반란

teenagers tend to be rebellious and reject all forms of authority.

청소년들은 반항적이고 모든 권위에 저항하는 경향이 있다.

Small-scale farmers staged a revolt against the large meat supplier.

소농민들은 대형 육류 공급자에 대해 반란을 벌였다.

The ambitious general's revolution ended in failure soon after it erupted.

야심 찬 장군의 혁명은 금방 실패하고 말았다.

The uprising in Tunisia spread to other countries in the region.

튀니지의 시민봉기는 역내 다른 국가로 퍼져나갔다.

recollect – remember

recollect 기억하려고 일부러 노력하며 생각해 내는 상황
remember 별다른 노력 없이 기억하는 경우

Grandfather struggled to recollect memories of his childhood.

할아버지는 유년시절을 기억하려고 애썼다.

I panicked as I remembered that the deadline for the assignment was tonight.

과제 기한이 오늘 밤이었다는 사실을 기억하고 매우 당황했다.

refute – deny – oppose

refute 특정 비난이 거짓이라고 증명까지 하는 경우
deny 거짓이라고 주장만 하고 논박하지 않을 때
oppose 특별한 증거 없이 반대하거나 논리적인 반대 둘 다 사용가능하다.

The coach refuted the rumor that there was violence in the locker room after the match.

감독은 경기 후 라커룸에서 폭력이 있었다는 루머를 반박했다.

Denying allegations of embezzlement, the business tycoon scurried off to his office.

횡령 혐의를 부인하며 거물 기업인은 사무실로 허둥지둥 도망쳤다.

The party strongly opposed the introduction of a wealth tax.

정당은 부유세 도입을 강력히 반발했다.

salary – wage – stipend – allowance – pay

salary 정기적으로 받는 봉급, 급료
wage 시간당, 일당, 주당으로 일을 해서 임금을 받거나 불규칙적으로 받는 급료. 대부분 육체노동이나 별다른 기술을 필요로 하지 않는 노동에 대해 쓰인다
stipend 특별한 서비스 또는 연구에 대한 수당
allowance 연봉, 월급 외에 받는 수당
pay 모든 종류의 봉급을 통틀어서 말할 때

With prices increasing day by day, it is hard to get by on a meager salary.

물가가 매일 오르니 적은 봉급으로 살기가 힘들다.

The multinational corporation was under a barrage of criticism for paying workers in overseas plants less than the minimum wage.

다국적 기업은 해외노동자들에게 최저임금 이하의 일당을 지급해 엄청난 비난을 받았다.

The scholarship covers the tuition and provides a stipend for general expenses.

장학금은 등록금과 제반 수당을 포함한다.

Thanks to unemployment benefits the unemployed can receive an allowance from the government until they find a job.

실업 혜택 덕분에 실업자는 직업을 찾을 때까지 정부로부터 수당을 받을 수 있다.

The pay is not so bad for an entry-level job for new college graduates.

학부 졸업생을 위한 신입사원치고는 월급이 나쁘지 않다.

sexual assault – sexual molestation – sexual exploitation – sexual harassment

sexual assault 성폭행
sexual molestation 성추행
sexual exploitation 성적 착취
sexual harassment 성적 희롱

The man is accused of two counts of sexual assault.

그 남자는 두 건의 성폭행 혐의를 받고 있다.

She has said that her stepfather molested her when she was nine.

그녀의 양아버지가 9살 때 그녀를 성추행했다고 말했다.

Large numbers of children are being trafficked in West and Central Africa, mainly for domestic work but also for sexual exploitation

집안일뿐만 아니라 성적 착취를 목적으로 중서부 아프리카의 많은 어린이들이 인신매매되고 있다.

What is considered sexual harassment differs in different countries.

나라마다 성적 희롱의 기준이 다르다.

state visit – official visit – working visit

State visit 국빈 방문(국가원수의 공식 방문). 우리 대통령의 임기 중 대통령 명의 공식 초청에 의한 외국의 국가 원수의 방한

Official visit 공식 방문. 우리 대통령의 임기 중 대통령 명의 공식 초청에 의해 방한하는 외국 행정수반인 총리(A급 총리) 및 이에 준하는 외빈의 방한, 또는 국무총리 명의 또는 외교통상부 장관 명의로 공식 초청하는 외교부 장관 이상의 외빈 방한

Working visit 실무 방문. 공식 초청장을 발송치 않으나 공무 목적으로 방한하는 외교부 장관 이상 외빈의 방한

President Lee made a state visit to Copenhagen, Denmark and attended a state dinner hosted by Queen Margaret the Second.

이명박 대통령은 덴마크 코펜하겐을 국빈 방문해서 마가렛 2세 여왕 주최 국빈만찬에 참석했다.

The Prime Minister left on Tuesday for a four day official visit to Korea.

총리는 4일간의 한국 공식방문을 위해 화요일에 떠났다.

During the working visit the Deputy Minister visited the Ministry of Education.

실무방문 중 차관은 교육부를 방문했다.

trip – journey – tour – voyage – expedition – pilgrimage

trip 육해공으로 목적지까지 왕복하는 사업 또는 휴식 등 다양한 목적의 짧은 여행
journey 시간이 오래 걸리는 여행. 여행 과정 자체를 강조하며 주로 육로를 통한 여행을 일컫는다
tour 관광 여행, 여러 유적지나 관광 명소를 방문하는 여행
voyage 바다, 우주로 가는 긴 여행, 항해
expedition 긴 여행 또는 특정 목적을 위해 조직된 탐험 여행
pilgrimage 숭배와 신앙심을 가지고 하는 순례 여행

I had to check in my dog at a dog hotel before leaving for a month-long trip to London.

한 달간 런던으로 여행을 떠나기 전에 강아지를 강아지 호텔에 맡겨야 했다.

I had to suffer a long and tedious journey to cross the desert.

사막을 횡단하기 위해 길고 지루한 여행을 견뎌내야 했다.

Did you enjoy the tour of the Louvre?

루브르 박물관 방문이 즐거웠습니까?

Darwin's decision to join the voyage of the Beagle and the subsequent record of Galapagos forever changed science.

비글호 항해에 참가하기로 한 다윈의 결정과 이후 갈라파고스에 대해 남긴 기록은 과학계를 완전히 바꾸었다.

Do not let her small figure fool you; she is a member of the North Pole expedition team.

그녀의 작은 체구에 속지 마라. 그녀는 북극 탐사대의 일원이다.

The saint's tomb has become a famous pilgrimage site.

성인의 무덤은 유명 순례지가 되었다.

use – utilize – employ

use 가장 보편적인 의미
utilize 실용적인, 이익이 될 수 있는 목적으로 이용하는 것
employ 특정 목적을 위해 사용할 때

Coffee aficionados do not feel that it is a waste to spend a fortune to buy the latest automatic espresso machine.

커피 애호가들은 최신 자동 에스프레소 기계를 쓰기 위해 돈을 아끼지 않는다.

The company hopes to utilize solar technology for households and businesses alike.

회사에서는 일반 가정 및 기업 모두 태양 에너지 기술을 이용하길 바라고 있다.

Lawyers employ skillful strategies in court to win the hearts of the jury members.

변호사들은 배심원단의 마음을 사로잡기 위해 여러 능숙한 전략을 사용한다.

venom – poison – toxin

venom 독사나 동물에서 나오는 독액
poison 일반적인 독
toxin 동식물, 세균 등 유기체가 생산해 질병을 유발하는 독소

A certain cosmetics company has recently introduced an anti-wrinkle cream using bee venom.

한 화장품 회사는 최근 벌의 독을 이용한 주름 방지 크림을 출시하였다.

Poison victims should be taken to the emergency room as quickly as possible.

중독 환자는 최대한 빨리 응급실로 데려가야 한다.

There are 4,000 types of chemicals and toxins in a cigarette.

담배 한 개비에는 4천 종류의 화학물질과 독소가 있다.

국제회의
통역사의
비밀노트

Part 10

사자성어

영어로 통역 할 때 한국어 원문에 있는 사자성어를 어떻게 처리하면 좋을지에 대한 도움이 되었으면 하는 바람에서 이번 장을 구성해 보았다. 영어에 딱 맞아떨어지는 대응 구가 있으면 좋지만 그렇지 않은 경우도 있어서 사자성어의 원문 의미를 최대한 살리면서 어떻게 하면 자연스러운 영어 표현으로 옮길 수 있는지 고민해야 한다.

감개무량(感慨無量)

To be deeply moved
To be so touched
To be overwhelmed with emotion

나는 1999년부터 1년 동안 이곳에 객원연구원으로 있었습니다. Kogan Plaza를 걸으면서 많은 생각을 했었습니다. 그때 경험은 미국과 세계를 다시 알게 되고 한국의 미래를 새롭게 구상하는 좋은 계기가 되었습니다. 제가 10년 만에 대한민국의 대통령이 되어서 다시 이곳에 와서, 명예박사학위를 받게 되니 정말 감개무량합니다.

조지워싱턴 대학교 연설
이명박 대통령
2009.06.17

I was here as a guest researcher for a year in 1999. I had a lot of time to think, walking around the Kogan Plaza. My experience then gave me a great opportunity to get a fresh look at the US and the world and to envision a future for Korea. Being here after a decade as President of Korea and receiving an honorary doctorate make me feel deeply moved.

Remarks at the George Washington University
President Lee Myung-bak
June 17, 2009

감언이설(甘言利說)

Flattery
Cajolery
You can catch more flies with honey than with vinegar.
To catch bears, you need honey.
Flattery will get you everywhere.

지난 대선에서 이명박 정부를 선택한 것 자체가 이른바 민주정부 시기에 극심해진 사회 양극화 때문이었습니다. 김대중 노무현 정부의 민주주의는 서민들의 먹고사는 문제를 해결하는 데는 지극히 무능했습니다. 그래서 많은 이들이 '경제'를 살려주겠다는 감언이설만 믿고 이명박 후보에게 표를 던진 것 아닙니까? 이제 이명박 정부가 민주적이지 않을 뿐만 아니라 '경제'에도 무능하다는 것이 드러났지만, 그와는 별개로 민주정부는 먹고 사는 문제를 해결하는 데 무능했다는 그 기억은 아직 치유되지 않고 있습니다.

의원 취임연설
조승수 진보신당 의원
2009.07.15

The fact that Mr. Lee Myung-bak was elected in the last Presidential election was due to the polarization of our society that was intensified during the terms of Lee's two predecessors. The administrations of Kim Dae-jung and Roh Moo-hyun were utterly inept at creating a healthy middle class. That's why so many people voted for Lee for his cajolery that he'd take good care of the economy. Now it turned out that the Lee administration is not only undemocratic but also bad at handling the economy, but apart from this, the fact that Lee's two predecessors were failures in improving economic conditions for ordinary Koreans stays with us nonetheless.

Inauguration Address as a National Assembly Member
New Progressive Party member Cho Seung-soo
July 15, 2009

감지덕지(感之德之)

Very grateful
Very thankful
To thank one's lucky stars

박정희 독재정부는 새마을운동이라고 국민들에게 밥은 먹여주겠다는 대신 말하고 듣고 즐길 모든 자유를 박탈하였습니다. 지금 장애인들에게 정부가 하는 짓이 그렇습니다. 꿀꿀이죽 같은 음식이나마 먹고 살게 해주는 것도 감지덕지한 것이 아니냐? 너희가 무슨 권리를 주장하느냐? 여러분, 이런 것을 고맙다고 해야 합니까? 이것은 장애인에 대한 독재 아닙니까? 여러분, 저는 노무현 정부를 장애인에 대한 독재정부라고 부르겠습니다!

4.19 사회복지사업법 개정 천막농성 연설문
한국사회당 서울시당 위원장 오준호
2007.04.19

The Park Chung-hee dictatorship took our freedoms to speak, listen, and enjoy ourselves in exchange for providing food for us with the New Community Movement. The current government is doing the exact same thing to the disabled. They say, "How dare you complain when we give you food?" When the food is so bad, it only fits to feed pigs? They also say, "How dare you demand rights?" I ask you, should we feel grateful to them for what they did? Isn't it a dictatorship over the disabled? I will call the Roh administration a dictatorship that tramples over the rights of the disabled in this country!

Remarks at the Street Demonstration of the 4.19 Social Welfare Law Revisions
Socialist Party City of Seoul branch president Joon-ho Oh
April 19, 2007

감탄고토(甘呑苦吐)

Take the sweet and spit out the bitter.
You can't pick and choose.

정든 얼굴들이 반겨주어 정말 반갑습니다. 세상 살다 보면 마음에 맞을 때와 맞지 않을 때, 속상할 때와 기쁠 때가 있는데, 그걸 잘 참는 게 사람이 살아가는데 좋은 길이 아닌가 싶습니다. 달면 삼키고 쓰면 뱉어낸다는 감탄고토의 인생을 살아가는 것은 바람직하지 못하다고 봅니다. 2008년 당시 총선에서 이명박 정권을 탄생시킨 일등공신이었던 저 자신마저도 공천을 받지 못했을 때 운명으로 받아들이고 공천결과를 깨끗이 승복했을 뿐만 아니라 공천도 받지 못한 제가 총선 선거대책위원장을 맡아 최다의석 수를 확보하고 당대표를 지낸 뒤 양신시 지역구 국회의원으로 당선 되었습니다.

한나라당 후보 격려 연설
한나라당 박희태 국회의원
2010.05.25

It's good to see so many familiar faces. In life, there are good times and bad times. To be able to endure those bad times seems to be the key to living a good life. I don't think it's commendable to only take the sweet and spit out the bitter. As for myself, when I suffered a setback by not being selected as a National Assembly member, even though my role in electing President Lee was prominent, I faced the situation squarely and kept on working hard for the party as the head of election strategies, securing the highest number of Assembly seats for the party. As a result, I became the head of the Grand National Party and got elected as a Regional Assembly member of the Yangshin city.

Remarks at a Rally for Grand National Party Candidates
Park Hee-tae Grand National Party member
May 25, 2010

갑론을박(甲論乙駁)

To argue the pros and cons

우리 헌법은 우리의 영토를 엄연히 한반도와 그 부속도서로 규정하고 있습니다. 그러나 조국의 북반은 아직도 공산괴뢰의 수중에 예속되어 있으며, 수많은 동포들이 인간의 존엄성과 기본권을 박탈당한 채 노예의 고통과 신고를 강요당하고 있습니다. 실로 국토통일이야말로 민족의 숙원이요, 국가의 지상과제인 것입니다. 그러나 통일의 성업은 결코 갑론을박의 논쟁으로 이루어질 수는 없는 것입니다.

제18회 제헌절 경축사
박정희 대통령
1966.07.17

The Constitution of Korea delineates that the Korean Peninsula and the surrounding islands belong to the nation's territory. But the Northern part of the peninsula is subject to the rule of the Communists and the people there are being forced to do slave labor, enduring pain, without regards to basic human rights, dignity, and freedom. Therefore, unification is truly the goal we should seek as our number one priority. But achieving this vision can't come true by just arguing the pros and cons.

Remarks at the 18th Constitution Day
President Park Chung-hee
July 17, 1966

개과천선(改過遷善)

To mend one's ways
To turn over a new leaf
To become a new man/woman
To be reborn as a good person

사형제도를 반대하는 이유는 인간 마음의 특수성에 있습니다. 우리의 마음속에는 천사와 악마가 다 같이 있습니다. 우리의 노력과 환경 여하에 따라 천사가 이겨 좋은 사람이 될 수도 있고, 악마가 이겨 흉악범이 될 수도 있습니다. 그런데 중요한 것은 어떠한 흉악범도 개과천선해서 훌륭한 사람으로 새로이 태어날 수 있다는 것입니다. 우리는 새로이 태어난 사람들이 사회적으로 수많은 공헌을 하고 있는 예를 항상 보고 있습니다. 비록 나쁜 짓을 했다 하더라도 천사가 될 가능성이 있는 사람에게 그 기회를 박탈하고 목숨을 앗아가는 것은 어느 모로 보나 찬성할 수가 없는 것입니다.

사형폐지국가 선포식 기조연설
김대중 대통령
2007.10.10

There is a uniqueness of human minds. We have both good and evil sides in our nature. Depending on our efforts and environments, either side can prevail and subsequently we can turn into a good person or a heinous criminal. What matters here is that even an atrocious criminal can be transformed and reborn as a good person. We can see many examples where newly transformed people make numerous contributions to society. Even though a person committed a crime, we cannot support taking his life, depriving him of the opportunity to be transformed.

In Appreciation of the Announcement of Korea as a De Facto
capital punishment abolitionist country
President Kim Dae-jung
October 10, 2007

거두절미(去頭截尾)

To stop beating around the bush and get to the point
To cut to the chase
To be brief
To make a long story short

존경하는 대표 여러분, 안녕하십니까? 든든한 뒷심이 되어주신 여러분들 덕택에 저희 총회에서는 지난 한 해에도 열심히 뛰어왔습니다. 시간상 관계로 거두절미하고 본론으로 들어가도록 하겠습니다.

중국 연변 조선족 자치주 조선족 아동문학학회 사업보고 연설
김현순 작가
2008.12.12

Distinguished delegates, it's great to see you. Thanks to your support, our organization was able to fully focus on last year's goals. Due to the time constraints, I'll cut to the chase and get on with the main points.

Remarks at the Presentation of the Ethnic Chinese-Korean Children's Literature Association
Writer Kim Hyun-soon
December 12, 2008

격세지감(隔世之感)

Wow, things have really changed!
I feel like a fish out of water.
Time waits for no man.
I feel as if I'm in a time warp.

예전에 영국의 누가 이런 말을 했다고 합니다. '조선은 희망이 없는 나라다'. 이게 100년 전의 일입니다. 60년 전에는 전쟁이 일어났고, 전쟁으로 모든 것이 폐허가 됐고. 그리고 미국과 유럽 사람들이 '한국에서 경제 발전과 민주주의를 기대하는 건 쓰레기 더미에서 장미꽃이 피어나길 기대하는 것과 마찬가지다'라는 평가를 했던 게 바로 우리나라입니다. 그런 나라가 세계 12위 경제 강국으로 우뚝 섰고, 미국, 중국, 러시아, 프랑스, 독일, 영국, 스페인 등의 수반을 서울에 모아놓고 세계 경제의 기본 문제를 토론하는 것, 이건 정말 우리나라의 단군 역사 이래로 처음 있는 큰 사변이 아니었나 생각합니다. 격세지감이고 감동적이라고 말할 수 있습니다.

"시사진단 한반도" 인터뷰 발언
고영환 국가안보전략연구소 수석연구위원
2010.11.12

Someone in the UK once said, "Korea is hopeless." That was a century ago. Sixty years ago, the war broke out and everything in this country turned into ashes. Americans and Europeans said, "Expecting Korea to become a functioning country is like praying for a rose to sprout out of dumps." But Korea is now the world's 12th largest economy and is chair to the G20 summit where prominent countries such as the US, China, Russia, France, Germany, UK, and Spain get together to discuss global issues. Such a feat is unprecedented. Things have really changed and I feel deeply moved.

Comments at an interview for a TV program,
"The Korean Peninsula Current Affairs"
Chief Researcher at the National Security Strategy Institute
Koh Young-hwan
November 12, 2010

견물생심(見物生心)

Seeing is believing

그런데 왜 백화점 1층에 화장실이 없는지에 대해서 이유를 알아본 결과 고객을 유인하는 백화점의 마케팅 기법이라는 사실에 놀랐습니다. 백화점은 지나가는 한 사람이라도 들어와야 합니다. 그래서 화장실 볼일이 급해서 들어 온 사람이라 할지라도 1층에는 화장실을 안 만들어 최소한 한 개 층이라도 더 둘러보게 한다는 전략이랍니다. 일종의 견물생심의 전략이라고 할 수 있겠죠. 사람들은 눈에 보이는 것에 영향을 많이 받게 마련입니다.

예중 교회 설교
김현철 목사
2008.04.20

But then I found out the reason why department stores don't have bathrooms on the first floor is part of its marketing strategies, which surprised me a lot. A department store has to have customers; even those that just wanted to come in to use the bathroom. But then, by not putting a bathroom on the first floor, it induces the people to come up to other floors in search of a bathroom. That way, there are more chances of them encountering something they might like. Seeing is believing. People are bound to be more influenced by what they see.

Sermon at Yejoong Church
Reverend Kim Hyun-chul
April 20, 2008

견원지간(犬猿之間)

We're not on good terms.
We don't exactly get along so well.
We fight like cats and dogs.

저는 여기서 잠깐, 일본근대사의 역사적 전환점을 일으키고 암살 당한 "사카모토 료오마"라는 분의 일화를 인용하고 싶습니다. 일본에서는 역사적으로 중앙의 막부정권이 지방의 반란세력의 형성을 두려워해서 항상 Divide and Rule의 책략으로, 특히 강력한 지방세력간의 야합을 막기 위해, 의도적으로 견원지간으로 만드는 것이 전통이었습니다.

한국해양전략연구소 조찬강연
이화여대 김용서교수
2004.03.30

I'd like to tell you an anecdote involving Sakamoto Ryoma who was assassinated after leading a historic upheaval in modern Japanese history. In Japan, historically it was commonplace to employ the "divide and rule" principle in order to suppress the insurrection of regional powers against the central government. In other words, in prevention of regional powers forming a strong coalition, the central government made them not to get along too well with each other.

Breakfast Lecture at the Korea Maritime Institute
Professor at Ewha Womans University Kim Yong-suh
March 30, 2004

결자해지(結者解之)

You have to live with the consequences.
You have to face the consequences.
You've made your bed, now lie on it.
As the cap is put on, so it must be worn.
If the shoe fits, wear it.

북한은 이제 핵 문제를 포함한 자신들의 길을 국제사회에 분명하게 제시해야 합니다. 서로 존중하며 협력해 나가는 새로운 남북관계로 나와야 합니다. 북한은 통일 미래를 준비해 나가고 있는 우리를 비난할 것이 아니라, 스스로 한반도의 미래를 향한 길을 보여 주어야 할 것입니다. 국제사회와 함께하는 통일 한반도의 새로운 비전을 제시해야 할 것입니다. 그 첫걸음은 천안함 피격사건을 포함한 남북관계에 대한 결자해지의 태도입니다.

민족통일협의회 상생과 공영을 위한 통일포럼 축사
현인택 통일부 장관
2010.10.21

Now North Korea has to make their resolve clear to the international community about issues including the nuclear problem. The inter-Korean relations need to step into a more mature stage that's based on mutual respect. Instead of blaming us as we prepare for unification, North Korea has to suggest a concrete roadmap to achieve a united future of the Korean peninsula, which is in line with the will of the international community. The first step for this would be a change of attitude on the part of North Korea as a party that is ready to face the consequences of its act on the inter-Korean relations, including on the Cheonan sinking incident.

Remarks at the Co-existence and Co-prosperity Unification Forum by the National Unification Council
Minister of Unification Hyun In-taek
October 21, 2010

경거망동(輕擧妄動)

A rash and thoughtless act

나는 최근 일부 지각없는 인사들 중에 현 유신 체제를 뒤집어엎고 사회 혼란을 조성하려는 불순한 움직임이 있다는 것을 알고, 지난 12월 26일 국무총리로 하여금 현 시국의 중대성과 백척간두에 서 있는 조국의 현실에 비추어 우리의 생존과 독립과 자유를 수호하기 위해서는 유신 체제의 불가피성을 누누이 설명하고 절대로 경거망동이 있어서는 안 되겠다는 점을 온 국민들에게 간곡히 호소한 바가 있다.

담화문
박정희 대통령
1973.12.29

I'm aware that there are insurgents who plot to topple the current government and who are finding ways to stir conflicts in society. Recently, on December 26, I had the Prime Minister appeal to the public about the need to do away with any rash and thoughtless acts by explaining the current circumstances where it is absolutely necessary for the Yushin regime to be in place in protection against the threats on our existence, independence, and freedom.

Statement
President Park Chung-hee
December 29, 1973

고군분투(孤軍奮鬪)

To fight a solitary battle
To fight a lonely battle
To fight an uphill battle

지난 2년간 G20은 글로벌 경제위기가 대공황으로 치닫지 않도록, 즉 배가 침몰하지 않도록 재정을 확대하고 보호무역을 막으며 고군분투했습니다. 그 결과 세계 경제는 최악의 위기를 벗어나 지난해 하반기 이후 회복세를 나타내고 있습니다. 바로 지난 토요일 폐막된 G20 재무장관회의에서도 각국이 십시일반 양보하는 정신을 발휘하여 두 가지 중요한 성과를 이루어 냈습니다.

G20 서울 정상회담 사전 회의
윤증현 기획재정부 장관
2010.10.25

For the past two years, the G20 has fought an uphill battle to prevent the global financial crisis from becoming a second Great Depression. In other words, we tried hard to secure the ship from sinking into the chaos of severe budget deficits and trade protectionism. As a result, the global economy has put the worst behind and is now on the path to recovery since the second half of last year. In the Financial Ministers and Central Bank Governors Meeting, which was just closed last Saturday, the G20 made concerted efforts to achieve two critical results.

G20 Seoul Pre-summit Conference
Minister of Strategy and Finance Yoon Jeung-hyun
October 25, 2010

고색창연(古色蒼然)

Old
Venerable
Antique

저는 중국 방문의 첫 일정으로 공항에서 바로 상해임시정부 청사를 찾았습니다. 좁은 골목의 고색창연한 건물에서 낡은 태극기와 함께 조국의 독립을 위해 몸 바친 애국선열들의 모습을 뵈었습니다. 루쉰공원의 매헌기념관에서는 수류탄과 권총을 들고 조국의 독립과 자유를 회복하겠다고 다짐하는 윤봉길 의사의 당당한 모습을 뵐 수가 있었습니다.

제40차 라디오· 인터넷연설
이명박 대통령
2010.05.03

I chose the Shanghai Provisional Government of Korea building as my first stop in my visit to China and went there straight from the airport. The antique building situated in a cramped alleyway housed pictures of Korea's independence movement leaders and it also had an old Korean flag. In the Lu Xun Park, I saw a memorial of one of those leaders, Yoon Bong-gil who had proclaimed that he'd take back the independence and freedom of Korea with nothing but a gun and grenade.

The 40th Radio and Internet Speech
President Lee Myung-bak
May 3, 2010

고장난명(孤掌難鳴)

It takes two to tango.
One needs assistance to accomplish anything.

존경하는 한국과 중국 경제인 여러분, 한국은 중국과 실용시대의 한 차원 높은 경제협력을 위한 충분한 준비가 되어 있습니다. 실용은 곧 실천입니다. 저는 이런 약속을 반드시 지킬 것입니다. 고장난명이란 말이 있습니다. 양국의 경제는 서로 보완관계에 있어 장점을 결합한다면, 큰 시너지를 낼 수 있습니다. 한중 기업인들이 손바닥을 마주칠 때 그 소리는 천하를 울리고 동북아 경제 지축을 흔들 것입니다.

한중 경제인 초청 오찬 연설
이명박 대통령
2008.05.28

Distinguished business leaders from Korea and China, Korea and China are ready to develop their economic cooperation further in this era of pragmatism. Pragmatism is the same thing as implementation. I'll keep my promises. It takes two to tango. The two countries' economies are complementary, so if we combine our strengths, we can create great synergy. When the two countries' business leaders tango together, the magnificence will be felt all over the world, marking an epoch in Northeast Asia.

Remarks at a Breakfast Meeting of Korea and Chinese Business Leaders
President Lee Myung-bak
May 28, 2008

고진감래(苦盡甘來)

No pain, no gain.
Sweet after bitter.
Pleasure follows pain.
It'll all be worth it in the end.

저는 이러한 우리 전남을 '어머니'와 비교하곤 합니다. 자식의 성공을 위해 모든 것을 내어주고 이제는 지치고 힘든 상황에 놓여 있는 모습이 바로 우리 전남인 것입니다. 그러나 '고진감래'라는 말이 있듯이 저는 고향을 떠난 젊은이가 돌아오고, 우리의 농어촌에 어린아이 울음소리가 다시 들리는 날도 멀지 않았다고 생각합니다. 이를 위해 저는 우리 내부에서 기회와 희망을 찾고 있습니다. 그리고 최근에는 가시적인 성과가 나타나고 있습니다. 여러분께서도 함평은 물론 전남의 번영을 위하여 힘과 지혜를 모아주시기 바랍니다.

기독교 전래 100주년 기념행사
전라남도지사 박준영
2005.04.26

I often compare the South Jeolla Province to an image of mother, who sacrificed all she had in order to make her children succeed and now is in a state of fatigue. That's how South Jeolla is right now. But as the saying, no pain, no gain, goes, I believe it wouldn't be too long before we see a day in which our youngsters come back home and cries of babies are heard once again here. In order to make this vision come true, I'm searching for signs of hope and opportunities among us. Recently, concrete results have been made as well. I ask for your support in making not just Hampyung, but also South Jeolla prosper with your wisdom and strengths.

Remarks at the Centennial Ceremony of the Spread of Christianity to Korea
South Jeolla Governor Park Joon-young
April 26, 2005

공명정대(公明正大)

To do something fairly
Fair and square

저는 세종시 문제를 고민할 때마다 공명정대라는 원칙과 실사구시의 자세를 수도 없이 가슴에 되새겼습니다. 오늘이 소중한 것은 내일이 있기 때문일 것입니다. 보다 긴 안목으로 세종시의 미래를 활짝 열어주시기 바랍니다.

세종시 발전방안 발표문
정운찬 국무총리
2010.01.11

Every time I contemplated on the Sejong city issue, I kept in mind the principle of a level playing field and an attitude of scientific objectivity. Today's value is amplified by the fact that we have hopes for tomorrow. Please open up a new chapter of history in the Sejong city with a long term perspective.

Statement on the Development Plan for the Sejong City
Prime Minister Jung Woon-chan
January 11, 2010

과대망상(誇大妄想)

He has delusions of grandeur.
To delude oneself to think ~

단지 서울대학교에 입학했다는 사실 하나만 가지고 그렇게 알뜰하게 서울대학교 덕을 보았는 데 무엇을 바라겠습니까. 아무리 생각해도 오늘 주시는 이 학위는 어디 쓸 데가 있을 것 같지도 않거니와 자기를 돋보이게 하는 속물스러운 일 따위에는 절대로 써먹지도 않을 것입니다. 실용성이 있을 것 같지 않고, 이용해 먹을 생각도 없기 때문에 받을 용기도 낼 수가 있었으니까요. 물론 서울대 문턱을 겨우 넘어본 데 불과한 저 같은 소설가에게 명예박사학위까지 줘서 기를 북돋아 주는 파격적인 일이 혹시나 서울대가 인문학에 대한 자존심을 회복하려는 조짐이 아닐까 하는 과대망상 같은 것도 하지 않겠습니다.

서울대 명예박사 수여식 연설
소설가 박완서
2006.05.17

Just because I was a student of the Seoul National University, I reaped an enormous benefit. So what more could I want? Obviously, this degree would be neither useful anywhere nor would I boast it to others. Precisely because I thought so, I was able to bring myself to receive it. Of course, I wouldn't go so far as to delude myself to think that the University has given it to me with an ulterior motive; to regain its fallen pride in the study of humanities by giving an honorary degree to a novelist like me who was a student here once upon a time.

Remarks at the Honorary Doctorate Reception Ceremony
Novelist Park Wan-suh
May 17, 2006

과소평가(過小評價)

To underestimate

특히 우리의 건설 산업이 결코 비생산적이고 비효율적인 투기에 좌우되지 않도록 할 것입니다. 지금 정부의 의지를 과소평가하고 투기에 가담하는 사람들은 결국 손해를 본다는 것을 알게 될 것입니다. 건설인 여러분께서는 정부의 의지를 믿고 오직 경쟁력을 키우는 데 주력해 주십시오.

'건설의 날' 치사
이해찬 국무총리
2005.06.17

In particular, I'll see to it that Korea's construction industry wouldn't be swayed by unproductive and ineffective speculations. Those who underestimate the will of the government and decide to speculate will find themselves in deep trouble. I sincerely ask all the construction professionals who are here today that you focus on increasing your competitiveness, since the government will do its part as a guardian and supporter of your industry.

Remarks at the Construction Day
Prime Minister Lee Hae-chan
June 17, 2005

교각살우(矯角殺牛)

Don't overdo it.
Don't go overboard.

그러나 그 문제를 해결하면서 국력이 소진되거나 국론이 분열된다면, 우리 모두의 미래를 생각할 때 너무나 큰 손실이 아닐 수 없습니다. 과거의 잘못은 철저하게 바로 잡아 다시는 되풀이하지 않도록 새로운 의지와 제도를 다져나가는 한편, 과거의 문제에만 매달려 교각살우 하는 우를 범하지 않도록, 우리 사회 구성원 모두가 이 문제를 슬기롭게 극복하는 지혜를 발휘했으면 하는 소망입니다.

사임발표문
손길승 전경련 회장
2003.10.31

But if our national strength becomes exhausted or a conflict breaks out in solving the problem, we'd have to suffer severe losses in our future. While it's important to revise wrong systems and renew our determination in order not to repeat the same mistakes we made in the past, it is also just as critical not to overdo it. Instead of being bogged down with the past, we need to pool our wisdom to find out ways to solve this problem as a united society.

Statement of Resignation
Chairman of the Federation of Korean Industries
October 31, 2003

교언영색(巧言令色)

Fine words
Flattery
To curry favor

역시 앞서 얘기한 15대 대통령 후보 초청 토론회지요. 그 외 김대중 씨에 대한 일들이 가장 기억에 남습니다. 개인적으로도 여러 번 만나 교류도 나눴지만 이 사람처럼 똑똑하고 말을 잘하면서도 진실성이 없는 사람은 아마 없을 것입니다. 교언영색이라는 말이 있잖습니까? 김대중 씨는 대통령이 되기 전 아마도 나를 자기 사람으로 쓰고 싶었던 모양이에요. 집요하게 그러한 접근이 있었지요.

조선닷컴 회견
이도형 "한국논단" 대표
2009.09.20

There is the 15th Presidential Candidates' Debate, which I mentioned earlier. Also, there are some other incidents that involved Dr. Kim Dae-jung, of which I could remember. I met him several times in person but I'd be hard-pressed to find another person in the world who could talk so smoothly and yet who displays such a total lack of sincerity. Talk about flattery! I reckon he wanted me to be his ally. He pursued me relentlessly.

Chosun.com Press Conference
President of the Monthly Korea Forum
September 20, 2009

구사일생(九死一生)

That was a close shave!
That was a narrow escape!
To escape by the skin of one's teeth
A hairbreadth escape

존경하는 대의원 여러분, 선거인단 여러분! 그리고 존경하는 울산시민 여러분! 안녕하십니까? 이회창입니다. 지난 15일 김해에서 130여 명의 소중한 생명을 앗아간 항공사고가 있었습니다. 참으로 가슴 아픈 일입니다. 삼가 고인의 명복을 빌면서, 사랑하는 사람을 잃은 유가족께도 위로의 말씀을 올립니다. 또 구사일생으로 살아났지만 중상을 입은 분들도 하루속히 쾌유하시기를 빕니다.

울산경선 연설
이회창 후보
2002.04.18

Honorable representatives, citizens of Ulsan, it's great to see you. I'm Lee Hoi-chang. On the 15th there was a flight accident that took lives of 130 in the Kimhae area. It was devastating. I extend my condolences to the families of those whose lives have been taken. Also, I hope those who survived it by a close shave, getting injured from the accident will recover as soon as possible.

Remarks at a Rally for the 2002 Ulsan Election
Candidate Lee Hoi-chang
April 18, 2002

구태의연(舊態依然)

Outdated
Old-fashioned
Anachronistic
Antiquated

양극화 문제를 해결하는 핵심은 일자리입니다. 중소기업을 활성화해야 합니다. 중소기업이 살아야 수출의 효과가 내수로 확산되고 일자리가 늘어날 수 있습니다. 정부는 2004년 7월부터 중소기업 정책을 근본적으로 혁신해가고 있습니다. 중소기업의 실태를 철저히 조사·분석하고 현장의 목소리를 수렴해서, 구태의연한 지원방식을 과감하게 털어버리고 벤처생태계를 조성하는 방식으로 말하자면 시장 친화적인 방식으로 정책의 내용을 완전히 바꿔가고 있습니다. 이것은 대통령이 직접 지휘하고 있습니다. 이렇게 계속해가면 이번에는 반드시 달라질 것입니다.

2006년 신년연설문
노무현 대통령
2006.01.18

The key to solving the polarization of our society is the job creation. SMEs need to be nurtured. Only when SMEs thrive, could the job creation be achieved through increased exports that will spur domestic consumption. From July 2004, the government has been fundamentally revamping its SME policies. We thoroughly analyzed the status quo of SMEs and sought opinions from those who were at the forefront. In effect, we try to create a business-friendly eco-system that is auspicious to SMEs by slashing antiquated policies. I'm putting a lot of efforts on this. If we keep at it, things will definitely change.

New Year Address
President Roh Moo-hyun
January 18, 2006

군계일학(群鷄一鶴)

A giant among men
The sun among inferior lights

제대로 된 취직자리가 전무할 때이기도 했지만 먹고 살 만큼 봉급을 받을 수 있고, 요령만 부리면 큰돈도 벌 수 있다고 알려져 누구나 선당하는 꿈같은 일자리였습니다. 그런 일자리에 몇십대 일의 경쟁을 뚫고 발탁이 될 수 있었던 것은 순전히 서울대 학생이라는 자기소개 때문이었습니다. 담당자는 가장 초라한 저를 군계일학처럼 바라보았고, 거짓말처럼 쉽게 취직이 되었습니다.

서울대 명예박사 수여식 연설
소설가 박완서
2006.05.17

It was a highly coveted job because one, it was so hard to get any job at that time and two, two, because it was known to be a great place to earn quite a lot of money if one was willing to be cunning enough. I was able to get that job by beating other candidates, only because of the fact that I was a Seoul National University student. The interviewer looked at me as if I were the sun among inferior lights, even though my appearance appearance was just the opposite. Just like that, the job was mine.

Remarks at the Honorary Doctorate Reception Ceremony
Novelist Park Wan-suh
May 17, 2006

군중심리(群衆心理)

Mass psychology
Mob psychology

둘째, 결정을 내리기 전에는 단 1%의 반대의견에도 진실이 있을 것이라는 믿음으로 모든 분들의 의견에 공평하게 귀 기울이십시오. 그리고 군중심리에 휩쓸려 공도동망의 길을 가기보다는 어렵더라도 스스로의 원칙을 지키려고 노력하십시오.

이임사
김동수 기획재정부 제1차관
2009.01.19

Second, make sure you listen to the opposing viewpoints as well, no matter how preposterous they might seem, with a belief that there might be a grain of truth. Instead of being influenced by mass psychology, which could cause a downfall of all, try to go your own way with your own principles.

Remarks at a Change of Command Ceremony
First Deputy Minister of the Ministry of Strategy and Finance
Kim Dong-soo
January 19, 2009

궁여지책(窮餘之策)

The last resort
A desperate measure

북괴는 눈부신 우리의 발전을 누구보다도 자세히 알고 있습니다. 국민총생산 2조 원, 연간 6만 원을 넘어서는 매 인당 국민소득 향상을 탐내고 두려워하는 것입니다. 이 생산과 소득의 향상은 3천만 자유국민의 생명이고 또한 재산입니다. 그래서 자기들의 악정과 공산주의의 모순을 은폐하고자 "제2의 6.25"를 도발하여 궁여지책으로 그들의 탈출구를 음모하고 있는 것입니다.

국군의 날 연설
박정희 대통령
1968.10.01

North Korea is well aware of the state of our progress. It is jealous of the achievement we've made. Our GNP stands at 2 trillion won while our per capita GNP is 60,000 won. This is a proud accomplishment of the 30 million Koreans. These are not just numbers; they're about our liberty, life, and property as well. Therefore, North Korea is trying to topple our government by plotting a second invasion of this country in a desperate attempt to find ways to hide its own rotten politics and problems.

Remarks at the Armed Forces Day
President Park Chung-hee
October 1, 1968

금과옥조(金科玉條)

A golden rule

남북기본합의서가 갖는 두 번째 의의는 바로 우리가 주도적 입장에서 협상을 진행했고, 우리가 담고 싶은 내용을 모두 담았다는 데 있습니다. 지금 다시 한번 읽어보아도 조문 하나하나가 모두 한반도 평화와 남북관계 개선을 위한 금과옥조라고 하지 않을 수 없습니다. 혹자는 "다시 남과 북이 협상하여 문안을 만들더라도 이처럼 잘 만들기는 어려울 것이다"라고 말하기도 합니다.

남북기본합의서 채택 18주년 기념 국제회의 축사
현인택 통일부 장관
2009.12.10

The second significant point of the 1992 Inter-Korean Basic Agreement is that we proactively led the negotiations, putting all our goals into it. Even when we read it again, each and every article is a golden rule designed to promote peaceful relations between the two sides. Some say it would be nearly impossible to duplicate such perfection, even if the same negotiation takes place again.

Remarks at the 18th Anniversary of the Adoption of the 1992 Inter-Korean Basic Agreement Conference
Minister of Unification Hyun In-taek
December 10, 2009

금상첨화(錦上添花)

That's icing on the cake!

돌이켜보면, 지난해는 참으로 격동적인 한 해였습니다. 3.1 독립운동과 대한민국 임시정부 수립 90주년, 안중근 의사 의거 100주년이었던 지난해는 미국발 경제위기로 국민 모두가 연초부터 어려움을 겪고 있는 가운데, 우리사회가 극심한 국론분열마저 빚져 나라의 장래가 심히 걱정스러웠던 게 사실입니다. 그러나 우려와는 달리, 우리 국민 모두가 성숙한 자세로 이를 이겨냄으로써 위기를 극복했으며, 금상첨화로 지난해부터 밀어닥친 세계 경제 위기도 어느 나라보다도 빨리 극복하여 아직 낙관은 금물이지만, 한국은행을 비롯하여 국내외 유수의 경제전망 기관들도 올해의 경제전망 지표를 밝게 보여주고 있어 참으로 다행스럽게 생각됩니다.

신년사
광복회장 김영일
2010.02.11

Looking back, the past year was tumultuous. We marked the 90th anniversary of the March 1 Independence Movement, the establishment of the Korea Provisional Government, and the 100th anniversary of the An Jung-geun's heroic act of patriotism. Plus, there was the global financial crisis, which made us all worried from the beginning of the year. To top it all off, the polarization of our society threatened the future of Korea. But, contrary to all concerns, we withstood those hardships with admirable maturity. As an icing on the cake, we even recovered from the global financial crisis faster than any other economies. Not to be too optimistic, but it's great to hear that prominent economic forecasting institutes from home and abroad, including the Bank of Korea, are predicting a rosy picture for the Korean economy this year.

New Year Address
Korea Liberation Association Chairman Kim Young-il
February 11, 2010

금의환향(錦衣還鄕)

To come home in glory

방금 반기문 유엔 사무총장께서 범세계적인 과제들을 해결하고 인류 보편의 가치를 실현하기 위하여 우리가 유엔 글로벌 콤팩트를 통해 무엇을 해야 할 것인지를 잘 설명해 주었다고 생각합니다. 감사합니다. 우리나라의 위상과 우리들의 자긍심을 한껏 높여주고 계시는 반기문 사무총장님께서 취임 후 1년 반 만에 처음으로 금의환향하신 이번 방한은 우리 국민 모두에게 매우 뜻깊고 반가운 일입니다.

유엔 글로벌콤팩트 한국협회주최 오찬 특별연설
한승수 국무총리
2008.07.04

I believe the UN Secretary-General has done an excellent job explaining what we should do for the UN Global Compact in order to promote universal human values and solve global problems. Thank you. He came home in glory, which gives us tremendous joy. Mr. Ban is enhancing Korea's national status in the international arena, serving as Secretary-General for a year and half now.

Remarks at the UN Global Compact Korean Council Breakfast Meeting
Prime Minister Han Seung-soo
July 4, 2008

기사회생(起死回生)

To be brought back from the dead
To come back from the dead

돌이켜보면 6.25 동란 후 빈곤과 침체, 체념과 무기력 속에서 헤어나지 못하고 있던 우리는 60년대 초 용약 기사회생의 전기를 잡고 일어났습니다. 국정의 모든 면에서 차츰 활기와 질서를 되찾으면서 자력갱생의 뚜렷한 목표를 세워 힘찬 발걸음을 재촉해 왔습니다. 우리도 남부럽지 않게 떳떳이 잘살아 보겠다는 불굴의 집념과 의지, 그리고 사랑하는 후손들에게 길이 보람된 유산을 물려주어야겠다는 투철한 사명감으로 우리는 땀 흘려 일하고 또 일해왔습니다.

제9대 대통령 취임사 연설
박정희 대통령
1978.12.27

Looking back, it is clear we came back from the dead by overcoming the devastation of the Korean War, along with the poverty, depression, resignation, lethargy that ensued. By slowly regaining strengths in every aspect of running state affairs, we pushed ourselves further by setting clear goals of self-sustainability. We never stopped working hard with perseverance and determination to make that vision come true— the vision where we could bequeath wealth to our children and grandchildren.

Inaugural Address as the 9th President of Korea
President Park Chung-hee
December 27, 1978

기왕지사(旣往之事)

Forget the past
Let bygones be bygones.
Forgive and forget.
Let the dead bury their dead.
Let sleeping dogs lie.

더는 물러설 곳도 없어 기왕지사 마을을 떠나기로 한 주민들에게 정부가 이주의 명분을 주거나 그동안 주민들이 받아온 억압에 상응하는 조치(사과 등)를 취해 줬으면 했습니다. 그러나 정부는 '우리는 적법한 절차를 따라왔고 주민들이야 말로 말 안 듣고 위법 행위를 해 오지 않았냐', '말 잘 듣고 곱게 나간 사람들에게도 더 해준 것 없는데 말 안 듣는 사람들 뭐가 이쁘다고 더 주고 말고 하느냐'는 표현을 직접 쓰기도 해 지난번 협상에서는 하도 어이가 없어서 자리를 박차고 나오기도 했습니다.

'김진균상' 시상식 수상소감
미군기지확장저지 팽성주민대책위원회 김지태 위원장
2007.02.10

It's my sincere hope that the government would apologize or provide some measures to soothe the villagers who have to leave the town for the sake of letting bygones be bygones, because they exhausted all their options of resistance. But the government is still condescending, saying things like, "We did everything legally but the villagers have been the ones that violated all the laws," and "Those who already left didn't get anything in return, so why do we reward you with anything?" I broke off the last negotiation because the government's malignant attitude made me simply speechless.

Remarks at the Kim Jin-kyun Award Ceremony
Chairman of the Paengsung Villagers Association on Preventing the Expansion of the US Army Base
February 10, 2007

기진맥진(氣盡脈盡)

To be completely exhausted

나는 국민 여러분들이, 지난 8년 동안 독재하는 사람을 뽑았을 정도로 어리석었다고는 생각하지 않으며, 또 앞으로 4년 동안 한 번 나를 대통령으로 뽑아준 것도 국민 여러분이 야당 선동에 넘어가지 않고 나를 믿고 있기 때문에 나라 살림을 맡긴 것으로 확신하고 있습니다. 그러면 야당 사람들은 왜 저렇게 독재니, 총통제니 하면서 나를 헐뜯고 있습니까. 그 이유는 뻔합니다. 나라 살림이야 어떻게 되건 공화당 정부를 철저히 골탕을 먹여서 기진맥진하게 만들어 보자는 정권욕 이외의 아무것도 아닙니다.

국회의원선거 지원방송 연설
박정희 대통령
1971.05.17

I believe the public voted for me as President for the past 8 years and for the next four years as well, because the public was not fooled by the propaganda of the opposition party, showing confidence in my ability to manage the state affairs. Then why are there some people calling me names for dictatorship? The reason is obvious. By throwing mud at my administration to make things difficult for me, they wish to take back power.

Remarks at the National Assembly Election Broadcast
President Park Chung-hee
May 17, 1971

내우외환(內憂外患)

Internal and external troubles
Troubles at home and abroad

존경하는 국민 여러분, 지금 우리는 내우외환에 처해있다고 할 수 있습니다. 외환은 세계가 공통으로 겪고 있어서 피할 길이 없습니다. 그러나 내우는 우리 스스로 줄여나갈 수 있습니다. 내우를 줄여야 외환을 잘 극복할 수가 있습니다. 어려울 때일수록 우리는 힘을 모아 어려웠던 시절에 어려움을 극복한 경험을 가지고 있습니다. 우리 모두 힘을 합친다면 외환도 무서워할 일이 아닙니다.

제18대 국회 개원 연설
이명박 대통령
2008.07.11

My fellow citizens, we're now facing troubles at home and abroad. The external troubles are common to the international community, so there's no way for us to evade them. But our internal woes can be managed by our will. Only when we manage to quell internal troubles could we tackle external problems. Historically, Koreans have come together in a fight against adversaries, especially during trying times. If we make concerted efforts to tackle internal challenges, we should have nothing to fear about external troubles.

Remarks at the Opening of the 18th National Assembly
President Lee Myung-bak
July 11, 2008

동량지재(棟梁之材)

He's made of the right stuff.

저나 시의장님이나 여기 있는 우리 어린이들을 위해 학교에도 많이 투자를 해서 우리 파주를 살려야 합니다. 교육에 투자하지 않고서는 저 어린아이들이 무슨 희망이 있겠습니까? 좋은 학교, 또 여기서 중고등학교를 나와서도 서울에 있는 명문대학을 가서 우리 법원읍을 발전시키고 법원읍을 대표하는 그런 나라의 동량지재로 만들어야 되는 것입니다.

금곡 작은도서관 개관 연설
파주시 시장 이인재
2010.11.10

Both I and the Chairman of the city council will redouble our efforts to bolster children's education here in Paju by investing more. What hope could our children possibly have if there's no investment made in education? We should help them go to good schools, providing decent secondary education as well, so that they could make it to top tier schools in Seoul. By doing so, we could nurture students nurture students who are made of the right stuff, so that they will be the future leaders that contribute to the further development of our village.

Remarks at the Opening of the Keumkok Small Library
Mayor of Paju Lee In-jae
November 10, 2010

동상이몽(同床異夢)

Acting the same way but with different objectives in mind

동상이몽이라는 한자성어가 있습니다. 비슷한 말로는 동상각몽이라고도 합니다만 "같은 자리에 자면서 다른 꿈을 꾼다"는 뜻으로, 겉으로는 같이 행동하면서도 속으로는 각각 딴생각을 하고 있을 때를 이르는 말입니다. 이 말은 좋은 뜻으로 쓰이기보다는 서로를 불신할 때의 상황을 묘사할 때 쓰는 말로써 참으로 위험한 이야기요, 의미가 썩 좋지 않은 성어입니다. 단결된 힘이란 한마음, 한 뜻에서 나온다는 사실을 생각해 볼 때 동상이몽이라는 말은 분열이요, 흩어짐을 의미합니다. 우리가 살아가면서 겪는 모든 문제들에 이러한 일이 있어서는 절대로 안 될 것입니다.

예중교회 설교
김철현 목사
2002.08.18

In Chinese, there's a saying that two people acting the same way but with different objectives in mind. There are some other versions of that saying. What this literally means is that even though the two people are sleeping in the same place, they dream about different things. We use this expression to describe a situation where people act the same way, but they have different agendas in mind. This saying is often used in a negative context. Concerted efforts are made only with united hearts, so this expression denotes division and dispersion. In life, it's critical to avoid those at all costs.

Sermon at Yejoong Church
Reverend Kim Chul-hyun
August 18, 2002

동족상잔(同族相殘)

Fratricidal war

이처럼 강인한 생명력과 위대한 저력을 가진 민족은 지구상에서 그리 흔치 않습니다. 지난 한 세기 동안 우리 민족이 걸어온 길만 보아도 우리가 얼마나 지혜롭고 끈기 있는 민족인지를 누구나 인정할 것입니다. 식민지배에서 벗어나자마자 동족상잔의 전쟁으로 모든 것을 잃었습니다. 세계에서 가장 가난하고 희망 없는 나라였습니다.

제4342주년 개천절 경축사
김황식 국무총리
2010.10.03

Koreans are known to have strong resilience and great potential; qualities that are hard to be found elsewhere. By glancing at the past century alone, one would acknowledge how wise and tenacious we Koreans are. Right after escaping from the grip of colonization, we lost everything through a fratricidal war called the Korean War. Korea was one of the most hopeless, impoverished countries in the world back then.

Remarks at the 4342th National Foundation Day
Prime Minister Kim Hwang-sik
October 3, 2010

마이동풍(馬耳東風)

To fall on deaf ears
To go unheeded
It comes in one ear and out the other

우이독경에 마이동풍이라면 누구도 좋은 이야기를 저에게 하지 않을 것입니다. 오늘 여러분들이 보내주신 질문지를 보고 상당히 놀랐습니다. 특히 LH본사 이전문제나 청소년 복지예산에 대해서 진지하게 물어온 것을 보고, 여러분들의 관심의 폭이 아주 넓다는 것을 알았습니다. 역시 청소년위원은 아무나 하는 것이 아니구나, 하고 느꼈고 정책을 세우고 집행하는 사람들이 더 긴장해야겠다는 생각도 했습니다.

청소년 참여위원과 도지사와 열린 대화
전라북도지사 김완주
2010.12.23

If what everyone tells me falls on deaf ears, no one would bring me any good news. I was quite surprised to read the questions you sent me. In particular you asked me in detail about the relocation of the LH headquarters and the youth welfare budget, through which I realized that your scope of interests was vast. Indeed, all of you as youth representatives possess a ferocious intellectual power, reminding me once again that we policymakers have to work harder to meet your expectations.

Remarks at a Town Hall Meeting with Youth Delegates
Governor of the North Jeolla Province Kim Wan-joo
December 23, 2010

만시지탄(晩時之歎)

To regret having missed a chance for being too late
Repenting of one´s missing a chance

그러나 결코 변하지 않는 것이 있다고 생각합니다. 국가와 국민의 관계입니다. 자국민의 생명과 재산 보호는 국가의 존재 이유입니다. 만시지탄이지만 이번에 제정된 전시납북자법은 이러한 국가의 존재 이유를 되돌아보게 합니다. 국민에 대한 국가의 기본 책무를 다시 한번 성찰하게 합니다. 늦었지만 이번 전시납북자법 제정을 통해 우리는 납북자문제에 한 걸음 더 다가섰다고 생각합니다.

전시납북자법 기념행사 축사
현인택 통일부 장관
2010.04.12

But some things never change. One of them is the relations between a country and its citizens. The raison d'être of a country is protecting its citizens' lives and property. Some might argue what the point is in belatedly regretting to have missed a chance, but the enactment of the Wartime South Korean Defectors Law offers us a chance to reflect on the duty of a country to its citizens. Although it's late, I believe we became one step closer to the South Korean defectors issue through the enactment of this law.

Remarks at the Wartime South Korean Defectors Law Enactment Ceremony
Minister of Unification Hyun In-taek
April 12, 2010

맹모삼천(孟母三遷)

A mother will do anything to ensure her child's optimum education.
A mother will go to the ends of the earth for the education of her child.

아들에게는 어머니의 영향이 절대적입니다. 딸은 아버지를 닮는 수가 많고, 아들은 어머니를 닮는 수가 많습니다. 물론 100% 그렇다는 것이 아니고 경향성에서 그렇다는 말입니다. 그래서 "며느리 잘못 들이면 아들 농사 망친다"는 말도 나왔습니다. 맹모삼천의 고사를 보아도 어머니의 역할이 얼마나 중요한지 드러납니다. 명필 한석봉이 붓글씨로 대성할 수 있었던 것도 어머니의 헌신적인 뒷바라지가 있었기 때문입니다.

성서침례교회 설교
전원준 목사
2006.02.10

Sons are heavily influenced by their mother. Usually, daughters resemble their fathers, while sons are more aligned with their mothers. Of course it doesn't apply 100% but, that's the tendency. That's why there's a saying that if a son marries a wrong woman, she drags the son down with her. The ancient saga of a mother who did anything to ensure her child's optimum education well displays the importance of a mother's role. The famous calligrapher of the Chosun Dynasty was able to achieve success because of his mother's tireless support.

Sermon at Holy Bible & Baptism Church
Reverend Jeon Won-joon
February 10, 2006

명약관화(明若觀火)

To be crystal clear

한반도 문제를 논하는 데 있어 북한 핵 문제는 가장 우선적인 관심사입니다. 북한 핵 문제는 동북아의 평화와 안정을 위협하고 있습니다. 북핵 문제로 인해 주변국가들은 심각한 안보위협을 느끼고 있으며, 이러한 위협이 고착되는 데 대한 경각심을 가지고 있습니다. 북핵 문제로 인해 한반도 평화체제와 동북아 평화체제에 대한 논의도 진전되지 못하고 있습니다. 북한 스스로는 핵 문제로 인해 더욱 고립되고 있습니다. 그리고 그 결과가 절대로 북한의 장래에 좋지 않을 것임은 명약관화합니다.

대외경제정책연구원(KIEP) 국제세미나 축사
현인택 통일부 장관
2009.06.30

In discussing the problems of the Korean Peninsula, the focal point is North Korea's nuclear weapons program. This issue is threatening the peace and stability of Northeast Asia. Neighboring countries are concerned about the security threat and are keen on not letting this problem become chronic. Due to the nuclear weapons issue, other matters pertaining to the peace structure of the Korean peninsula and Northeast Asia are being neglected. North Korea itself is still in isolation because of their nuclear ambition, making it crystal clear that this status quo is not auspicious to the future of North Korea.

Remarks at the International Seminar of the Korea Institute of Economic Policies
Minister of Unification Hyun In-taek
June 30, 2009

박학다식(博學多識)

A well-informed person
A knowledgeable person
A well-educated person
A learned person

강원도가 원래 산이 많기로 유명하지만, 그중에서도 양양군과 이곳 현북면의 어성전 숲은 그 가치가 아주 특별한 곳이라 소개할 수가 있겠습니다. 양양군 하면 송이가 아주 유명한 곳인데 그중에서도 이곳 현북면의 송이 생산량이 제일 많습니다. 이곳 어성전도 대부분 송이산지들이고, 그래서 지역주민의 숲에 대한 사랑과 애착이 크다 보니 그 어느 곳보다 숲이 잘 관리되고 또 보존되고 있는 지역입니다. 산림과 숲에 대해서라면 여러분만큼이나 이곳 주민들께서도 아주 박학다식하시고 또 다들 전문가들이시라고 말씀드릴 수가 있겠습니다.

숲 해설가 강원영동협회 창립식
양양군수 이진호
2009.05.02

Gangwon Province is quite famous for having lots of mountains, but even among those, the forests in the Yangyang county and the Uhsung Forest here in the Hyunbook town are cream of the crop. Yangyang County is famous for pine mushrooms, and the Hyngbook town's production of it is the largest. The Uhsung Forest is growing pine mushrooms as well. Thanks to such merits, these forests are particularly being well taken care of by the villagers. Speaking of forestry, all of you are deeply knowledgeable about this topic.

Remarks at the Launch Ceremony of the Forest Critics Gangwon Youngdong Branch
Yangyang County Chief Lee Jin-ho
May 2, 2009

백의종군(白衣從軍)

To serve in a war as a foot soldier
To start anew
To start again
To start afresh
To start back at square one

이순신장군은 임진왜란 당시 누란의 위기에 처했던 나라를 구한 민족의 영웅입니다. 우국충정의 일념과 탁월한 전략으로 세계 해전사에 길이 남을 위대한 승리를 거두었습니다. 또한 '백의종군'의 정신에서 보듯이, 충무공의 투철한 사명감과 불굴의 신념은 공직과 책임 있는 자리에 있는 사람들이 어떠한 자세로 일해야 하는지를 잘 가르쳐 주고 있습니다.

제464회 충무공 탄신기념 다례행제 인사말씀
한승수 국무총리
2009.04.28

General Lee Soon-shin is a national hero who saved the fate of our country during the Chosun Dynasty. He achieved a legendary maritime victory through his excellent strategies and patriotism. Also he served in the war as a foot soldier, which shows us that those of us who hold public offices should go about our jobs with responsibility and confidence.

Remarks at the 464th Anniversary of the Birth of General Lee Soon-shin
Prime Minister Han Seung-soo
April 28, 2009

불모지대(不毛地帶)

The land is barren.
Infertile land
Virgin territory
Unchartered territory

민주노동당과 함께 무상급식, 무상교복을 반드시 실현하겠습니다. 소통 불능, 아집과 독선으로 똘똘 뭉친 이명박정권의 4대강 죽이기 예산 30조, 부자감세 100조 원 중 극히 일부분만 있어도 충분히 가능합니다. 저 송순호가 입안해서 마산시가 매입한 중리 초등학교 부지를 청소년 문화센터로 활용할 수 있도록 하겠습니다. '내서는 문화와 복지의 불모지대'라는 오명을 더 이상 가져가서는 안 됩니다. 작은 도서관, 아직도 많이 부족합니다. 집에서 5분 거리 이내인 도서관을 내서 곳곳에 만들겠습니다.

선거유세연설
송순호 마산시의원 후보
2010.05.31

I'll make the vision of free lunch and free school uniforms come true through a concerted effort with the Democratic Labor Party. The Lee administration, which is a manifestation of one-way communications and stubbornness, is pushing forward the Four Rivers project of 30 trillion won, and a tax break for the rich of 100 trillion won. The vision of my welfare policy could be carried out with a fraction of that costs. If I become a city council member, I'll pass a legislation that will utilize Joongree Elementary School that is owned by the city of Masan as a youth culture center. We shouldn't let the saying "Naesuh is a barren land of culture and welfare" disgrace us any further. We still don't have enough small libraries here. I'll build more libraries so that anyone could access them within five minutes of their home vicinity.

Remarks at an Election Rally
City of Masan Council Member Candidate
May 31, 2010

부전자전(父傳子傳)

A chip off the old block
Like father like son
Like mother like daughter

그리고 요셉의 가정은 교육이 저절로 되었습니다. 아버지 요셉과 어머니 아스낫이 훌륭하니 아들 므낫세와 에브라임이 그냥 되었습니다. 최고의 교육은 말의 교육이 아니라 삶의 교육인 줄 믿습니다. 부전자전, 모전여전이라는 말이 있듯이 어머니의 음식솜씨가 좋으면 딸의 음식솜씨도 좋습니다. 어머니가 집을 깨끗하게 정돈하면 딸도 그렇습니다. 생활로 자식을 기르는 것입니다.

CTS기독교TV 설교
지용수 목사
2010.02.09

The Joseph family's child education was conducted at no additional costs. Joseph and Aseneth were excellent parents themselves and thanks to this, their sons Manasseh and Ephraim grew up to be decent adults as well. The best education is not by words but by the example of living. As the sayings, "like father like son," and "like mother like daughter" go, if the mother is a good cook, the daughter is a good cook too. If the mother takes good care of the house, the daughter does the same way. We should raise our children by being living examples ourselves to them.

Sermon on the CTS Christian TV Broadcast
Reverend Jee Yong-soo
February 9, 2010

부화뇌동(附和雷同)

To follow blindly
To follow suit
To be a copycat

오늘 이 자리를 빌어 저는 우리 국민 모두가 의암 선생님을 비롯해 이 땅을 되찾고자 조국 광복제단에 자신의 모든 것을 바쳤던 수많은 순국선열 및 애국지사들에 대한 고마움을 다시 한번 되새기고, 나라사랑을 실천으로 옮기는 진정한 한국인이 되어야 한다고 생각합니다. 그러기 위해서는 먼저 오늘날 우리 사회의 가장 큰 병폐인 자기와 집단의 이익에 따라 부화뇌동하는 망국적인 이기주의와 집단이기주의를 버리고, 3.1 독립정신의 고귀한 공동체정신을 바탕으로 국론통합을 이루어 완전한 독립국가 건설을 목표로 분단을 극복하여 통일국가를 반드시 이루어야 함을 강조하는 바입니다.

의암 손병희선생 추모학술세미나 축사
광복회장 김영일
2009.09.29

I'd like to take this opportunity to thank all the independence movement leaders who sacrificed in the process of regaining our country's freedom, including Dr. Son Byung-hee. Also I'd like to say we should take them as our role models to be citizens with patriotism. To this end, we should rid the society of its bad habit of blindly following individual and group egotism. Based on the lofty ideal of the March 1 Movement and a sense of community, I emphasize that we need to redouble our efforts to achieve unification of the Korean peninsula by overcoming the current division and polarization of national opinions.

Remarks at the Dr. Son Byung-hee Memorial Academic Seminar
President of Independence Kim Young-il
September 29, 2009

산전수전(山戰水戰)

I've seen it all.
He's been with me through thick and thin.

12일간 긴 여정(G20.페루 APEC)이었지만 여러분을 뵙지 않고 그냥 돌아갔다면 마무리를 잘못하는 것입니다. 여러분도 보고 싶었을 겁니다. 그렇지 않습니까? 지난 대선 때 LA 한인들이 한결같이 지지해줘 역사에 없는 최고 득표를 하지 않았나 생각합니다. 인사가 늦었지만 다시 한번 감사합니다. 여러분들은 산전수전 다 겪었기 때문에 미국 사람들이 다 어렵더라도 한국 사람들은 제일 나을 거라고 생각합니다.

LA 재미동포간담회
이명박 대통령
2008.11.24

I reckoned it'd be a terrible mistake not to stop by to see you after finishing my 12-day journey in Peru to attend the APEC summit. I guess you missed me too, right? In the last presidential election, Koreans in LA unanimously voted for me, making my vote count the highest in history. Apologies for my late visit, and I'd like to extend my deepest gratitude to all of you. Since you've been through thick and thin as immigrants here, I believe you could withstand the current economic pinch much better than ordinary Americans.

Remarks at the LA Overseas Koreans Conference
President Lee Myung-bak
November 24, 2008

삼고초려(三顧草廬)

Third time's a charm.
Third time's the charm.
Third time lucky

동지 여러분, 우리 당이 나아갈 길을 이렇게 설정을 할 때 공천 역시 새로울 수 밖에 없습니다. 새 시대의 정신에 맞는 분을 찾아서 삼고초려의 예로 모시기도 했고 특히 참신하고 유능한 인사를 과감히 참여시켰습니다. 젊은 세대의 개혁 의지와 민족자존의 정신이 우리 당에 수혈해야 한다는 시대의 요청에 따라서 유례없이 신인이 과반수가 넘는 공천이 이루어졌습니다. 단절할 부분은 단절해야 한다는 국민의 여망도 반영을 했습니다.

민주정의당 지역구 후보 추천장 수여 및 다과회 참석 격려사
노태우 대통령
1988.03.19

My esteemed colleagues; our party is moving on an uncharted path, and the nomination process has to be new too. They say third time lucky and we indeed have recruited talents who are suited to today's society with great efforts. In particular, people with creative and excellent credentials were put on the list of nominations. According to the opinion that our party needs young people with a reform mindset and national pride, the nomination this time contains an unprecedented number of first-time candidates. The public wanted us to get rid of the antiquated aspect in our party and it was well reflected in the nominations.

Remarks at the Nomination Ceremony of the Democratic Justice Party
President Roh Tae-woo
March 19, 1988

새옹지마(塞翁之馬)

A blessing in disguise
Every cloud has a silver lining.

조금 다른 예로, 저도 상당히 부러웠는데요. 얼마 전 로또 1등에 당첨된 400억 경찰형제 있잖습니까? 그야말로 새옹지마, 전화위복, "쥐구멍에도 볕 들 날 있다" 등등의 말에 꼭 맞는 격이지요. 그런데 이 형제도 신문을 읽어보니까 정말 형제 간의 우애뿐만 아니라 가족 간의 화목이 남다르더군요. 큰 형이 당첨되고서 그 동생만 부른 게 아니라, 부모님부터 온 집안 식구들을 모두 불렀다더군요. 혼자서 쉬쉬하고 쓸 궁리만 할 수도 있었을 텐데.... 저는 그걸 보고 '되는 사람들은 뭐가 달라도 다르구나! 저러니까 복을 받는 것 아닐까' 하는 걸 느꼈습니다.

거제를 움직이는 여성의 힘 강연
거제미래발전연구소장 김현철
2004.01.07

Another example is, I have to say I felt quite jealous, that there are police officer twins who won the lottery worth of 40 billion won. Talk about every cloud having a silver lining. But then these twins also have a very happy family, not only just a deep bonding between the twins themselves. The elder of the twins found out he won the lottery and called not just his brother but also his whole family about this. He could've just kept quiet about it to use the money for himself. But he didn't, and it made me think that maybe people who encounter good fortune deserve what they have.

Lecture on the Power of Women that Moves the Gujeh Island
President of the Gujeh Future Development Institute Kim Hyun-chul
January 7, 2004

설상가상(雪上加霜)

To make matters worse
When it rains, it pours.
Out of the frying pan, into the fire
Misfortunes never come alone.

여러분이 잘 아시는 대로 세계는 지금 기후변화로 몸살을 앓고 있습니다. 지구온난화와 자원고갈, 그리고 에너지 위기가 인류의 미래를 위협할 정도로 매우 심각합니다. 이러한 상황에서 설상가상으로 작년부터 시작된 국제금융위기로 세계 경제는 역사상 유례가 없는 위기를 겪고 있습니다. 이로 인해 당면한 경제위기 극복과 기후변화가 지구촌의 가장 큰 이슈가 되고 있습니다.

녹색미래실천연합 창립총회 개회식 축사
한승수 국무총리
2009.02.20

As you all know, the world is battling climate change. Global warming, depletion of natural resources, and energy crisis are such alarming problems that threaten the future of humanity. To make matters worse, the global financial crisis that broke out last year is pushing us to face an unprecedented challenge. The two most pressing issues of the world at hand are the global economic recovery and climate change.

Remarks at the Opening Ceremony of the Green Future Council
Prime Minister Han Seung-soo
February 20, 2009

속수무책(束手無策)

There's nothing we can do.
We're helpless.
At one's wit's end

지금의 금융위기는 그 본질이 세계적인 만큼 그 해결 역시 세계적 차원에서 이뤄져야 합니다. 세계화의 급속한 진전으르 상호의존성(inter-dependence)이 깊어진 만큼 상호취약성(inter-vulnerability)도 높아졌기 때문입니다. 세계최대의 전쟁 중 하나로 꼽히는 적벽대전의 연환계가 연상됩니다. 수많은 배를 하나로 연결해서 적과 싸우려 했던 이 전략은 순풍을 탔을 때는 매우 강력했지만, 역풍을 타고 불어온 불길에는 속수무책으로 당할 수밖에 없었습니다.

건국 60주년 기념 '세계지도자포럼' 연설
이명박 대통령
2008.10.30

Today's economic crisis is, in essence, a worldwide problem. Our approach to this matter should be global as well. The rapid globalization has reinforced not just inter-dependence but also inter-vulnerability of the global community. It reminds me of the Battle of the Red Cliffs, which is cited as one of the biggest battles in history. With a cunning retribution strategy, the protagonist side induced its opponent to employ a certain tactic that seemed to be brilliant but under a bad weather it turned out to be the worst thing that could happen.

Remarks at the World Leaders Forum in Celebration of the 60th Anniversary of the Founding of the Nation
President Lee Myung-bak
October 30, 2008

수수방관(袖手傍觀)

To be indifferent
To sit on one's hands

저는 무엇보다도 우리 서대문의 갈등치유에 앞장서겠습니다. 서대문 뉴타운은 모래내와 북아현 지역에서 집행부와 비대위로 나눠있어 갈등의 골이 깊어만 가는데 구청은 수수방관하고 구청장도 법대로 해결하라고 외면했습니다. 주민들은 집행부 말을 들어야 하는지 비대위가 옳은지 혼란스러워서 걱정을 하며 불안해하고 있습니다.

TV 선거유세 연설
서대문 구청장 후보 문석진
2010.05.25

In particular, I'll be active in healing conflicts of Seodaemun County. Seodaemun New Town is mired in severe conflicts due to the frictions between its executive and emergency response boards, but the municipal office is indifferent to this matter while the head of the municipal office is merely saying that we should solve this by law. Folks here are concerned as to whom to trust and which side they should be on.

Remarks at a TV Rally Broadcast
Seodaemun Municipal Chief Candidate Mun Suk-jin
May 25, 2010

승승장구(乘勝長驅)

Everything is going his way.
To be on a winning streak

"사랑하는 우리의 조국, 대한민국을 세계의 반열에 올려 보자, 선진 일류국가의 기초를 각 분야에서 확실히 닦아 보자, 그렇게 해서, 다음 대통령부터는 승승장구하여 국운이 융성하는 시대를 활짝 열 수 있게 기반을 마련하자!" 이것이 대통령으로서 제 존재 이유이자, 목표입니다. 저에게 다른 무슨 욕심이 있을 수 있겠습니까?

대통령 설 특별연설, "우리는 하나입니다"
이명박 대통령
2010.02.13

My sole vision and goal as President is to make Korea one of the most advanced economies in the world and strengthen its fundamentals to be a great country, eventually creating a new era of growth in which everything goes its way by the time the next President will succeed me. What other ambitions could I have?

Remarks for the Lunar New Year, "We Are One"
President Lee Myung-bak
February 13, 2010

시행착오(試行錯誤)

Trial and error

우리가 이렇게 성공하는 데는 방금 전에도 말씀드렸듯이 행정의 역할이 매우 컸습니다. 행정을 위한 인적자원이나 인프라가 절대적으로 부족했던 우리는 많은 우여곡절과 시행착오를 거쳐야 했습니다. 그러나 정부주도경제개발 5개년 계획을 통해 우리 경제 발전의 기반을 튼튼히 닦았습니다. 전쟁의 폐허 위에 한국의 행정은 정부주도 개발체제를 지향하면서 경제개발의 청사진을 만들었습니다.

한국행정 60년 국제 학술대회 개회식 치사
한승수 국무총리
2008.08.11

For our success today, as I've mentioned before, the role of administration was critical. Due to the lack of infrastructure and human resources needed for effective administration, we had to go through a lot of trial and error. But through the five-year economic plans carried out by the government, we strengthened the fundamentals of our economy. Rising from the ashes of the Korean War, the Korean government pushed a government-led economic development model and created a blue print for economic growth.

Remarks at the Opening Ceremony of the 60th Anniversary of Korean Administration International Conference
Prime Minister Han Seung-soo
August 11, 2008

신상필벌(信賞必罰)

a just reward system

국민과 약속한 정책은 근본적으로 해결해 나가겠습니다. 중소기업정책, 균형발전정책, 이번에는 확실히 성과가 있도록 하겠습니다. 이렇게 일하도록 공직문화를 혁신하고 있습니다. 이제 우리 공무원들도 더 이상 '철밥통'이라는 소리를 듣지 않을 것입니다. 민간기업 수준으로 행정의 효율성이 높아질 것입니다. 올해는 신상필벌의 평가시스템과 고위공무원단 제도를 도입해서 책임 있게 일하고 경쟁하는 공직사회를 만들어 나갈 것입니다. 세계적인 모범사례를 더 많이 만들어서 '혁신 한국'을 세계 일류의 브랜드로 내놓도록 하겠습니다.

신년사
노무현 대통령
2006.01.19

I'll fundamentally tackle the issues that I promised to solve. I'll do my utmost to make sure that this time the policies about SMEs and balanced growth will bear fruits. To this end, a reform on the public office culture is underway. Korea's civil servants will no longer be envied for their deep-rooted job security. The administrative effectiveness of the government should be on a par with that of private enterprises. This year, just reward system, coupled with a high-ranking civil servant evaluation will be applied to employees to create an environment where public officials are held accountable and are required to increase competitiveness. By creating a model case for the world to behold, I'll make "Innovation Korea" as the national brand that claims applauds from the international community.

New Year Address
President Roh Moo-hyun
January 19, 2006

신토불이(身土不二)

It is important for us to eat what has been grown on our land. You are what you eat.

연평도 희생자를 추모하는 뜻에서 모든 공연을 취소하고 차분하게 진행됐는데 이런 분위기를 모두 이해해 주셨습니다. 그리고 자연재해로 콩 생산량이 부족하여 예년보다 다소 오른 가격인데도 흔쾌히 사주셔서 금세 매진되는 진풍경이 벌어졌습니다. 소비자 여러분의 장단콩 사랑과 파주농업인에 대한 믿음에 진심으로 감사드립니다. 추운 날씨에도 불구하고 75만 명이라는 인파를 기록해 파주 농업인들이 그 어느 때보다 신났습니다. 신토불이 우리 농산물을 키우는 일에 보람 가득한 행사였습니다. 장단콩 판매량이 부족해서 발걸음을 돌려야 했던 분들께는 정말 죄송한 마음입니다.

파주장단콩축제 축사
파주시장 이인재
2010.11.30

All of you've been gracious enough to understand the complete cancellation of all performances for this festival in deference to the tragic incident that happened in the Yeonpyung Island. Also, despite the higher prices of soybean compared to last year due to the natural disasters we had this year, all the soybeans have been sold out in no time. I'd like to express my deepest gratitude to you all for your show of support on Paju's agricultural industry. Paju's farmers were very excited to see the 750,000 visitors in this festival who didn't succumb to the cold weather. You know what they say; you are what you eat. Likewise, this has been a great festival that reminded us of the importance of eating what's been grown on our own land. My regret goes to those of you who couldn't buy the famed Jangdan soybeans, due to the spectacular early sold-out.

Remarks at the 2010 Paju Jangdan Soybean Festival
Mayor of Paju Lee In-jae
November 30, 2010

실사구시(實事求是)

Scientific objectivity

후진타오 주석과의 만남을 통하여 저는 우리 둘 간에 많은 공통점이 있으며 양국 간에는 무한한 협력 가능성이 있다는 점을 발견하였습니다. 무엇보다 양국은 실사구시와 실용을 중시한다는 공통점이 있습니다. 저의 '창조적 실용주의'와 후 주석의 '과학적 발전관'은 같은 방향을 지향하고 있습니다. 그 지향점은 선진사회와 조화로운 사회를 건설하는 것이며, 이것은 모든 면에서 양국 간의 전면적이고 전략적인 협력을 가능하게 할 것입니다.

한중 경제인 초청 오찬 연설
이명박 대통령
2008.05.28

Through the meeting with President Hu, I found that we have common grounds and there is great potential for the two countries' cooperation. In particular, the two countries share the same tradition of putting an emphasis on scientific objectivity and pragmatism. My vision of "creative pragmatism" and President Hu's "scientific progress" are pointing to the same direction, which is to build a harmonious society as an advanced country. This shared point of view will enable us to strategically cooperate on all areas.

Remarks to the Breakfast Meeting of Korea and Chinese Business Leaders
President Lee Myung-bak
May 28, 2008

심기일전(心機一轉)

To renew one's determination
To turn over a new leaf

공직자 여러분, 이명박 정부는 이제 집권 후반부를 맞이하고 있습니다. 며칠 전에는 새 내각 명단도 발표됐습니다. 그동안 저를 도와 국정에 매진해온 노고를 위로하며, 다시 한 번 심기일전하여 국민을 하늘같이 섬기고 대통령을 보좌해 드리라고 당부합니다.

이임사
정운찬 국무총리
2010.08.11

Ladies and gentlemen, the Lee administration has entered its second half of the term. A few days ago, the new cabinet members were announced. Each and every one of you has been admirable in your efforts to help me in managing the state affairs, for which I'm forever indebted to you. Now, I'd like to ask you to renew your determination to serve the public and assist the President.

Remarks at the Passing of the Office Ceremony
Prime Minister Jung Woon-chan
August 11, 2010

십시일반(十匙一飯)

Making a united effort to help a person

저는 우리 선생님들에 대해 깊은 존경심과 긍정적인 생각을 하고 있습니다. 정말 아이들을 위해 헌신하는 선생님들이 많습니다. 춘천에 있는 성수여고 선생님들은 '스승의 날'에 학생들에게 장학금을 지급해 왔습니다. 월급에서 십시일반으로 모아 형편이 어려운 제자들을 도운 것입니다. 스승의 은혜에 감사드리는 '스승의 날'에, 성수여고 선생님들은 도리어 더 큰 은혜를 제자들에게 베풀었습니다.

제40차 라디오· 인터넷연설
이명박 대통령
2010.05.03

I have ample respect and positive images of teachers in Korea. There are so many of them who are devoted to their students. Teachers at Seongsu Girl's High School in Chuncheon have been granting scholarships to students on Teacher's Days. They made a united effort to help underprivileged students in their school. Students express gratitude to their teachers on Teacher's Days. But the teachers at Sungsu High have been bestowing a greater gift on students.

Remarks at the 40th Radio & Internet Speech Series
President Lee Myung-bak
May 3, 2010

안하무인(眼下無人)

Self-centered
Arrogant
Haughty
Supercilious
Disdainful
Scornful
Contemptuous
Disrespectful

저는 김정일을 대단히 위험한 사람으로 보고 있습니다. 오만하고 독선적이고 호전적인 사람, 어렸을 때부터 안하무인으로 컸고 71년부터 막강한 권력을 장악해왔고 그래서 대단히 위험한 사람이다. 따라서 우리가 정말 깊이 생각해야 할 것은 이런 위험한 사람을 다루는 데 있어서 정말 슬기롭고 지혜로운 자세가 필요하다. 저는 김정일에 대해서 조금도 방심하지 않습니다.

관훈클럽 연설
김대중 대통령
1997.10.08

I find Kim Jong-il to be quite dangerous. Arrogant, self-centered, and aggressive to a fault, Kim grew up a haughty child. From 1971, he's been at the center of power in North Korea, which makes him all the more ominous. What we have to be concerned about most is the fact that we need to be extra cautious and wise in dealing with a person like him. I never let my guard down when it came to Kim Jong-il.

Remarks at the Kwanhun Club
President Kim Dae-jung
October 8, 1997

약육강식(弱肉强食)

The law of the jungle
Only the strong survive
Survival of the fittest
The weak are the prey of the strong.
The weak fall prey to the strong.

역사는 우리 대한민국 산업화 30년, 민주화 20년을 뛰어넘어 새로운 변화와 선택을 요구하고 있습니다. 확 풀어줄 대변화를 정동영이가 앞장서서 열어내겠습니다. 두 개의 틀이 있습니다. 어떤 대한민국을 원하십니까. 피도 눈물도 없는 시장만능주의를 원하십니까. 한나라당식 정글 자본주의를 단호히 거부합니다. 20%만 잘 살고 80%는 버려지는 2대 8 사회를 원하나, 돈 있고 땅 있는 사람만을 위한 약육강식 경제를, 이명박식 경제를 단호히 거부합니다.

대선후보 수락 연설
대통합민주신당 정동영 후보
2007.10.15

History calls for a new change and choice, going beyond the 30 years of industrialization and 20 years of democratization. I'll be the leader who will let the sea change occur. There are two versions of the future in front of us. Which version of Korea do you want? One, there's a cold market economy with no blood and tears. I reject the Grand National Party's vision of Korea that touts the jungle capitalism. They want to build a society where the top 20 percent is well-off at the expense of the bottom 80 percent. Is that what you want? I'm whole-heartedly against the survival of the fittest mantra of the Lee administration's economic principle.

Presidential Election Candidacy Acceptance Speech
United New Democratic Party Candidate Jung Dong-young
October 15, 2007

어부지리(漁夫之利)

Play both ends against the middle
Fish in troubled water
Play off one person against another
Win advantages for oneself from a disturbed state of affairs
Make profit out of two contestants

반갑습니다. 기호 3번 박상돈 인사드립니다. 이번 6월 2일 지방선거에서 기호 1번 박해춘 후보를 찍는 것은 기호 2번 안희정 후보에게 어부지리를 안겨 주는 투표임을 아십니까. 이것은 이적 행위로서 호남지역 정당인 민주당에 도지사 자리를 안겨주는 행태임을 천안 시민 여러분께서 꼭 알아주셨으면 합니다. 기호 3번 자유선진당 박상돈 후보에게 투표해 주실 것을 호소드립니다. 박상돈 후보와 손발을 맞춰서 천안 시정을 이끌어 나갈 기호 3번 구본영 시장 후보에게도 깨긋한 한 표를 부탁합니다.

한나라당 충청도 협박 규탄 및 세증시 말살음모 저지 후보자 합동유세
박상돈 충남도지사 후보
2010.05.29

Ladies and gentlemen, I am Park Sang-don, and I'm candidate number three. Are you aware that if you vote for the candidate number one on June 2nd local elections, you'll make it possible for candidate Ahn Hee-jung to make profit out of the two contestants, I and candidate Park? I just want you to know that doing so would only work in favor of the Honam province's Democratic Party that is an enemy party to us in the Chungcheong province. I ask for your support to vote for me, the number three candidate from the Liberty Forward Party. In line with that, I'd also like to ask you to vote for the number three mayoral candidate from my party, Goo Bon-young.

Remarks at the Liberty Forward Party Election Speech Series
Candidate for Governor of the Southern Chungnam Province
Park Sang-don
May 29, 2010

언감생심(焉敢生心)

To dare to think of something
Never in one's right mind would one think that~

지금 열린우리당 일각에서는 언감생심 우리 민주당과의 합당이니 뭐니 하는 철없는 소리를 뇌까리는 사람들이 있는 것 같습니다. 우리에게는 열린우리당에 대한 배신감도 있지만, 한편으로는 그래도 이 사람들이 잘 되기를 바라는 애틋한 마음이 있습니다. 왜냐하면, 우리 손으로 만들어준 정권이기 때문입니다. 저는, 앞으로 열린우리당이 올바른 길을 가고자 할 때는 우리 민주당도 도와주어야 한다고 생각합니다. 그것이 전남도민과 당원동지들의 따뜻한 마음이라고 생각합니다.

취임연설
최인기 민주당 전남도당 위원장
2005.12.16

I heard that some members of the Our Open Party are talking about combining their party with ours; how dare they think of that? The Our Open Party left us a deep scar when they betrayed us. However, they were our colleagues once upon a time, and therefore my hearts go out to their wellbeing. We created their power base ourselves. That's why I believe we should come in for their support whenever they need us to find the right directions. That's the kind of mindset we need to have for our old camaraderie's sake.

Inauguration Speech
Chairman of the Democratic Party's South Jeolla Branch Choi In-ki
December 16, 2005

언중유골(言中有骨)

The implied meaning in a remark
The hidden meaning
To read between the lines

언중유골의 인사를 주고받으며 여야 원내대표 회담은 난산을 예고하는 듯했습니다. 3시간 격론 끝에 여야는 일단 쌀 직불금에 대한 국정조사를 조속히 추진한다는데 합의했습니다. 쇠고기 국정조사에 이어 현 정부 들어 두 번째 국정조사 합의입니다. 하지만 최종 실시까진 여야의 미타결 쟁점들이 변수로 남아 있습니다.

MBC 뉴스 기자 멘트
MBC 뉴스 장준성 기자
2008.10.21

Exchanging greetings with lots of hidden meanings, the leaders of the ruling and opposition parties seemed to signal an upcoming deadlock in their negotiations. Over three hours of a heated debate, the two sides decided to speed ahead the state audit on rice direct payments. Following suit of the beef state audit decision, this is the second such audit decided on compromise. However, there are variables to be considered before the final audit would be conducted, as the two parties left some points untouched.

Comments of a News Reporter on MBC News
MBC News Reporter Jang Joon-sung
October 21, 2008

역지사지(易地思之)

If I were in your shoes...
If I were you...
Do unto others as you would have other do unto you.
Do as you would be done by.
The golden rule
Don't criticize me until you've walked a mile in my shoes!

성숙한 민주주의를 위해서는 무엇보다도 먼저 역지사지의 자세를 가져야 합니다. 남을 배려하고 서로 다름과 차이를 인정하며 다양성과 유연성을 갖춘 사회를 구축하는 것입니다. 그래야만 창조적인 생각, 창조적인 사회도 가능해질 것입니다.

국정과제 공동세미나 개회식 치사
정운찬 국무총리
2010.04.28

In order to develop mature democracy, we need to put ourselves into others' shoes. Having the attitude of considering others, celebrating differences, is critical in building a diverse, flexible society. Only then will we be able to achieve a society where creative thoughts are flowing everywhere.

Remarks at the Opening Ceremony of the State Agendas Joint Seminar
Prime Minister Jung Woon-chan
April 28, 2010

연목구어(緣木求魚)

You're barking up the wrong tree.

존경하는 국민 여러분! 정부는 우리 청소년들이 21세기 한국사회를 희망으로 이끌어 갈 수 있는 자질과 능력을 갖출 수 있는데 중점을 두어 왔습니다. 그래서 그동안 정부는 과거의 선도와 보호 위주의 청소년 정책에서 자율과 참여에 기반을 둔 미래지향적 청소년상을 정립하기 위한 방향으로 "청소년 육성정책"의 전환을 추진해 왔습니다. 그러나 청소년을 교육과 수련 없이 자율만으로 올곧게 키운다는 것은 연목구어입니다. 올바른 프로그램을 통해 수련을 받은 청소년들은 높고 깊고 넓은 이상과 능력 그리고 용기를 갖게 될 것이기 때문입니다.

청소년수련프로그램 경진대회 및 수련시설 설계공모전 축사
문화체육관광부 장관 남궁진
2001.12.07

My fellow citizens, the government has put an emphasis on making sure that our young people are equipped with the ability to be great leaders of the 21st century. The "Youth Nurturing Program" was born with that vision in mind, making a revolutionary transition from youth policies being grounded on discipline and protection to the one based on freedom and voluntary participation. But demanding a vision of nurturing young talents with freedom, without education and training, is like barking up the wrong tree. It is only with proper training that the youth will finally be able to become adults with high aims and lofty goals, armed with capabilities and courage.

Remarks at the Contest for Architectural Blueprints and Designs for Youth Training Programs
Minister of Culture, Sports, and Tourism Nam Goong-jin
December 7, 2001

오리무중(五里霧中)

Beats me!
I'm completely lost.
I have no idea.
I'm in a fog.
It's unknown.

그동안 저희는 말을 아끼고 절제해왔습니다. 많은 의혹이 난무했지만, 조금이라도 구조에 차질을 줄까 우려했습니다. 정부의 발표만을 기다렸습니다. 하지만 6일이 되도록 지금까지 정부에서 누구 한 명 속 시원하게 말하는 사람이 없습니다. 오늘 제가 국민을 대신해서 몇 가지 문제를 짚고 넘어가야 할 것 같습니다. 사고 원인이 지금도 오리무중입니다. 처음엔 배에 구멍이 났다고 하더니 나중엔 배가 두 동강이 났다고 말을 바꿨습니다. 사고가 정확히 언제 발생했는지도 파악하지 못하고 있습니다.

정세균 대표 라디오 연설 "천암함 진상규명 특위 구성해야"
민주당 대표 정세균
2010.04.02

So far we've been cautious with our remarks. Despite the rumors running wild, we've still been sparing our words not to interfere with the process. I've been waiting for the government's report. But after six days since the outbreak of the crisis, there's been no clear announcement from any official. On behalf of the public, I have to raise compelling questions to the government. The cause of the accident is still unknown. At first the official report said there was a hole on the ship, and later it changed words, saying the ship was broken in two. As for when the accident occurred, no one seems to know for sure either.

Remarks at a Radio Speech on the Sinking of the Cheonan
Democratic Party Representative Jung Se-kyun
April 2, 2010

오비이락(烏飛梨落)

A strange coincidence
A pure coincidence

사고 직후 인근에 있던 속초함이 천안함의 구조작업에 나서지 않은 채 레이더상의 의문의 물체를 보고 76mm 함포로 130여 발을 발사했으나, 오비이락의 우연으로 새떼로 판명 났다는 설명에는 더는 묻는 것이 의미가 없다는 생각을 하게 만듭니다. 정부와 군의 주장대로 잘못된 정보와 유언비어가 유포되고 있다면 그 책임은 믿을 수 있는 정보를 공개하지 않고 있는 정부 자신의 책임임을 인정해야 할 것입니다.

비교섭단체 대표 연설
자유선진당 류근찬 원내대표
2010.04.07

Right after the accident, the Sokcho corvette, which was nearby at the time, without rescuing the sunken ship, fired 130 guns at an unidentified object on the radar with a 76mm warship gun. For this, the government offered a feeble explanation that the unidentified object turned out to be a flock of birds by a strange coincidence. That leaves us speechless for its preposterousness. The government has nothing to complain about the numerous conspiracy theories running rampant, for it provided the cause of such speculations in the first place by its failure to offer any logical explanations. The government is advised to acknowledge its mistake.

Remarks as a Representative of the Non-negotiating Party
Liberty Forward Party Leader Ryu Keun-chan
April 7, 2010

오월동주(吳越同舟)

Bitter enemies placed by fate in the same boat
Bitter enemies cooperating in the face of common adversaries

지방자치가 시행된 10년이 지났으나 수도권 집중 현상이 심해지는 신중앙주의의 망령이 사라지지 않고 있습니다. 36년간의 영남권 시대에 계속돼 온 호남푸대접, 충청 무대접, 태백권 무시라는 기존 정서도 호남에서 대통령이 나오면서 바뀌었습니다. 하지만 무엇인가 잃어버린 것 같은 허탈감에 빠져있는 영남도, 푸대접 시대가 끝나면서 역전의 꿈에 부풀어 있던 호남도, 수도권 일극 집중화현상에는 속수무책이자 오월동주하는 새로운 현상이 나타나고 있습니다.

대전개발위원회 “21세기 대전 개발 방안과 위상 제고” 세미나
서울대 환경대학원 최상철 교수
2001.08.23

It's been ten years since the regional autonomous government system was put in place, but we're still living with the specter of neo-centralism in which the phenomenon of resources being concentrated in the capital is intensified. The 36 years of regional favoritism bestowed upon the Youngnam area has ended, as Presidents started coming from other regions. However, as all development efforts went into the capital city, other regions, not regarding their former rivalries and bitter sentiments, started cooperating together in the face of their common adversary, the capital city.

Remarks at a Seminar on Developing Daejeon in the 21st century
Professor at Seoul National University Graduate School of Environmental Studies
Choi Sang-chul
August 23, 2001

용두사미(龍頭蛇尾)

Anticlimax
Fizzle out
Start with a bang, end with a whimper.

그렇기에 반부패 개혁은 부패방지법의 제정, 내부고발자 보호제도 강화 등과 같이 부패방지 시스템을 제도화하는 것이 매우 중요하다는 점을 강조하고자 합니다. 특히 이러한 제도적 시스템을 되돌릴 수 없도록 하기 위해서는 국민적 공감대와 합의를 얻는 과정이 필수적입니다. 국민의 합의 위에 서 있지 않은 제도는 사상누각에 불과하며 아무리 강력한 정책 의지가 있더라도 용두사미로 끝날 수밖에 없습니다.

2005 APEC 반 부패 투명성 심포지엄 축사
이해찬 국무총리
2005.09.01

Because of that, I'd like to emphasize once again that anti-corruption reform is critical in institutionalizing an anti-corruption system that includes laws and regulations related to anti-corruption and whistle-blowing. To this end, galvanizing the public support on our cause is crucial. No policy could see the light of day without the public's support and no matter how strongly the government pushes for it, all this could fizzle out in the end without a massive support from the public.

Remarks at the 2005 APEC Anti-corruption Transparency Symposium
Prime Minister Lee Hae-chan
September 1, 2005

우왕좌왕(右往左往)

To run around like a chicken with its head cut off

그것은 통일이야말로 우리 민족의 본연의 모습을 찾는 길이며, 동시에 국가 발전을 위한 가장 중요한 길이라고 생각했기 때문입니다. 이러한 입장에서 정부와 학계, 사회단체 등 각계각층에서 다양한 통일 논의가 꾸준히 진행됐습니다. 1980년대 말 국제 정세가 급변하는 전환기를 맞아 우리의 통일 논의도 새로운 국면을 맞았습니다. 우리는 그때 우왕좌왕하거나 혼란에 빠지지 않았고 정부가 중심에 서서 학계와 재야 단체들의 통일 논의를 적극적으로 수렴하였습니다.

통일 및 대북정책 학술회의 기조연설
현인택 통일부장관
2009.05.18

That's because there was a consensus that unification is the only way for us to regain our national identity, which would lead to national development at the same time. In this perspective, the government, academia, civic organizations have been discussing this matter in-depth. At the end of 1980s when the international political climate was in rapid change, Korea's unification issue emerged anew. At that time, the government took a lead role in encouraging discussions about unification among different stakeholders in academia and non-mainstream groups, not running around like a chicken with its head cut off.

Keynote Address at the Conference for Unification and North Korea Policies
Minister of Unification Hyun In-taek
May 18, 2009

우이독경(牛耳讀經)

To fall on deaf ears
It goes in one ear, out the other.
Turn a deaf ear to

지금 대한민국은 거꾸로 가고 있습니다. 이명박정부는 국민이 하지 말라는 것만 골라서 하는 청개구리 정부입니다. 한나라당은 국민의 목소리를 무시하는 우이독경 정당입니다. 파렴치, 몰염치, 후안무치 한 정당입니다. 민주주의가 후퇴하고 있습니다. 남북대화는 단절되었습니다. 서민경제가 엉망입니다. 국가안보는 무너졌습니다. 교육과 복지, 모두 뒷걸음질 치고 있습니다. 지금 당장 대통령을 바꾸고 싶지만, 그렇게 할 수는 없습니다. 그러나 지금 당장 도지사는 바꿀 수 있습니다. 시장, 군수는 교체할 수 있습니다. 도지사, 시장, 군수를 바꾸면 4대강 사업을 저지할 수 있습니다. 전면적 무상급식을 할 수 있습니다. 오만한 이명박정부와 한나라당을 견제할 수 있습니다.

당원필승 전진대회 연설문
김진표 민주당 경기도지사 후보
2010.05.02

Right now Korea is going backwards. The Lee administration is going the exact opposite way of the public will. No matter what the public says, it falls on deaf ears in the Grand National Party. This is a party that knows no humbleness, compassion, and consideration. Democracy is being demolished. The inter-Korean relations are in shambles. The economy is in ruins. National security is on extremely shaky grounds. Education and welfare are both failing. It'd be great to replace the President, but we can't. But now you can unseat the governor, mayors, and municipal leaders of this province. If you replace them, you can stop the Four Rivers Project. The free school lunch program can be started nationwide. You can put a stop to the arrogant strides of the Lee administration and the Grand National Party.

Remarks at the Democratic Party Rally
Candidate for the Gyunggi Governor from the Democratic Party
Kim Jin-pyo
May 2, 2010

유비무환(有備無患)

Forewarned is forearmed.
An ounce of prevention is worth a pound of cure.
An apple a day keeps the doctor away.
Be prepared!
Better safe than sorry.

이와 함께 우리는 서해안의 기적에서 유비무환의 뼈저린 교훈을 다시 한번 가슴에 새겨야 합니다. 다시는 우리의 삶의 터전을 송두리째 앗아가는 이러한 재난이 일어나지 않도록 철저히 대비해야 합니다. 정부는 앞으로도 재해·재난을 방지하고 우리의 환경을 더욱 아름답고 건강하게 지키는 데 총력을 기울이겠습니다.

제3회 자원봉사자의 날 기념식 축사
한승수 국무총리
2008.12.05

With this, we need to keep in mind the lesson we learned from the miracle of the West Coast that it never hurts to be prepared. Never again should we let natural disasters ruin our livelihoods. For this, we need to be fully prepared. The government will spare no efforts to prevent natural disasters and protect our environment.

Remarks at the 3rd Volunteers Day Ceremony
Prime Minister Han Seung-soo
December 5, 2008

이심전심(以心傳心)

You read my mind!
You took the words right out of my mouth!
We're on the same wavelength.

저 많은 분이 나와서 박근혜 마케팅 이제 그만하라고 합니다. 그러나 저는 해야 되겠습니다. 사실대로, 있는 그대로, 말씀드릴 수밖에 없기 때문입니다. 제가 이제 전당대회에 출마하겠다고 말씀을 드리니까 우리 박근혜 대표께서 서병수 의원께서 이번에 꼭 나가셔서 역할을 좀 해주시라고 분명하게 저에게 말씀하셨습니다. 그 이야기는 박근혜 대표의 지시때문에 제가 나왔다는 이야기는 아닙니다. 박근혜 대표와 제가 이심전심으로 생각이 같았기 때문입니다.

한나라당 전당대회 비전발표회
서병수 최고위원 후보
2010.07.11

So many people have told me to stop marketing Park Keun-hye, but I should keep at it. I have no choice but to tell you the truth. When I announced that I would run for the party convention, Park told me to go out there and take a lead role. I'm not saying that I came here on the request of Park. I'm just saying that she read my mind.

Remarks at the Grand National Party Vision Convention
Party Leader Candidate of the Grand National Party Seo Byung-soo
July 11, 2010

이전투구(泥田鬪狗)

To fight like cats and dogs

경주시민 여러분! 언제까지 친이 친박의 이전투구를 그대로 두고만 보시렵니까? 경주에는 친이 친박밖에 사람이 없습니까. 저들의 겉이 젊지 않다는 게 아닙니다. 생각 자체가 젊음과 너무 멉니다. 깨인 생각을 하는 젊은이 9번 채수범입니다. 방폐장 유치로 얻어 낸 3,000억 원 여러분 돈입니다. 도로를 만든다고요? 시 예산으로 해야 될 돈입니다. 방폐장을 안전하게 만드는 감독 기능을 하는 시민단체를 만드는데 드는 돈 빼고는 모두 시민 여러분의 공청회를 통해 시민들을 위해 쓸 것입니다. 모두 시민께 돌려드리겠다는 말입니다.

포항 MBC 연설
무소속 기호 9번 채수범 후보
2009.04.23

Ladies and gentlemen, how long are you planning to let the internal power struggles of the Grand National Party who fight like cats and dogs go on? In this region, there are other more promising political leaders. The Grand National Party members have antiquated thoughts. I'd like to ask for your vote for me, Chae Soo-bum, who is young and has innovative thoughts. The 300 billion won we received to build a radioactive waste disposal facility should be used according to your wishes. Building roads should be done with the city's expenses. Except for the expenses used to make a citizen watchdog agency for the disposal facility, I'll spend the rest of the money at your wishes by holding a public hearing on this issue. I'll return your money back to you as it is yours.

Remarks at the Pohang MBC Election Speech Broadcast
Candidate Number Nine Chae Soo-bum
April 23, 2009

일석이조(一石二鳥)

To kill two birds with one stone

가깝고 쉬운 일부터 지금 바로 시작해야 합니다. 물과 전기를 아껴 쓰는 습관, 승용차 운행을 줄이고 대중교통을 이용하는 일, 과도한 냉난방을 억제하고 적정 실내온도를 지키는 일, 쓰레기를 줄이고 재활용하는 일, 그리고 물건을 살 때 환경마크를 확인하고 재생원료를 사용했거나 포장재를 줄인 상품을 선택하는 습관 등은 탄소 배출량을 줄이면서 에너지도 절약하는 일거양득의 효과를 우리에게 가져다줍니다.

제14회 환경의 날 기념식 치사
한승수 국무총리
2009.06.05

We should take baby steps first before tackling bigger issues; saving water and electricity; using the public transportation instead of cars; keeping the use of air conditioners to a minimum; reducing wastes and opting for recycling; and purchasing eco-friendly products are all the small steps we can take in our daily lives. We'll be able to kill two birds with one stone if we carry out those steps in protecting the environment.

Remarks at the 14th Environmental Day Ceremony
Prime Minister Han Seung-soo
June 5, 2009

일어탁수(一魚濁水)

One rotten apple spoils the barrel.

셋째, 일어탁수가 되지 않아야 되겠습니다. 한 마리의 물고기가 물을 흐리는 것처럼 학생의 본분을 망각한 나머지 여수고등학교의 명예를 실추시키는 일이 없어야 하겠습니다. 오늘 아침 조깅을 하면서 운동장을 둘러 보았더니 급식소의 물컵이 뒹굴고 있었습니다. 급식소의 물컵이 왜 운동장에 있어야 합니까? 또 요즈음 운동장 둘레에 과자 봉지가 널려 있습니다.

훈화 말씀
허기선 여수고등학교 교장
2004.07.20

They say one rotten apple spoils the barrel. We shouldn't allow that to happen at this school. I ask you to refrain from doing anything foolish that would dishonor your school. I jogged around the school this morning and saw a lot of cups from the cafeteria strewn around the play ground. Why should those cups be in the play ground? Also I found a lot of empty bags of sweets there.

Remarks to the Students at Yeosoo High School
Principal of Yeosoo High School Huh Ki-sun
July 20, 2004

일파만파(一波萬波)

To have a ripple effect

사람의 말은 화자의 평소 인격과 생각을 나타내는 가장 적극적인 표현 방법입니다. 그래서 상대가 듣기에 불쾌하고 자존심이 상하는 말은 삼가야 합니다. 특히 여성이 듣기에 수치심과 모멸감을 느낄 수 있는 성적인 표현은 각별한 주의를 기울여야 하며 사석이 아닌 공식적인 행사장에서 이번 강청룡 부의장의 성희롱성 발언은 매우 잘못된 내용이라고 생각합니다. 아무리 가까운 사이라 해도 해야 할 말과 하지 말아야 할 말이 있는 것입니다. 그럼에도 불구하고 공식 행사장에서 시장 부인에게 성적 수치심을 느낄 수 있는 부적절한 언어를 사용했다는 것에 대해서 황당함을 금할 수 없습니다. 이 성희롱성 발언 사건이 일파만파 시민들에게 알려지면서 물의를 일으키자 강청룡 부의장이 이광준 춘천시장과 부인에게 수 차례 사과를 시도했다는 말을 들었습니다.

제219회 정례회 제1차 본회의 10분 자유발언
춘천시 의회 민성숙 의원
2010.12.27

A person's words are the most direct device of expression that conveys the speaker's character and thoughts. That's why we should refrain from saying anything offensive to others. In particular, sexually harassing expressions should never be allowed to be uttered at public functions. In this respect, the remarks of Vice Chairman Kang Chung-ryong were highly inappropriate. No matter how close we are, there are things we can say and can't. I find it flabbergasting that he uttered sexually harassing remarks to the wife of the mayor in a public setting. The news of this incident had a ripple effect, and I heard that he tried to apologize several times to the mayor and his wife.

Remarks at the 219th City Council Regular Meeting's 1st Session
City Council Member Min Sung-sook
December 27, 2010

입도선매(立稻先賣)

To sell the rice before the harvest
Don't count your chickens before they're hatched.

예. 기왕 늦은 김에 5분만 시간을 주십시오. 제가 중복된 것 같습니다만 곶감에 대해서 곶감을 취급하는 분들의 이야기를 들어 보니까 영동지역에 있는 상인들이 와서 입도선매를 많이 한다는 이야기를 듣고 있습니다. 그 내용에 대한 것이 있으시면 말씀해 주시고 입도선매를 했을 때 우리 지역의 곶감 발전에 있어서 미치는 영향을 파악해 보신 적이 있으신지 말씀을 부탁드립니다.

제48회 상주시의회(임시회)
임성호 의원
2000.09.01

Please allow me to use the floor for five more minutes as we're already running behind the schedule. I believe it's been mentioned before, but I heard that these days, merchants from the Youngdong region are selling dried persimmons before they're ripe. In other words, they are counting their chickens before they're hatched. I'd like to ask your opinion on this issue. If this trend continues, what do you think the effects will be on our region's dried persimmon industry?

Remarks at the 48th Temporary City Council Meeting of the Sangjoo City
Council Member Lim Sung-ho
September 1, 2000

자업자득(自業自得)

To reap the fruits of one's actions
To get one's just desserts
It serves you right.
You asked for it.
You had it coming.
You reap what you sow.

우리 사회가 총체적 위기에 직면해 있고 이 위기를 극복하려면 새로운 시대에 부응할 이념과 정책을 갖춘 정당이 국정운영을 담당할 수 있어야 합니다. 이미 나라를 망친 전력이 있는 한나라당과 민주당, 그리고 지금 나라를 망치고 있는 노무현 정권과 열린우리당에 나라의 운명을 맡겨둘 수는 없습니다. 지금 노무현 대통령의 실정과 불법과 오만에서 비롯된 국회의 탄핵 소추가 나라를 뒤흔들고 있습니다. 탄핵을 주도한 한나라당과 민주당이 노 대통령을 탄핵할 자격이 없기는 하지만 그렇다고 해서 온갖 실정과 측근비리로 국민을 실망시켜온 노 대통령의 탄핵을 반대하는 것도 옳지 못합니다. 사실 노대통령의 탄핵은 자업자득일 뿐입니다.

방송연설
장기표 녹색사민당 대표
2004.03.29

Our society faces a massive crisis. In order to tackle the crisis, a new party that has suitable policy directions and policies has to take the lead in state affairs. We shouldn't let the lead role go to the Grand National Party or the Democratic Party, for both of them have failed us in the past already. The current ruling party Our Open Party and the Roh administration aren't worthy of taking this role, either. The impeachment debate over President Roh has shaken the national politics to its core. I'm not saying that the Grand National Party and the Democratic Party are doing well by leading the impeachment movement, since they're not without faults themselves, but I'm of the opinion that President Roh had it coming to himself as he made a series of mistakes, letting the public down. Therefore, arguing against the impeachment is not appropriate either.

Remarks on TV
Green Social Democratic Party Leader Jang Ki-pyo
March 29, 2004

작심삼일(作心三日)

A short-lived resolution

소개해주셔서 감사합니다. 안녕하십니까? 새해 복 많이 받으십시오. 김완희 회장님, 한국수입업협회 (KOIMA) 회원 여러분, 오늘 이렇게 초대해 주셔서 감사합니다. 사실 작년에 이번 강연에 대해서 이야기 할 때는 한국말이 아닌 영어로 하는 것이었습니다. 그러나 저의 새해 결심은 작년보다 한국말을 더 많이 잘하는 것입니다. 그래서 오늘 한국말로 강연을 준비했습니다. 작심삼일이라는 속담이 있죠? 오늘이 13일인데 그래도 열심히 해 보겠습니다.

한국 수입업협회(KOIMA) 초청 강연
캐슬린 스티븐스 대사
2010.01.13

Thank you for that kind introduction. Good morning ladies and gentlemen, greetings for the new year! Honorable chairman Kim Wan-hee, members of the KOIMA, thank you so much for inviting me here to speak to you today. In fact, last year when I received a request to speak here, the plan was to speak in English. But my new year's resolution is to improve my Korean, so just like last year, I prepared my speech in Korean. So many new year's resolutions are short-lived. Today's the 13th; I'll do my best to keep on with my resolution.

Remarks at the Lecture Series of the KOIMA
US Ambassador to Korea Kathleen Stephens
January 13, 2010

장삼이사(張三李四)

Everybody
The public
Everybody and their uncle
Ordinary people
Tom, Dick and Harry
The common crowd

저와 같은 초야의 장삼이사가 대통령 후보로 출마해야 하는 그러한 불행한 사태가 오질 않기만을 간절히 바랄 뿐입니다. 저는 국가를 위하여 또한 민족과 역사 앞에 온몸을 던져 봉사하는 것을 최고의 덕목으로 알고 이 땅에서 교육받았던 사람입니다. 저는 그간 1996년 양심선언 기자회견 이후 조직으로부터 온갖 회유와 협박에 시달리며 지난 10여 년간 진실에 대한 침묵을 강요당했습니다. 이제 본인은 더 이상은 이러한 회유와 협박에 굴복하지 않을 것이며 진실의 편에 섬으로써 스스로 자유함을 얻을 것입니다.

김유찬/주종탁 합동기자회견
한국의정발전연구소 대표 김유찬
2007.07.02

All I wish is that such an ordinary person like me wouldn't have to run for the Presidential election ever again. I grew up in this country steeped in the education that I should devote myself to the cause of the nation, sacrificing myself to the greater good of the public. Ever since my press conference in 1996, I've been forced to keep silence for the past 10 years. I declare today that I won't succumb to such coercion and threats anymore and I'll side with the truth. By doing so, I'll be able to regain my freedom.

Remarks at a Joint Press Conference of Kim You-chan and Joo Jong-tak
Korea Parliamentary Politics Development Institute President
Kim You-chan
July 2, 2007

장유유서(長幼有序)

The elder shall preside.
Age before beauty

저는 참여정부를 통틀어 가장 젊은 장관이었습니다. 복지부 장관으로 부임하고 보니 장관보다 젊은 국장이라고는 딱 한 사람밖에 없었습니다. 국장은 물론이고 고참 과장들도 장관보다 나이가 많았지요. 장유유서라는 전통적 미덕이 지배하는 대한민국에서 젊은 장관이 나이 많은 직원들을 존중하지 않으면 일이 될 리 만무합니다. 더 젊은 사무관과 주무관들에 대해서도 세심한 배려를 해 주어야 합니다. 그들에게 장관은 너무 높은 사람이기 때문에 특별히 세심하게 배려해 주지 않으면 긴장해서 아는 것도 제대로 표현하지 못합니다.

"광장" 2009년 신년호 기고문
국민참여당 유시민 의원
2009.01.22

Among the cabinet members of the Roh administration, I was the youngest minister by far. Upon taking office of the Welfare Minister, I found that all my subordinates were older than me except for one. In Korean society, the saying, "elders shall preside," holds true, making it essential for a young minister like me to pay careful consideration to the officials who were older than me, albeit lower than me in the chain of command, in order to get things done. As Minister, I needed to take them into account at all times, paying careful attention to them, because they rather resorted to reticence in front of me too often for the fact that I'm their commander.

Column for the Magazine "Kwnagjang" 2009 New Year Edition
Participation Party Member Yoo Shi-min
January 22, 2009

재승박덕(才勝薄德)

To be talented and yet possess little virtue

MBC "100분 토론"은 정운영, 유시민, 손석희를 거치면서 지금에 이르렀다. 두 명의 경제학자와 한 명의 방송인, 그렇게 당대의 스타들을 거치거나 만들면서 생겨난 방송이다. 돌아가신 정운영 선생을 생각하면 가끔 찔끔 눈물이 나고는 한다. 내 마음에 묻어두고 사는 스승이다. 유시민을 생각하면 가끔 안쓰러운 생각이 들고는 한다. 재승박덕이라고 했던가? 유시민은 험난한 시대를 살아가기에는 가슴이 너무 뜨거웠고 머리가 너무 좋았다.

오피니언 기고문
우석훈 연세대 문화인류학과 강사
2009.10.20

MBC's popular debate program "100 Minutes Debate" came to be what it is now by being nurtured by such great presiders as Jung Woon-young, Yoo Shi-min, and Son Suk-hee. Two economists and one broadcaster; this program has been cultivated with the hands of those esteemed figures in Korean society. Mr. Jung has passed away now, for which I shed tears to this day occasionally for he was a great mentor to me. As for Yoo Shi-min, my hearts go out to him for his current state. Talk about someone who has lots of talents yet little virtue. Yoo's brain was too smart and his heart too hot to live through this muddled world.

An Op-ed Piece
Yonsei University Cultural Anthropology Instructor Woo Suk-hoon
October 20, 2009

적반하장(賊反荷杖)

The thief turns on the master with a club.
Save a stranger from the sea, and he'll turn into your enemy.
Save a thief from the gallows and he'll cut your throat.
You've got quite a nerve to accuse me of that.

지금 민생의 어려움이 오로지 참여정부의 책임이라는 주장을 하는 사람들이 있습니다. 그에 그치지 않고 심판하자고 하는 사람들도 있습니다. 책임을 회피하지는 않겠습니다. 민생문제를 해결하지 못한 책임은 통감하고 있습니다. 그리고 거듭 죄송하게 생각합니다. 그러나 한계는 분명히 하고 싶습니다. 민생문제를 만든 책임은 없습니다. 참여정부의 민생문제는 물려받은 것입니다. 문민정부 시절에 생긴 것을 물려받은 것입니다. 국민이 책임을 묻는다면 이것저것 따지지 않고 받아들이겠습니다. 그러나 스스로 원인을 만든 사람들이 '민생 파탄'이라는 말까지 동원하여 책임을 묻겠다고 하는 데는 승복할 수가 없습니다. 적반하장, 후안무치라고 대답하고 싶습니다.

특별 신년연설
노무현 대통령
2007.01.23

I hear arguments that the current economic hardships have been brought on by my administration. Some go even further and say that this administration should be brought to justice. I'm not going to defy my share of responsibility for this. It breaks my heart that so many people are still struggling with economic issues in this country. For this, I deeply apologize. But I'd like to draw a line here; we didn't create this problem. The economic problem was an issue born in the Kim Young-sam administration and I inherited it. I'm willing to accept what the public says about how we're doing wrong, but I can't accept the opposition party's accusation that the economy in Korea is in shambles due to the fault of this administration, when those in the opposition party were the very people who created this problem in the Kim Young-sam administration. I have to say they've got quite a nerve to accuse me like that.

New Year Special Remarks
President Roh Moo-hyun
January 23, 2007

정문일침(頂門一鍼)

A criticism that hits home
That's a sore spot.

그런데, 현재의 군청사를 신축하면서 이기주의적인 일부 인사들의 아집과 근시안적 사고로 인해 현 위치에 신축하여 군민들은 물론 오고 가는 외래 방문객들로부터 "왜 넓고 좋은 땅을 놔두고 군청사를 비좁은 이 자리에 신축하여 거창의 발전을 저해하고 주민들의 불편을 가중시키는지 이해를 못 하겠다"라는 아쉬움의 정문일침을 가하는 예가 허다합니다. 군청사 내 사무실 부족은 물론이고, 주차장 부족으로 민원인에게 불편을 초래하고, 시가지 교통체증까지 유발하는 원인을 제공하고 있어, 군민들로부터 원성의 대상이 되고 있는 실정입니다.

제105회 거창군의회 발언
신현기 의원
2003.12.05

But then, as we newly built the current headquarters, there've been a lot of criticisms from both soldiers and visitors that hit home, such as complaints about why we had to exacerbate the inconvenience of the denizens by building it in such a cramped space, which was caused by the myopic perspective and obstinacy of the officials who planned it. The lack of the office space for soldiers and the parking space for villagers caused extreme inconvenience to everyone, leading to the citywide traffic jam that drew a slew of condemnations.

Remarks at the 105th Guchang County Council Meeting
Representative Shin Hyun-ki
December 5, 2003

조삼모사(朝三暮四)

The confidence game
The con
Con artist
Con job

그러나 여러분, 유류세 내리겠다는 것, 솔직하지 못한 것입니다. 잘 보셔야 합니다. 유류세 내리면 보조금도 내립니다. 보조금 내리면 결국 아무런 효과 없는 것 아닙니까? 조삼모사란 말 있습니다. 아침에 세 개, 저녁에 네 개 주던 것, 아침에 네 개, 저녁에 세 개 준다고 해도 어차피 일곱 개 아닙니까? 그것 갖고 생색만 내는 것입니다. 실제적으로 중요한 문제는 따로 있습니다. 법인택시 노동자들도 마찬가지입니다. 보조금 나오면, 그것이 노동자들 임금 보전하는 것으로 가야 하는데, 그것이 안 돼 있습니다. 이 문제 해결하지 않으면, 유류세 내려도 소용없습니다. 정말 중요한 문제부터 풀어야 합니다.

택시살리기전국연대 출범식 초청 연설
권영길 민주노동당 17대 대선 후보
2007.11.24

But you see, it's not an honest promise to cut oil prices. You need to mark my words. If they cut oil prices, they're bound to cut subsidies as well. With subsidies cut, there's no point. Talk about a con job. It's the same thing only coated with a different color of sugar. This policy serves only as a lip service. What's truly imperative is elsewhere. Corporate cab drivers face the same predicament. Our corporate management should use the subsidies to pay us, but this isn't happening. If we don't solve this, cutting oil prices isn't going to do us any good. They have to tackle what really matters first.

Remarks at the Launch of the National Confederation for the Livelihoods of Cab Drivers
Democratic Labor Party's Candidate for the 17th Presidential Election
Kwon Young-gil
November 24, 2007

조족지혈(鳥足之血)

Little
Very little
Paltry number

이러한 국민을 행복하게 할 수 있는 이 일에 2조 원이라는 돈이 그렇게 큰돈이 아닙니다. 지금 생각을 해 보십시오. 이명박 정권 들어와서 부자 감세 해 준 게 90조입니다. 이 부자 감세 해 준 것의 조금만 덜 감세해 줬어도 이 2조는 정말 조족지혈 아니겠습니까? 그리고 최근에 세종시에 원형지 공급한다는 형식으로 30 몇 만 원 준다고 했을 때 몇 조를 대기업한테 주는 거 아닙니까? 법인세 감세분만 아니라. 이렇게 보면 아니 왜 도대체 대기업한테 주는 큰 선물은 듬뿍듬뿍 주면서 왜 일반 국민에게 주는 그 정도 쥐꼬리만한 급식예산은 그렇게 아까워하고 또 그걸 포퓰리즘이니 사회주의니, 이런 얘기를 하시는지 이해를 못 하겠다는 겁니다.

KBS 일요진단 토론 발언
민주당 노영민 의원
2010.03.14

Two trillion won is not a lot of money, since it brings the public such great benefits. Think about it. Ever since the Lee administration took office, they cut taxes for the rich by 90 trillion won. Compared to that, two trillion won is a paltry number. Recently, the government provided a scant amount for the Sejong city project, while giving generous subsidies to large companies, apart from already huge tax reliefs. It just beats me that they dole out trillions to large companies, but when it comes to a small welfare budget for school lunch programs, they're vicious in attacking us for practicing populism.

Remarks at a TV Debate Show "KBS Sunday Assessment"
Democratic Party Member Noh Young-min
March 14, 2010

주경야독(晝耕夜讀)

Farming by day and studying by night.

김병옥 씨의 경우는 한국장학재단의 일반학자금 대출이 가능합니다. 시중은행 대출 금리보다 훨씬 낮기 때문에 도움이 되리라 생각합니다. 요즘은 인생 3모작 시대라고 합니다. 제2, 제3의 인생을 준비하기 위해서는 평생교육이 필요합니다. 주경야독을 하는 분들이 재교육 받는 데 불편함이 없도록 제도를 보완해 나가겠습니다.

제36차 라디오·인터넷연설
이명박 대통령
2010.03.08

As for Mr. Kim Byung-ok, he can get a general scholarship loan from the Korea Scholarship Foundation. The interest rate is much lower than that of commercial banks', so it'd help him a lot. The longevity of humanity has been extended greatly thanks to science. In order to be fully prepared for such a long life, one needs to get a lifetime education. To help those who are "farming by day and studying by night" get more education opportunities, I'll do my utmost to reform relevant policies.

Remarks at the 36th Radio and Internet Speech
President Lee Myung-bak
March 8, 2010

주마가편(走馬加鞭)

To further spur somebody on
To further spur something on

여러분들이 가는 길이 막히지 않도록 여러 길을 열어놓게 하겠습니다. 오명 과기부총리가 잘 하고 있고 과기부 정책도 잘 하고 있어서 마음을 푹 놓고 있습니다. 또 이런 저런 말들이 많습니다. 우리 국민들이 욕심이 많습니다. 가고 있는데 계속 밉니다. 떠밀고 뛰고 있는데 계속 때립니다. 주마가편입니다. 그러니깐 우리가 제일 느린가하는 착각이 생깁니다. '이거 우리가 제자리 앉아서 뭉개고 있는가.' 이런 생각이 들고 걱정이 되다가 한 번씩 문득문득 새 정보를 보면 우리 한국이 속도가 빠르다 아닙니까. 여러분의 기회가 잘 열릴 것입니다. 열심히 하십시오. 축하합니다.

제3회 대통령 과학 장학생 장학증서 수여 및 오찬 발언
노무현 대통령
2005.10.27

I'll make the doors remain open for you to come. As the Science and Technology Minister is doing well, I feel greatly relieved. I hear a lot of complaints all around. The public is very ambitious, so it further spurs on the government. Sometimes I'm deluded to think that this administration is the slowest in the race, for the public's will to leap ahead is so strong. But with the benefit of hindsight, Koreans have been fast at doing anything. You'll soon be able to seize your chance to shine. Hang in there and keep up your good work. Congratulations.

Remarks at the 3rd Presidential Science Scholarship Certificate Granting Ceremony
President Roh Moo-hyun
October 27, 2005

주마간산(走馬看山)

To give a cursory glance at
To skim through
To flip through
To glance at

사천만을 물 폭탄 세례로 수장시키겠다는 발상은 즉각 중단되어져야 할 것입니다. 남강댐 수위 상승을 결사반대합니다. 물의 공공재적 성격을 모르는 것도 아니며, 남는 물을 나눠 먹지 않을 만큼 좁은 마음을 가지고 있는 것도 아닙니다. 정확한 연구자료 하나 없이, 지역민들과 해당 자치단체의 의견수렴 절차도 없이, 그리고 예상되는 피해에 대한 세심한 대책도 없이 주마간산식으로 회의를 개최하고 회의결과를 피해지역 시·군은 배제하고 수혜지역에만 통보하였습니다.

제 268차 경남도의회 임시회의
김주일 도의원
2009.04.14

The plot to drown 40 million citizens with water should be put to an immediate stop. I firmly oppose the rise of the water level at the Namgang Dam. Water is a public good, which should be shared by all. There's been neither accurate research reports nor a process to hear opinions from villagers and the local government. They held a conference on their own in a cursory manner and relayed the results only to the regions that will benefit from this project and not to us who suffered damage.

Remarks at the 268 South Kyungsang Province Regional Assembly's Temporary Session
Regional Assembly Member Kim Joo-il
April 14, 2009

진퇴양난(進退兩難)

To be in a dilemma
To be in a fix
To be between a rock and a hard place
To be between the devil and the deep blue sea

이명박 대통령의 행복 도시에 대한 오판과 잘못된 결정으로 이미 국가적으로 엄청난 혼란과 갈등을 초래하고 국론을 분열시켰습니다. 충청 도민들에게 씻을 수 없는 마음의 상처를 주었습니다. 그리고 지금은 진퇴양난의 기로에 서 있습니다. 수정안을 강행하자니 실현 가능성이 없고, 포기하자니 권력 누수가 걱정되는 상황입니다. 그러나 시간이 지날수록 더 깊은 수렁에 빠질 뿐입니다. 이명박 대통령은 서둘러 결단해야 합니다.

제 287회 국회 (임시회) 교섭단체 대표연설
이강래 민주당 원내대표
2010.02.03

President Lee has created a chaos in the country by his misjudgment and decision on the "Happy City" project. It left a lasting scar on the hearts of the people in the Chungchung province. The Lee administration is in a dilemma. The revised plan's implementation would be impractical, while giving up might expose weak spots of his authority. But the longer he stalls, the murkier the situation will become. He has to decide fast.

Remarks at the 287th National Assembly's Temporary Session
Democratic Party Leader Lee Gang-rae
February 3, 2010

천리비린(千里比隣)

If we put our hearts together, a person who lives a thousand miles away could be felt like a close neighbor right next door.

참석자 여러분, 우리나라에는 천리비린이라는 말이 있습니다. 마음만 있으면, 아무리 멀리 떨어져 있어도 이웃처럼 가깝게 느낄 수 있다는 뜻입니다. 아시아와 유럽은 비록 지리적으로는 멀리 떨어져 있지만, 서로에게 마음을 열고, 이해와 협력의 폭을 넓힌다면, 누구보다도 더 가까운 이웃으로 발전할 것입니다. 오늘 재무장관회의가 양 지역의 거리를 좁히는 계기가 되고, 국제적 현안에 대한 실천적이고 실용적인 성과를 내는 자리가 되길 기대합니다.

제8차 ASEM 재무장관 회의 환영사
이명박 대통령
2008.06.16

Ladies and gentlemen, there is a saying that if we put our hearts together, a person who lives a thousand miles away could be felt like a close neighbor right next door. Asia and Europe are far apart geographically, but if we open our minds and expand the scope of our understanding, we could develop a kinship of close neighbors. I hope today's Finance Ministers' Meeting will be an opportunity for us to bridge the gap between our geographic distances and suggest constructive answers to the international agendas at hand.

Remarks at the 8th ASEM Finance Ministers' Meeting
President Lee Myung-bak
June 16, 2008

천방지축(天方地軸)

Rashness
Foolhardiness
Tumultuous

존경하고 사랑하는 65만 전주시민 여러분! 안녕하십니까? 지금도 배추 한 포기가 5,000원대이고 물가는 천방지축인듯한 어려운 경제 여건 속에서 MB정부의 어수선한 축산방역 정책으로 구제역 등 가축전염병으로 한파와 함께 더욱 마음을 움츠리게 하는 상황입니다. 특히 시내버스 장기파업으로 불편을 겪고 있는 어르신 학생 및 주부님들과 새벽 노동시장을 향하는 근로자분들께 노사 타결을 위해 적극적으로 대처하지 못하고 무기력한 모습만을 보이고 있는 시의원의 한 사람으로써 "머리 숙여 죄송하다"고 말씀 드리는 중앙·노송·풍남동 출신 김윤철 의원입니다.

전주시의회 제276회 임시회 발언
김윤철 의원
2011.01.28

Greetings to the 650,000 citizens of Jeonju! Still, one piece of cabbage costs over 5,000 won and other consumer prices are tumultuous as well. To top it all off, the Lee administration's mishandling of the livestock quarantine system is leading to a massive foot-and-mouth epidemic, which makes us feel more concerned in this cold winter. In particular, my hearts go out to those who are suffering inconvenience from the long-lasting strike of city bus drivers. Good morning ladies and gentlemen, my name is Kim Yoon-chul whose hometown is Joongang, Nosong, and Poongnam villages. As a member of the city council, I feel deeply responsible for the city council's lack of decisiveness in concluding the negotiations with the strike leaders to this day.

Remarks at the 276th Jeonju City Council's Temporary Meeting
City Council Member Kim Yoon-chul
January 28, 2011

천신만고(千辛萬苦)

Hardship
Privation
Arduous labor
Hard work
Trials and tribulations

아직 세계 경제의 불확실성이 완전히 걷히지 않았고 위험의 복병이 곳곳에 도사리고 있어 우리는 긴장의 끈을 놓아서는 안될 것입니다. 그래서 저는 이번 여름 휴가를 짧게 잡았습니다. 여러분들은 어떠신지요? 혹시 북경에서 승덕(과거 열하)으로 피서를 가실 계획은 없으신지요? 지금으로부터 230년 전 이맘때 청나라 황제 건륭제의 7순 잔치에 참석하기 위해 한국의 사신일행이 두 달 넘는 기간 천신만고 끝에 당시 수도 연경(북경)에 도착하였습니다. 그런데 황제님은 열하로 피서를 떠나고 없다는 소식을 접하고 사신들은 2백 50km의 길을 재촉하여 피서산장이 있는 열하를 서둘러 다녀오게 되었습니다.

한·중 경제 장관 회의 오찬사
윤증현 기획재정부 장관
2010.07.23

Still there's uncertainty in the global economy and risks are lurking at every corner, making us remain vigilant. Thus, I kept my summer break to a minimum. How about you? Any thoughts on going on a vacation to Chengde? Around 230 years ago, a delegation of Korea's Chosun Dynasty arrived in Beijing after two months of an arduous journey to attend a birthday celebration of the Chinese Emperor. But the Emperor had gone to Chengde to spend his vacation, so the Koreans went all the way to that city by travelling another 250km.

Remarks at the Korea-China Finance Ministers Meeting
Minister of Strategy and Finance Yoon Jeung-hyun
July 23, 2010

천지개벽(天地開闢)

A cataclysmic change
Even if the heavens fall
No matter what

이제 포항은 포항시민을 위한 것이 아니라, 경상북도와 대구, 이 일대 모두의 중심 역할을 할 수가 있게 되었습니다. 제가 와서 보니까, 이제 말씀드린대로 포항은 천지개벽을 했습니다. 그러나 이것은 시작에 불과하다고 봅니다. 이것이 완벽한, 경쟁력 있는 항구가 되면, 발전하는 대한민국의 물동량이 이곳으로 모여들 것입니다.

포항 영일만항 개항식 격려사
이명박 대통령
2009.09.18

Now, Pohang is not serving the citizens of Pohang only, but also providing benefits for the wider regions of the North Kyungsang Province and Daegu. Upon arriving in this city, I saw for myself that Pohang has gone through a cataclysmic change. But I should say this is just a start. When we finally make it a complete port with perfection and competitiveness, Korea's booming cargo traffic will start coming to this place.

Remarks at the Pohang Youngil Port Opening Ceremony
President Lee Myung-bak
September 18, 2009

청천벽력(靑天霹靂)

It was a bolt from the blue.

구제역이 발생하여 민·관·군이 혼연일체가 되어 방역에 나선지 2주가 지나가고 있지만 아직까지는 그 기세가 수그러들지 않고 있어 피해농가가 늘어가고 있습니다. 애지중지 키워온 가축들을 하루아침에 살처분 해야 하는 농장주들의 비참한 심정, 앞으로 어떻게 헤쳐 나가야 할지 모르는 캄캄하고 불안한 마음에 비할 수는 없지만 저도 여러분이 처한 청천벽력 같은 현실에 가슴이 미어지는 심정입니다. 살처분 현장은 한동안 말을 잃게 만들었습니다. 하루아침에 모든 것을 잃어버린 농장주님들의 울부짖음, 수없이 토하면서도 극약주사를 놓아야 하는 수의사 등등 정말 말로 표현할 수 없는 참담함과 아비규환 그 자체였습니다.

"시민과의 소통공간" 답변
이인재 파주 시장
2010.12.29

It's been two weeks since the government's efforts to curb the foot-and-mouth disease have been carried out in earnest, but the process is not yielding any concrete results, causing a lot of damage to livestock owners. It is truly a bolt from the blue, having to cull all the animals that have been reared with great care. My hearts go out to all those who got affected by this epidemic. The site of culling left me speechless for a while. The livestock owners in tears, the veterinarians putting the animals to death while fighting the urge to vomit—the whole scene was a pandemonium.

Remarks at the Q & A with Citizens
Mayor of Paju Lee In-jae
December 29, 2010

청출어람(青出於藍)

Sometimes the star pupil ends up outshining the master.

셋째, 의료진에 대한 신뢰를 기대할 수 있습니다. 물론 화순병원은 전남대학교병원의 분원입니다. 하지만, '청출어람'이라고 할 정도로 의료진과 시설은 이 지역에서는 최고의 수준을 자랑하고 있습니다. 따라서 환자들은 의료진을 믿고 의지하게 될 것입니다. 그렇게 되면 '플라시보'효과(placebo effect)가 일어날 수 있습니다. 나를 치료하는 의료진이 가장 훌륭하다는 믿음을 가지면 '가짜 약'에도 낫는다는 것이 바로 플라시보 효과입니다

화순전남대학교병원 개원식 축사
박준영 전라남도 도지사
2004.07.21

Third, we can trust the medical staff. Of course, Hwasoon Hospital is a branch of the Jeonnam National University Hospital. But, sometimes the star pupil ends up outshining the master. We boast the best medical staff and facility in this region. Therefore, patients can trust us and rely on us. We could even expect a placebo effect where the patients believe that they're in the best hands and therefore show a faster sign of improvement.

Remarks at the Opening Ceremony of Hwasoon Jeonnam National University Hospital
Governor of the South Jeolla Province Park Joon-young
July 21, 2004

초지일관(初志一貫)

To accomplish one's original goals
To fulfill one's original aims

이것은 단지 꿈이 아닙니다. 새만금 방조제가 기네스의 인정을 받기까지 20년이 걸렸습니다. 누구도 새만금 방조제의 완공을 장담할 수 없는 상황에 처한 적도 있었습니다. 그러나 농림수산식품부에서 초지일관 사업을 이끌어주셨고, 한국농어촌공사에서 불같은 추진력을 보여주셨습니다. 또한 전북도민들의 간절한 애정과 희생과 협조도 있었습니다. 오늘의 영광은 이분들의 힘이라고 생각합니다.

새만금방조제 기네스 월드 레코드 인증서 수여식 축사
김완주 전라북도 도지사
2010.08.02

This is not just a dream. It took twenty years for the Saemangeum Seawall to be recognized by the Guinness Book of World Records. Some even said that this Seawall couldn't see the light of day at all. But the Ministry of Food, Agriculture, Forestry, and Fisheries took the lead role in steering the project to accomplish our original goal, while the Korea Rural Community Corporation added momentum to it. Also, the region's constituents were excellent in cooperation. Thanks to all these efforts made, today's success has come into being.

Remarks at the Certificate Granting Ceremony of the Guinness Book of World Records to the Saemangeum Seawall
Governor of the North Jeolla Province Kim Wan-joo
August 2, 2010

촌철살인(寸鐵殺人)

To hit home
To make a pithy remark

누구나 다 똑같을 거예요. 저도 박희태 대변인인데, 정말 우리 정치가 삭막하고 시대가 어려운 시기에 그분이 그런 것을 녹이고 다 밝혀주는 유머도 있으시고 위트도 있으시고 또 어떤 사건에 대해 이야기할 때 정확하게 꿰뚫는 풍자나 비유, 촌철살인, 길게 말 안 해도 한 두 마디로 핵심을 찔러서 국민들이 아하 하고 깨닫게 만들고 공감하게 만드는 그 능력이 탁월하신 분이세요.

인터뷰 발언
한나라당 조해진 대변인
2009.09.22

Everyone would feel the same way. That's how great Spokesperson Park Hee-tae is. In times of great privation and a wry political climate, he's got an excellent sense of humor and witticism that could light up the whole place. When describing an incident, he really knows how to hit home with his words, using only a few words but using them effectively. His ability to make people understand what he's saying is beyond reproach.

An Interview Comment
Spokesperson for the Grand National Party Cho Hye-jin
September 22, 2009

취중진담(醉中眞談)

There is truth in wine.

제 남자친구는 술에 취하면 제게 전화를 걸어 잠들 때까지 수다를 떱니다. 자기 전 통화하는 습관 때문에 버릇처럼 거는 것 같습니다. 별일 아닌 말을 반복하기도 하고, 평소 마음에 두었던 불만들도 얘기합니다. 처음엔 그 말을 다 받아줬는데 다음날 물어보면 하나도 기억을 못하더군요. 전 그 술김에 하는 말에 상처를 받습니다. 취중진담이라 생각돼 서운하고 속상해요.

한겨레신문 "매거진 esc" 상담 기고문
닥터 소의 심심 클리닉 칼럼
2011.01.13

My boyfriend has a habit of calling me whenever he's drunk and he talks all night. We often talk before we go to sleep at night on the phone, so I think he just calls me out of this habit when he's drunk as well. Sometimes he repeats what he said, while some other times, he says what he didn't like about me. At first I just let him talk on, but when I asked him the next day, he had no idea about this. What he tells me during those phone conversations really hurts me. They say there's truth in wine; what if he's really telling me the truth and therefore he doesn't like me that much after all?

A Question Posed by a Reader to the Psychology Column of the
Hankyoreh Newspaper
Doctor Soh's Clinic Column
January 13, 2011

침소봉대(針小棒大)

To exaggerate
A tall tale

참여정부는 상황을 침소봉대하지 않으려고 무진 노력했습니다. 그리고 일관된 원칙에 따라 남북관계를 안정적으로 관리하려고 노력했습니다. 평화주의 노선의 원칙을 확고히 세우고, 국내 정치적으로 어려움을 감수하면서 인내로써 적대적 행위를 절제하고, 대화와 설득으로 신뢰를 구축하기 위해 노력해왔습니다. 대화와 신뢰 쌓아온 결과 이제 북핵문제는 평화적 해결의 길로 들어서고 있습니다.

제주평화포럼 대통령 연설문
노무현 대통령
2007.06.22

The Roh administration did its best not to exaggerate, trying to stabilize the inter-Korean relations based on firm principles. I've worked hard to set principles of peace, fend off provocative actions, and build trust through dialogue and persuasion in addressing North Korean issues. As a result, the inter-Korean relations are now on a stable path toward peace.

Remarks at the Jeju Peace Forum
President Roh Moo-hyun
June 22, 2007

탁상행정(卓上行政)

Armchair bureaucracy
To make decisions by remote control

저의 이런 생각이 여러분들의 임무를 복잡하게 만들지는 않을 것입니다. 그 동안 계획되고 수립된 여러 정책과 장기발전계획들, 올해 설정했던 과제들은 모두 수정 없이, 흔들리지 않고 추진될 것입니다. 다만 '국민속의 문화행정'이라는 시대적 과제를 실현하기 위해 무엇보다 현장에 대한 중요성을 강조하고 싶습니다. 현장을 누비지 않는 탁상행정은 정책적 판단과 집행에서 실패할 위험을 많이 안고 있습니다. 따라서 올해를 '현장 중심 문화 행정 원년의 해'로 삼아주실 것을 제안 드립니다.

취임사
김명곤 문화체육관광부 장관
2006.03.27

My plans wouldn't make your task any more complicated. The planned policies, long-term projects, and agendas for this year will be carried out as scheduled without revision. But, to realize the historical call for a "cultural administration for all," I'd like to emphasize the importance of a policy's practicality. Decisions made by remote control have every reason to fail when implemented. I'd like to suggest, therefore, that you'd make this year the starting point for carrying out a "cultural administration based on the reality."

Inauguration Address
Minister of Culture, Sports, and Tourism Kim Myung-gon
March 27, 2006

토사구팽(兎死狗烹)

I was used.
You've outlived your usefulness.
He used me and threw me out like an old shoe.

그때 박근혜 대표가 나섰습니다. 거북선 12척의 정신을 앞세우고 앞장섰습니다. 나라를 구한 이순신 장군의 심정으로, 한나라당을 구하러 나섰습니다. 칼날의 테러를 당하고, 손이 부르트도록 국민의 손을 꽉잡았습니다. 건성으로 잡은 게 아니라 애원의 심정으로 잡았습니다. 그녀의 진심이 통해 당을 구해냈습니다. 그리고 마침내 정권도 되찾았습니다. 그런데 지금 어떻습니까? 권력에 눈 먼 몇몇 사람이 농단하여 당을 구해낸 사람의 손발을 잘랐습니다. 너무도 염치없고 뻔뻔합니다. 토사구팽의 배신을 넘어 탐욕의 전횡입니다.

방송 연설문
친박연대 비례대표 김을동 후보
2008.04.04

Right then, Representative Park Keun-hye stepped up to the plate, armed with bravery. She was determined to save the Grand National Party at all costs. She selflessly worked day and night for the sake of the Grand National Party, and in the end, her efforts paid off. The Party was resuscitated and we took back power in the national politics. What happened since then? Some traitors in the Party betrayed her, undermining her credibility. That was an appalling act of having used a person and throwing them out like an old shoe. It was a manifestation of greed that's beyond mere betrayal.

Remarks on TV
Grand National Party member Kim Eul-dong
April 4, 2008

파죽지세(破竹之勢)

Nothing can stand in the way of ~

이분들이 없었다면, 조국의 광복과 오늘날의 번영된 대한민국이 어떻게 있을 수 있으며, 오늘 이곳에 우리가 어떻게 모일 수 있었겠습니까? 대륙을 향해 파죽지세로 뻗어나가려 하던 제국주의 침략주의에 맞선 우리 독립군 무명 용사들의 용기 있는 항전은 당시 일제로부터 동아시아를 지키려던 했던 공적으로 마땅히 인정받아야 할 것입니다. 청산되지 않은 과거는 반복되기 마련인 것처럼, 역사를 둘러싼 한 · 중 · 일 간의 물러설 수 없는 논쟁이 예고되고 있습니다.

독립군무명용사위령제 식사
김영일 광복회장
2009.10.20

If it hadn't been for them, we would've been hard-pressed to think of the future of Korea that's been liberated, and prospering. In fact, how could we be here without their sacrifice? The valor of the Korean soldiers who put a stop to the Japanese imperial expansion that made it seemed nothing could stand in the way of them. A past history not settled is bound to come back to haunt us. Korea, China, and Japan, therefore, are slated to have a round of heated debates about how to interpret their shared modern history.

Remarks at the Commemoration Service for the Koran Liberation Movement Soldiers
Chairman of the Korea Liberation Association
October 20, 2009

팔방미인(八方美人)

A beauty in every respect

오늘 사명에 관해 우리가 살펴야 될 것은 간단하게 두 가지로 뭉뚱그려 생각할 수가 있습니다. 첫째는 팔방미인의 유혹에서 벗어 나라는 것이고, 둘째는 사명대로 사는 게 제일 쉬우니까 욕심 부리지 말라는 것입니다. 차례대로 살피겠는데 먼저는, 한 가지 사명만 잘 감당할 생각을 해야지, 이것 저것 다 잘하는 팔방미인이 되려고 하지 말라는 것입니다. 우리 속담에도 '열 기술 있는 사람 밥 못 벌어 먹는다'란 말이 있습니다. 사람들은 모든 면에서 조금씩 잘 하려고 하는 마음이 있습니다.

비엔나 감리교회 설교
최영식 목사
2009.11.29

What I'm going to touch on about the subject of commitment is twofold. One, to be free from the obsession to become a beauty in every respect. Two, to accept ourselves as we are, thereby not giving ourselves too much pressure. Let me address the first point. You don't have to try so hard to be good at everything. In Korean, there's a saying that a person with ten different skills can't earn a decent living. It's in our nature to think that we want to perform well at everything we do.

A Sermon at Vienna Methodist Church
Reverend Choi Young-sik
November 29, 2009

패가망신(敗家亡身)

To ruin oneself and one's family
To cause a downfall

국민통합은 우리 시대의 가장 중요한 숙제입니다. 방법은 먼 데 있지 않습니다. 참신하고 능력 있는 인사를 골고루 적재적소에 배치하는 대탕평의 공평무사한 인사정책이 그 핵심입니다. 노 대통령은 취임 초 "밀어주고 당겨주는 연고주의 정실주의는 모두를 망친다"며 "인사나 이권을 청탁하다 걸리면 패가망신한다는 것을 보여줘야 한다"고 말했습니다. 또 "인사의 제1원칙은 적재적소이고, 지역안배문제를 고려하겠다"고도 했습니다.

대표 연설문
정진석 국민중심당 원내대표
2006.11.13

Building a national cohesion is the most important challenge in our time. The way to achieve it is not too far off. All we need to do is to put talented people at the right place at the right time. President Roh, from the very beginning of his term, emphasized this aspect of his human resources allocation, saying that the reliance on regional ties and other non-merit-based systems of human resources management are bound to cause a downfall. Also he said that his number one priority in his human resources allocation plan is to put the right people at the right place, while promoting a balanced distribution in the hometowns of the tapped officials.

Remarks as a Party Leader
People First Party Leader Jung Jin-suk
November 13, 2006

풍전등화(風前燈火)

To be as dangerous as sitting on a barrel of gunpowder
To be in an extremely precarious condition
His fate hangs in the balance.
His fate hangs by a thread.

저는 헌혈이야말로 이 세상에서 가장 아름다운 봉사이며, 가장 귀한 사랑의 실천이라고 생각합니다. 그것은 사람의 혈액은 다른 어떤 무엇으로도 대체할 수 없기 때문입니다. 그동안 과학과 의학이 크게 발달했다고 하지만 아직 사람의 혈액은 만들지 못하고 있습니다. 불의의 사고나 질병으로 수혈이 필요할 때 혈액이 없다면 생명은 풍전등화일 수밖에 없습니다.

세계 헌혈자의 날 기념식 축사
한승수 국무총리
2008.06.12

I believe that the blood donation is the most beautiful kind of community service and a true implementation of the spirit of neighborly love, for nothing can replace human blood. The human kind's made great progress in science but still we're not able to create human blood. If there's no blood to help a person who met an accident or suffered from a disease, their fate would be hanging by a thread.

Remarks at the World Blood Donation Day Ceremony
Prime Minister Han Seung-soo
June 12, 2008

피골상접(皮骨相接)

Skin and bones
Gaunt
Emaciated

아무래도 앨범을 낸 시기가 여름이었고 변화를 주고 싶은 마음이 컸어요. 이제 다시 많이 돌아왔고요. 당시에는 복근운동 때문에 얼굴 살이 너무 많이 빠져서 제가 봐도 '너무 말랐구나'하는 생각이 들더라고요. 허리를 만져봐도 '피골이 상접했다는 게 이런 거구나' 느꼈죠. 이거 안 되겠다 싶어서 운동법도 바꾸고 잘 먹고 그랬어요.

뉴스데일리 인터뷰
가수 조성모
2011.01.26

When the album was released, it was summer. I wanted to make some change on myself. I'm back to my usual state almost right now. Back then, I looked emaciated indeed, even to myself, due to the extreme workouts I'd been doing. My waist lost so much weight that I was all skin and bones. Feeling I had to do something, I changed my workout methods and started eating well.

Interview with the News Daily
Singer Cho Sung-mo
January 26, 2011

학수고대(鶴首苦待)

I've waited for this for a long time.
It's a long-awaited event.

여러분 반갑습니다. 오늘은 전라북도 여성들의 오랜 숙원사업이자 남성들도 학수고대하며 기다려왔던 여성일자리센터 기공식이 있는 날입니다. 이렇게 기쁜 날 여러분을 만나 뵙게 되어 더욱 반갑습니다. 여성들의 인기를 재는 기준도 시대에 따라 변한다고 합니다. 70년대는 마음씨 착한 여자가 최고였고, 80년대는 얼굴이 예쁜 여자가 최고였습니다. 90년대는 몸매가 아름다운 여자가 최고였다고 합니다. 그렇다면 지금은 뭘까요? 그렇습니다! 요즘엔 '직업이 있는 여자'가 가장 인기가 많다고 합니다. 요즘 젊은 남성들이 결혼 1순위로 꼽는 것이 '여성들의 능력'이라고 합니다.

여성친화기업 협약식 인사말
김완주 전라북도 도지사
2010.02.24

Good morning ladies and gentlemen. Today, I'm honored to be here at the groundbreaking ceremony of the Women's Career Development Center that has been a long-awaited event by not just women but all men in our region. It's a great pleasure to see you all here. They say that the criterion of assessing a woman's attractiveness changes by time. In the 70s, kind-hearted women were the most popular, while in the 80s, pretty ones were. In the 90s, women with long thin bodies were quite in demand. What about now? I've heard that women with careers are the most popular these days. Korean men's number one wish for a future spouse is to find a woman with a solid job.

Remarks at the Women-friendly Enterprises MOU Signing Event
Governor of the North Jeolla Province Kim Wan-joo
February 24, 2010

호가호위(狐假虎威)

To ride on someone's coattails
An ass in lion's skin

전당대회는 한나라당을 어떻게 쇄신해 국민의 신뢰를 얻고 국가의 미래를 열어갈 것인가를 보여줘야 할 자리입니다. 그럼에도 자신이 무엇을 어떻게 하겠다는 울림은 적고 현재권력과 미래권력의 의중을 내세워 호가호위하며 표몰이 해보려는 후보들의 목소리만 큰 것 같습니다. 차라리 이 대통령이나 박 전 대표에게 낙점해달라고 하지 뭐 하러 비싼 돈 들여가며 전당대회를 하느냐는 얘기가 나오는 것도 무리는 아닐 것입니다.

동아뉴스테이션 방송 멘트
박제균 앵커
2010.07.07

A party convention should be a venue where the members could show the public where their party is going and how they're going to earn the trust of the public in leading the country to its future. However, all we see is a band of politicians who are trying to ride on the powerful people's coattails in the current and future regimes, without paying any respects to the will of the public. It's no wonder that many people are criticizing that party conventions have lost their purpose and it's a waste of money and time to hold such events at all.

Comments Made on the Donga News Station Broadcast
News Anchor Park Je-kyun
July 7, 2010

호시탐탐(虎視眈眈)

To be on the lookout for an opportunity
To be on the lookout for an opening
To be vigilant of a chance

이러한 때에 당시 일제에 당당히 선전포고한 선열들의 지략이 깃든 자주독립 정신을 다시 한번 상기하지 않을 수 없습니다. 우리를 둘러싼 열강들은 힘겨루기를 하면서 호시탐탐 우리의 안전을 위협하고 있는데, 우리 사회는 극심한 불감증에 걸려 있는 것이 현실입니다. 사회지도층의 부정·부패와 윤리·도덕의 추락, 계층 간의 갈등에서 빚어진 극단적인 집단이기주의와 공동체 의식의 붕괴로 오늘날 우리 사회는 심각한 중병에 시달리고 있는 것입니다.

임시정부 대일선전포고 66주년 기념식 축사
김국주 광복회장
2007.12.11

In times like this, we're bound to think of the spirit of autonomous liberation from the Japanese imperial power of our ancestors. It's true that Korean society is lying dormant with inertia, when all the countries around us are on the lookout for an opportunity to undermine us. The social malaise we have was derived from many causes; corruption of the ruling class, decline of ethics, extreme group egotism brought on by the polarization of social classes, and the lack of community spirit are some of the factors.

Remarks at the 66th anniversary of the Korean Provisional Government's Declaration of War against the Japanese Imperial Army
Chairman of the Korea Liberation Association
December 11, 2007

화룡점정(畵龍點睛)

The finishing touch
The finishing stroke
Final achievement
Ultimate accomplishment
The crowning touch

오늘 진행되는 1호 방조제 도로 높임 공사는 명품방조제의 '화룡점정'이라 생각합니다. 명작을 그려놓고 마지막에 눈동자를 그려 넣듯이, 1호 방조제 도로 높임 공사가 새만금 방조제 완공의 종착역이요, 핵심이 될 것입니다. 새만금 내부개발이 완료되려면 아직 10여 년을 더 기다려야 합니다. 그 전까지는 방조제가 가장 큰 관광상품입니다. 세계 어디에서도 볼 수 없는 최장방조제입니다.

새만금 1호 방조제 도로높임공사 기공식 축사
김완주 전라북도 도지사
2010.04.01

The road elevation construction of the number one seawall that'll be carried out today will put a crowning touch to the high-end seawall we're building. Just as we put the finishing touch at the very end of the process of drawing a masterpiece, the elevation construction will be the ultimate accomplishment of the Saemangeum Seawall project. We still have to wait a decade more to see the completion of the project, but before that time, this number one seawall will be by far the biggest tourist attraction. It is the world's longest seawall.

Remarks at the Road Elevation Construction Groundbreaking
Ceremony for the Number One Seawall at Saemangeum
Governor of the North Jeolla Province Kim Wan-joo
April 1, 2010

환골탈태(換骨奪胎)

Complete makeover
To revamp

이제 마지막 정책 방향으로서 위기 이후 재도약 준비에 대해 말씀드릴까 합니다. 전설 속에 나오는 불멸의 새인 피닉스는 500년에서 1000년 동안을 산 다음에 계피나무 가지를 꺾어 스스로 둥지를 만들고 거기에 불을 붙여 스스로를 불사른다고 합니다. 새와 둥지가 강렬하게 타오르며 재로 변한 이후에 그 속에서 새로운 피닉스가 태어나게 됩니다. 생명을 이어가고 새로운 모습으로 태어나기 위해서는 환골탈태의 고통을 기꺼이 받아들이는 용기와 과단성이 필요하다고 봅니다. 우리 경제의 경우도 위기대응에 급급해서 미래를 위한 준비를 게을리한다면 아시아의 변방국 수준에 머무를 수밖에 없을 것입니다.

21세기 경영인 클럽 강연: 재도약을 위한 경제정책 운용 방향
기획재정부 장관 윤증현
2009.07.26

Last but not least, I'll move on to discussing the exit strategy of the government. Legends have it that a phoenix lives for 500 to 1,000 years and dies in the fire that itself made. The bird becomes ashes, but a newborn phoenix is created from the same ashes. Continuing one's life and being reborn as a new creature would take a lot of courage and an attitude to embrace a complete makeover. The Korean economy likewise would have to adopt the same way of staying vigilant and putting itself to constant reform. Otherwise, we'd suffer the fate of being a mediocre country in Asia.

Remarks at the 21st Business Leaders Club
Minister of Strategy and Finance Yoon Jeung-hyun
July 26, 2009

후안무치(厚顔無恥)

Impudent
Brazen
Saucy
Impertinent
Insolent
Gall
Chutzpah

연평도 사격훈련은 우리의 안보태세를 점검하기 위해 37년간 실시해온 자주국가의 정당한 주권활동이다. 천안함 폭침과 연평도 포격으로 남북한 긴장을 고조시켜 온 북한이 갑자기 이를 문제 삼고 보복 운운하는 것은 후안무치한 협박이다. 우리 경제계는 북한의 연이은 도발이 우리 경제에 심각한 영향을 미칠 것으로 우려하고 있으나 '안보 없이는 경제도 없다'는 점도 명확히 인식하고 있다.

연평도 사격훈련에 따른 전경련 코멘트
전경련 홍보실
2010.12.20

The shooting drills conducted in the Yeonpyung Island were a proper military activity that was based on the nation's 37 years of sovereign military right. The criticism of North Korea on this drill, therefore, is a brazen threat, considering that it offered the cause of the tensions over the Korean peninsula first. The business leaders of Korea is of the opinion that while such military tensions would put the economic activity of the nation in jeopardy, the national security should come first before the economy, for the latter can't exist without the former.

Official Comments Made by the Federation of Korean Industries
Public Relations Office of the Federation of Korean Industries
December 20, 2010

Part 11

속담 (Proverbs)

가랑비에 옷 젖는 줄 모른다

Many a little makes a mickle.
Many drops make a flood.

안전 불감증은 한국 사회 각 분야에 만연해 있다. 교육 분야도 예외가 아니다. 적신호가 깜빡이고 있지만 많은 사람이 이를 보지 못하거나 대수롭지 않게 치부하고 있다. '가랑비에 옷 젖는 줄 모른다'는 속담대로 독소가 퍼져가고 있는데도 제대로 인식하지 못하고 있다.

Insensitivity towards safety is rampant in Korea, and education is not an exception. There is a warning signal but many are unaware of it, if not indifferent to it. Like many drops make a flood, harmful factors aggravate Korean education but we are not aware of it.

가물에 콩 나듯

Once in a blue moon

주연급 남자배우들은 쉴 틈이 없는 반면 여배우들의 몫은 그다지 많지 않은 것도 문제로 꼽힌다. '써니'처럼 여자주인공을 내세운 영화들이 가물에 콩 나듯 흥행하지만 대체로 한국영화는 남자주인공을 중심으로 한 영화들이 태반이다.

While many leading male actors are sought after, actresses take up lesser leading roles. Movies with leading female characters, like the recent hit "Sunny," top the box office once in a blue moon, but many leading characters in Korean movies are often men.

가재는 게 편

Crayfish are bound to side with crabs.

정치권, 특히 국회는 차제에 자정 능력을 국민에게 보여야 한다. 국회 윤리위원회가 제대로 작동한다면 이런 일이 되풀이될 리 없다. '가재는 게 편'이라고 서로가 감싸주는 바람에 유명무실해진 것이다.

The political circle should be able to rectify its wrongdoings for the people to see, especially the National Assembly. None of this would have happened if the ethics committee functions well, but as crayfish are bound to side with crabs, assemblymen were busy covering up for one another.

고래 싸움에 새우등 터진다

When whales fight, it's the shrimps that get crushed.

미국과 중국의 환율 갈등이 장기적으로 원화 절상압력으로 연결돼 우리나라의 수출경쟁력이 떨어질 수 있다는 주장이 제기됐다. [중략] 결국 고래 싸움에 새우만 죽어 나가는 꼴이 나타날 수 있다.

The U.S.-China currency dispute will reportedly lead to Korea's weaker export competitiveness as Korea will be under pressure to appreciate its currency. When whale's fight, it's the shrimps that get crushed.

고생 끝에 낙이 온다.

Every cloud has a silver lining.
No gain without pain.
No pain, no gain.
No cross, no crown.
After a storm comes calm.

'고생 끝에 낙이 온다.'라는 한국 속담이 있고 '이전에 여러 번 아팠더라도 나중에 즐거울 수 있다.'는 인도네시아의 속담은 아마 같은 뜻이라고 생각합니다. 양국 기업인들이 경험을 공유하고 지혜를 모은다면 경제위기의 극복은 물론, 녹색성장 시대에 맞는 새로운 발전모델을 우리가 서로 힘을 합쳐 만들 수 있을 것으로 기대합니다.

한 - 인니 CEO 비즈니스 다이얼로그 오찬 연설 2009-03-07 대통령

"After a storm comes calm." When entrepreneurs from both countries share experiences and garner wisdom, I believe we can come together to recover from the financial crisis and create a new development model for the green growth era.

궁한 판에 찬밥 더운밥 가리랴

Beggars can't be choosers.

SK텔레콤 100 대 1, 워커힐호텔 140 대 1, 현대모비스 100 대 1 등도 높았다. 말하자면, 취업 후보군이 찬밥 더운밥 가리지 않는다는 얘기다.

Competition for landing a job at the SK Telecom is 100 to 1, Walkerhill Hotel, 140 to 1; Hyundai Mobis, 100 to 1. Simply put, beggars can't be choosers.

구더기 무서워 장 못 담글까

If you can't stand the heat, get out of the kitchen.

아무리 사업 타당성이 충분하더라도 도민 공감대 없이는 안 된다. '구더기 무서워 장 못 담글까' 하지 말고 돌다리도 두드려보는 신중한 자세가 필요하다.

No matter how feasible the project may be, it needs consensus from the residents. One should not argue that "if you can't stand the heat, get out of the kitchen," but be prudent.

구슬이 서 말이라도 꿰어야 보배

Nothing is complete unless you put it in final shape.
No pains, no gains.
A bead will be useless if one does not thread it.

한국 속담에 '구슬이 서 말이라도 꿰어야 보배'라는 말이 있습니다. 구슬을 꿰어 합의를 실현해 가는 사람들은 바로 여기에 계신 경제인 여러분들입니다.

〈제40회 한일·일한 경제인회의 축하메시지 2008-05-15 대통령〉

"A bead will be useless if one does not thread it" You are the ones who will thread the beads to put agreed agendas into practice.

개구리 올챙이 적 생각 못한다

Think that he was born a frog and forgets that he was once a tadpole.
It's an old cow's notion that she was never a calf.

'개구리가 올챙이 적 생각 못 한다.'는 속담이 있다. 성공한 사람이 자만할 때, 어려운 시절을 고생하며 보냈던 기억을 잊어버린다는 데 주로 사용하는 표현이다. 어른이 된 뒤에 마치 자신은 처음부터 어른이었던 것처럼 행동하는 것도 이에 속한다. 부모들이 간과하는 사실 중의 하나가 바로 이것이다. 부모들도 처음부터 어른으로 태어나지는 않았다.

There is an old Korean saying, "to think that he was born a frog and forgets that he was once a tadpole." The phrase refers to a successful yet arrogant person who has forgotten his old, hardworking days. It may also refer to a grownup who fails to acknowledge that he had his childhood days. Parents often fail to remember that they were not born grownups.

개천에서 용 난다

Rags to riches
Dragons ascending from the sewer

지난 한 해 우리나라의 총 사교육비 규모는 20조 9,000억 원. '개천에서 용 난다'란 말은 이제 '학원에서 용 난다'는 우스갯소리로 변했다.

Korea's private education market sized at 20.9 trillion won last year. The old aspiration to become "a dragon ascending from the sewer" is now jokingly rephrased as "a dragon ascending from private institutions."

금강산도 식후경

Bread is better than the song of birds.
First things first.

산으로, 바다로 떠나는 여름 바캉스, 볼거리, 놀 거리 모두 중요하지만 '금강산도 식후경'이란 말이 있듯 무엇보다 중요한 것 중 하나는 역시 먹을거리다.

As important as spending your holidays or vacations in the mountains or at the beach are eating good food. As the old saying goes, "bread is better than the song of birds."

꿩 대신 닭

A chicken instead of a pheasant
To settle for the second best

중국 외환시장이 자유화되어 있지도 않고 위안화가 국제적으로 통용되는 통화도 아니어서 현실적으로 투자 대안을 고르기가 쉽지 않다. 위안화에 직접 투자하기보다는 '꿩 대신 닭'을 고를 수밖에 없는 상황이라는 것이 자산관리 전문가들의 솔직한 이야기다.

It is difficult to seek investment alternatives, because the Chinese currency market is yet to be liberalized and yuan currency not being internationally traded. Asset managers say that it is inevitable to settle for the second best rather than directly invest in yuan currency.

나는 새도 떨어뜨린다

Very influential/omnipotent
There is nothing he/she couldn't do.

"나는 새도 떨어뜨린다"는 막강한 '파워'와 '책무'가 주어진 자리다. 그 책무의 무게만큼 위험성도 높다. 따라서 어지간한 경륜과 능력을 갖춘 인물이 아니라면 결코 차지할 수 없는 자리다.

It is a highly influential position with great power entailing great responsibility, as well as high risk that commensurate with the responsibility. You have to be extremely competent and experienced to be fit for the position.

누이 좋고 매부 좋고

What's good for the goose is good for the gander.

클래스마케팅이란 소비자들이 관심을 갖고 있는 주제를 잡아 전문가를 초빙해 강의하는 것이다. 브랜드는 인지도를 높여 좋고 소비자는 전문지식을 터득하게 돼 좋다. 그야말로 누이 좋고 매부 좋은 일이다.

"Class marketing" is a marketing activity that hosts a lecture on a certain topic that consumers might be interested in. Like what is good for the goose is good for the gander, the company can elevate brand image and consumers can gain knowledge on the issue thanks to class marketing.

돌다리도 두들겨보고 건넌다

Even if it's a stone bridge, tap on it to make sure it's safe before you cross.
Look before you leap.

오래전부터 일본 시장 진출을 염두에 둔 한국 아이돌은 공격적이고 적극적이다. 언어부터 습득해 현지화 전략으로 친근하게 다가간다. 반면 일본은 돌다리도 두들겨보고 건넌다. 음반을 낸 뒤 반응이 있으면 콘서트를 하다가 최근 음악프로그램도 출연하는 등 조심스럽게 한 발짝 내디딘다.

Korean idol groups, or boy/girl bands, are aggressive and proactive as they have long prepared to make their way into the Japanese music scene. Their localization strategy begins with fluent Japanese to help Japanese fans feel closer to them. In contrast, Japanese look before they leap. They start with record release to see positive response from the market, and cautiously enter the market by holding concerts; recently they have gone as far as showing up on a television music program.

될성부른 나무는 떡잎부터 알아본다

The apple does not fall far from the tree.
As the twig is bent, so is the tree inclined.
As the twig is bent, so grows the tree.

'될성부른 나무는 떡잎부터 알아본다'는 속담에서 알 수 있듯, 나무도 뿌리가 제일 중요하다. 인간도, 경제도, 나라도 예외가 아니다.

The apple does not fall far from the tree. What is important is where your roots are. A person, an economy, a country are not an exception.

떡 줄 사람은 생각도 않는데 김칫국부터 마신다

Do not count your chickens before they're hatched.
Get ahead of oneself.

미국은 중국의 위안화 가치 절상을 기정사실화하는 분위기지만 정작 당사국인 중국은 콧방귀도 뀌지 않고 있다. 중국 입장에서 볼 때 '떡 줄 사람 생각도 않는데 김칫국부터 마신다'고 생각할 판이다.

The U.S. seems to believe appreciation of yuan will happen, but there is no response from China. China may think that the U.S. is counting chickens before they are hatched.

말 한마디로 천냥 빚을 갚는다

It is how you say it that counts.
Actions speak louder than words.

'말 한마디로 천 냥 빚을 갚는다'는 속담이 있다. 어떠한 언어를 구사하느냐에 따라 결과가 달라진다는 뜻이다. 사회생활을 잘하려면 '말씨'와 '말투'부터 바꿔야 한다.

Actions speak louder than words. The language you speak may change the consequences. You must change the tone and style of your language to improve your social life.

먼 친척보다 가까운 이웃이 낫다

A good neighbor is better than a brother far off.

한국 속담에 '먼 친척보다 가까운 이웃이 낫다'는 말이 있다. 그것은 좋을 때나 힘들 때 가장 먼저 빨리 서로 이해하고 도울 수 있기 때문이다. 한·일·중 정상회의에 앞서 원자바오 총리가 다시 한국을 방문해준 데 대해 매우 의미 있고 뜻깊게 생각한다.

There is an old Korean saying that says, "a good neighbor is better than a brother far off," because neighbors can understand and help each other in good times or bad times. I believe Premier Won's visit to Korea before the Korea-China-Japan Summit is very meaningful in that sense.

믿는 도끼에 발등 찍힌다

To stab somebody in the back

일부 기업은 추정치보다 70~80%가량 낮은 영업이익을 내기도 했다. 기대를 한참 비껴가는 실적 발표가 주가 급락으로 이어지면서 턴어라운드 기대감에 주식을 샀던 투자자는 믿는 도끼에 발등 찍힌 꼴이 됐다.

Some companies reported operating revenue that was 70-80% lower than expected. As lower-than-expected earnings calls led to plummeting stock prices, it was a stab in the back for investors who bought shares with high expectations for market turnaround.

서당개 삼 년이면 풍월을 읊는다

To rub off on someone
To pick sth up

'서당 개 삼 년이면 풍월을 읊는다'는 옛말처럼 비우량 주택담보대출(서브프라임 모기지)이라는 단어는 이제 경제의 문외한들에게조차도 너무나 친숙한 용어가 되었다. 현재 전 세계 경제를 거의 패닉상태로 몰고 간 주범이 바로 서브프라임 모기지라는 비우량 주택담보대출이기 때문이다.

〈제목 [1차관 기고문] 연금술과 서브프라임 모기지 담당부서 미디어기획팀 등록일 2008-10-27〉

Like the old saying, "A dog at a school can learn to recite a poem," the phrase "subprime mortgage" has become a familiar term to laypeople, as the subprime mortgage is the main culprit behind the global financial crisis.

손바닥도 마주쳐야 소리가 난다

It takes two to tango.
It takes two to lie; one to lie and one to listen.
Two heads are better than one.
Two heads are better than one.

손바닥도 마주쳐야 소리가 난다. 입법부와 행정부 , 나아가 사법부까지 서로 간에 정책철학과 기조를 공유하면서 조화된 노력을 하는 등 최선을 다해야 경제 살리기가 가능하다.

It takes two to tango. The legislature, administration and judiciary must show utmost effort in sharing policy measures to improve the economy.

세 살 버릇 여든 간다

What's learned in the cradle is carried to the grave.
Old habits die hard.

'세 살 버릇 여든까지 간다'는 속담처럼 어린 시절 몸에 익힌 올바른 식습관과 운동습관은 건강한 성장으로 이어진다.

Just as what's learned in the cradle is carried to the grave, healthy diet and exercise in childhood leads to healthy life.

원수는 외나무 다리에서 만난다

To meet your enemy in strange situations
To face your enemy in the direst of situations.

국내 유가공업계의 양대 산맥인 두 회사는 '원수는 외나무 다리에서 만난다'는 속담이 연상될 만큼 30년 넘게 숙명적인 경쟁관계를 유지하고 있다.

The two companies have been in fierce competition for more than thirty years in the dairy industry, which reminds us of the old saying, "to meet your enemy in strange situations."

윗물이 맑아야 아랫물이 맑다

The upper stretches of the stream must be clean for the lower stretches to be so.
What goes up must come down

교육청은 '윗물이 맑아야 아랫물이 맑다'는 원칙에 따라 올해 처음으로 529개 산하 기관 및 부서에서 근무하는 간부 공무원 673명을 대상으로 청렴도를 평가키로 했다.

The Office of Education has announced for the first time to assess transparency of 673 public officials in 529 agencies and institutions because it strongly believes that "The upper stretches of the stream must be clean for the lower stretches to be so."

부부싸움은 칼로 물 베기

A husband and wife spat/quarrel is inconsequential.
A lovers' quarrel

지난 21일은 부부의 날이었다. 신혼부터 황혼 부부까지 부부가 갖는 의미는 똑같다. 가장 가까운 동지이자, 인생 마지막 순간까지 지켜줄 반려자다. 부부싸움은 칼로 물 베기란 말처럼 애증 속에서도 믿음은 변치 말아야 한다.

May 21 is a "Couples Day" in Korea. Being a couple, whether you are newlyweds or an elderly couple, means having a lifelong friend until the last moment in your life. Like a Korean saying that a husband and wife quarrel is inconsequential, couples must always have faith in one another even when feeling love and hate.

벼는 익을수록 고개를 숙인다

The boughs that bear the most fruit hang the lowest

미숙한 사람일수록 실력과 자신감의 격차가 크고 지식이 늘면 격차가 준다. 우리 속담에 '벼는 익을수록 고개를 숙인다'는 말과도 통한다.

The lesser you are experienced, the bigger the gap is between your ability and self-confidence. The gap narrows once you become more capable. This goes hand in hand with the Korean saying, "The boughs that bear the most fruit hang the lowest."

병 주고 약 준다

To be the cause of the problem and its solution

외국인이 주가를 올리고 폭락시킨 뒤 다시 올리는 이런 상황을 두고 업계에서는 '외국인이 병 주고 약 준다'는 얘기가 나오고 있다.

Foreign investors are the cause of the problem and its solution as they drive up the stock prices, bring them down and lift them again.

비 온 뒤에 땅이 더 굳어진다

After the storm comes the calm

'비 온 뒤에 땅이 굳어진다'는 속담이 있습니다. 상당히 많은 사람들이 우려하고 있는 노사관계도 안정시킬 것입니다. 원칙과 신뢰의 토대 위에서 대화와 협력의 노사문화가 뿌리내리도록 할 것입니다.

〈제목 [동북아시아의 금융중심지로] 세미나 고건총리 기조연설 담당부서 공보비서관실 등록일 2003-05-27〉

After the storm comes the calm. Labor-management relations, which so many people are concerned about, will be stabilized. We will do our best in creating cooperative and disciplined labor-management relations that builds on mutual trust.

빛 좋은 개살구

Appearances are deceiving.
Don't judge a book by its cover.
All that glitters is not gold.

비경제활동인구 중 구직단념자 수도 25만 7,000명으로 전년 같은 달보다 2만 7,000명 증가했다. 지난 2월 20만 1,000명, 3월 22만 명, 4월 21만 2,000명으로 매달 지속적으로 증가세를 보이고 있다. 이처럼 비경제활동인구의 증가세를 반영하지 않은 5월 실업률 3.2%는 '빛 좋은 개살구'라는 평가를 받기 쉽다.

Among the economically inactive population, the number of job market dropouts has increased by 27,000 year-on-year to 257,000. The number steadily increased every month, from 201,000 in February to 220,000 in March and 212,000 in April. The unemployment rate of 3.2% announced in May is deceiving in that it fails to take increasing job market dropouts into account.

한국 속담에 "뿌리깊은 나무는 바람에 흔들리지 않는다"는 말이 있습니다. 이러한 풀뿌리 민간교류는 성숙한 한·일 동반자 관계를 구축하는 든든한 토대가 되고 있습니다. '사천왕사 왔소 2009' 축하 메시지 (서면) 2009-11-01 대통령

An old Korean proverb says, "A deep-rooted tree never gives in to the wind." in the private sector has become a strong foundation to building a better Korea-Japan partnership.

사공이 많으면 배가 산으로 올라간다

Too many cooks spoil the broth
Too many chiefs and not enough Indians

'사공이 많으면 배가 산으로 간다'는 말처럼 28명의 창업 멤버 간 다소 의견 충돌이 발생하기 시작한 것이다. 최 대표는 당시 어쩔 수 없는 선택의 기로에 놓인다.

Like too many cooks spoil the broth, the 28 founding members began to show their differences, and Mr. Choi had to make a choice.

선무당이 사람 잡는다

A little knowledge is a dangerous thing.
A bad workman quarrels with his tools.
He is not a mason who refuses a stone.

남의 생명과 재산과 명예를 다루는 직업이니 스트레스도 크다. 선무당이 사람 잡는다고, 어설픈 사이비들이 중요한 결정을 좌지우지하다 보면 걷잡을 수 없는 혼란이 온다. 전문가들이 존중받아야 사회가 보다 안정되게 발전할 수 있다.

As they deal with other people's lives, assets and dignities, they are extremely stressful jobs. A little knowledge is a dangerous thing, and pseudo-experts making critical decisions will result in chaos. For the society to be stable, professionals deserve respect.

소 잃고 외양간 고친다

Fix the stable after the horse is lost/mend the barn after the horse is stolen.
Bolt the stable after the horse has bolted.
Cry over spilt milk.

우리 국민들의 안전 불감증도 문제이다. 우리 속담에 '소 잃고 외양간 고친다'라는 말이 있다. 그만큼 우리나라 사람들의 안전에 대한 불감증은 뿌리가 깊다.

Koreans are insensitive to safety. There is a Korean saying that goes, "Fixing the stable after the horse is lost." As we can see from this expression, Koreans' indifference to safety is deep-rooted.

솜방망이 처벌

A slap on the wrist

'솜방망이 처벌'로 비판받았던 음주운전에 대한 처벌 수준이 올해 말부터 대폭 강화됩니다. 경찰은 기존에 단일화돼 있던 처벌 기준을 술을 먹은 정도와 횟수에 따라 세분화해 처벌하기로 했습니다.

Penalty on DUI, often criticized as being a mere slap on the wrist, will become more severe starting late this year. The penalties on drunk drivers will be specified by blood alcohol content and previous DUI records.

수박 겉핥기

Skin-deep, shallow, superficial
Scratch the surface

예금보험공사(예보)의 저축은행 검사가 '수박 겉핥기식'으로 이뤄지고 있다는 지적이 제기됐다. 12일 언론에 공개된 예금보험위원회 의사록에 따르면 예보는 2009년 부산저축은행과 도민저축은행에 대한 공동검사를 실시했으나 부실의 조짐 등 문제점을 알아채지 못한 것으로 드러났다.

It has been pointed out that Korea Deposit Insurance Corporation is lax on inspection on savings banks. According to the minutes disclosed to the media on June 12, it turned out that the KDIC conducted a joint inspection on Busan savings bank and Domin bank in 2009 but failed to identify signs of poor management.

시작이 반

A journey of a thousand miles must begin with the first step.
High buildings have low foundations.
Step by step, one goes a long way.

한국 속담에 "시작이 반"이고, "천 리 길도 한 걸음부터"란 말이 있습니다. 오늘의 만남은 한-중동 간 플랜트·비즈니스 협력을 한 단계 도약시키는 중요한 첫걸음입니다. 모쪼록 오늘의 이 자리가 한국인과 중동인의 공동 번영을 향한 힘찬 출발점이 되기를 바랍니다.

제목 한-중동 기계 플랜트·비즈니스 협력 심포지엄 축사
담당 부서 공보비서관실 등록일 2005-11-24 총리

"A journey of a thousand miles must begin with the first step." / "High buildings have low foundations" / "Step by step, one goes a long way." Today's meeting marks the significant step to develop Korea-Middle East Plant Business Cooperation.

식은 죽 먹기

Piece of cake

박태환이 펠프스와 직접 맞서 이긴 것은 이번이 처음이었다. 주 종목인 자유형 400m 우승은 식은 죽 먹기였다.

This was the first time Park Tae Hwan won the race against Michael Phelps. For Park, a strong 400-meter swimmer, the 400-meter freestyle race was a piece of cake.

아니 땐 굴뚝에 연기 나랴

Where there's smoke there's fire.

그리고 목적을 가지고 의도적으로 루머를 퍼트리는 사람들도 있습니다. 해당 연예인이 마음에 들지 않을 경우 그 연예인을 비방하기 위해, 악의적으로 내용을 만들어 인터넷의 공간에 남기는 것이지요. 그러다 보면 자신과 같이 해당 연예인을 싫어하는 사람들 사이에 '아니 땐 굴뚝에 연기 나랴?'라는 말을 근거로 그것이 사실인 것 것처럼 소문이 돌게 되고, 자신이 그 연예인을 비방하는 명분으로 활용하게 됩니다.

Some have ulterior motives in spreading rumors. When they dislike a certain celebrity for no reasons, they post hateful comments and rumors. People start to believe them, thinking "Where there's smoke, there's fire," and such rumors begin to spread as if they are true. Haters will then use the rumors to attack the celebrity.

약방의 감초

Jack of all trades

대추나무는 마치 약방의 감초처럼 많은 보약에 들어가고 많은 음식의 일부가 된다.

Jujube trees are jack of all trades; they are essential parts of many herbal medicine and food.

언 발에 오줌 누기

To act inappropriately to overcome a crisis situation
Stopgap measure

근본적 내수 키우기 전략은 없고 정부가 자영업에 매출을 나눠주자는 발상이 주류를 이뤘다. 이래가지곤 언 발에 오줌 누기이다.

The mainstream idea is that the government should distribute sales among small businesses, but without core strategy to boost domestic consumption. This is only a stopgap measure.

열 손가락 깨물어 안 아픈 손가락 없다

Bite any finger and it will hurt alike.
I love each and every child equally.

'열 손가락 깨물어 안 아픈 손가락 없다'는 말은 자녀를 향한 부모의 무조건적이고 평등한 사랑을 빗대어 표현한 것이다. 하지만 열 손가락 깨물어 덜 아픈 손가락도 분명 있다는 데 공감하는 부모들도 많다. 내 배 아파 낳았지만 유독 정이 가는 아이가 있는 것이 사실이다.

The phrase "Bite any finger and it will hurt alike" means that parents' love towards their children are equal and unconditional. But many parents would secretly agree that some fingers do hurt less when bitten. Some children are more lovable than others.

열 길 물속은 알아도 한 길 사람 속은 모른다

You can sound water ten fathoms deep, but you cannot sound the human heart a single fathom.
Unfathomable/inscrutable

경제예측이 일기예보보다 어려운 것은 예측의 대상이 사람이라는 점 때문이다. '열 길 물속은 알아도 한 길 사람 속은 모른다'는 속담처럼 정부·투자자·소비자들이 어떤 생각을 하고 어떻게 반응할지를 정확하게 예측한다는 것은 불가능한 일이다.

What makes economic prediction so much more difficult than weather forecast is that the subject of economic forecast is the people. You can sound water ten fathoms deep, but you cannot sound the human heart a single fathom. It is nearly impossible to exactly predict what the government, investors, and consumers will think and do.

옷이 날개다

The clothes make the man.

여성들의 옷에 대한 관심은 시대와 연령을 막론하고 끊임이 없다. '옷이 날개다'라는 말과 같이 옷은 여성들이 자신의 아름다움을 표출하는 데 가장 큰 역할을 하기 때문이다.

Women continue to lavish attention on clothes regardless of time and age. As the saying "The clothes make the men" goes, clothes play the biggest role in bringing out women's beauty.

우물 안 개구리

A frog in a well/naive/narrow (close)-minded

결론적으로 이스라엘의 벤처기업들은 글로벌한 비즈니스 환경에서 일하는 데 아주 능하다. 대부분 우물 안 개구리이며 좁은 한국 시장 안에 갇혀 있는 한국 벤처기업들이 갖지 못한 능력이다. 나는 우수한 두뇌와 창의력에서는 한국인이 유대인 못지않은 경쟁력을 가지고 있다고 생각한다.

In conclusion, Israeli venture businesses are competent in working in global business environments. This is one feature that narrow-minded Korean venture companies lack. I believe that Koreans are as competent as Jews in intelligence and creativity.

울며 겨자 먹기

To face the music/consequences

여기에 가을 이사 철 수요층까지 미리 움직여 전세물건 찾기가 별 따기보다 어렵다는 게 중개업소의 설명이다. 결국 전셋집을 찾지 못한 세입자들은 울며 겨자 먹기로 수천만 원씩 오른 전셋값에 재계약을 했다.

Realtors explain that finding houses to rent is to ask for the moon nowadays, as families planning to move in fall are also looking for new houses. Tenants who cannot find houses have no choice but to face the consequences and renew the contract at much higher price.

웃는 낯에 침 뱉으랴

You cannot spit on a smiling face.
A soft answer turns away wrath.

우리 속담에 "웃는 낯에 침 뱉으랴"라는 말이 있다. 웃는 사람은 어른은 물론 동료 후배들에게까지 인기가 좋고 그러다 보면 좋은 인간관계가 형성된다.

There is a Korean saying that goes, "You cannot spit on a smiling face," or to put it more sophisticatedly, "A soft answer turns away wrath." A smiling person is popular among not only friends and colleagues but also their seniors, and this builds up good relationships.

원숭이도 나무에서 떨어질 때가 있다

Even Homer nods
To err is human

'원숭이도 나무에서 떨어질 때가 있다?' 하지만 모든 기업의 판매담당자들은 나무에서 떨어지길 원치 않는다. 현실은 실패에 너무나 인색하며, 실패란 곧 소름 끼치는 지옥과도 같은 것이기 때문이다. 그러나 실패를 두려워할 필요는 없다.

Even Homer nods, but every marketing executive at any corporations would not want to make any errors. The public is intolerant towards failure, and to fail is to enter a burning hell. But one need not be afraid of failure.

자라보고 놀란 가슴 솥뚜껑보고 놀란다

Once bitten twice shy.
A burnt child dreads the fire.

'자라 보고 놀란 가슴 솥뚜껑 보고 놀란다'고 했던가. 연이어 발생하고 있는 기업의 전산 사고에 국민들은 불안하다. 최근 현대캐피탈의 해킹에 의한 고객정보유출에 이어 농협 전산장애로 인한 서비스 마비가 온 나라를 뒤흔들었다.

"Once bitten twice shy." Koreans has become nervous in a series of cyber attacks on company servers. Recently, the hacking of Hyundai Capital and subsequent customer information leak, followed by a server breakdown in Nonghyup rattled the country.

작은 고추가 맵다

Good things come in small packages
Bigger is not better.

작은 고추가 맵다고 하죠? 중소기업들이 토종 브랜드를 앞세워 해외진출에 나서고 있습니다. 정부와 금융회사들이 조금만 더 뒷받침해주면 이런 기업들 많이 나올 것이다.

People say that good things come in small packages. Small Korean companies are making their way into overseas markets with their homegrown brands. We may see more of these companies once governments and financial institutions provide them with support.

지렁이도 밟으면 꿈틀한다

Even a worm will wriggle if you step on it.
Even the meekest will finally lose his temper.

'지렁이도 밟으면 꿈틀한다?' 저예산 영화, 작은 영화들의 난이 일어났다. 최근 영상물등급위원회, 극장가의 교차 상영 등에 불만을 가진 작은 영화들이 일제히 그 불만을 토로하면서 주목 받고 있다.

Even the meekest will finally lose his temper. Low-budget, independent movies are rising up. Disgruntled small-scale movie producers are at the center of the attention nowadays as they openly show their dissatisfaction towards Korea Media Rating Board and movie theaters' cross-screening.

지푸라기라도 잡는 심정으로

A drowning man will grasp at straws.

다른 대학병원에서 이 교수한테 보내는 환자도 많지만, 대부분의 환자는 지푸라기라도 잡는 심정으로 인터넷 등을 통하거나 수소문해서 그를 찾는다.

Some patients are referred to Professor Lee from other major hospitals, but majority of patients have heard about him online or through word of mouth and visit him just as a drowning man will grasp at straws.

찬물도 위아래가 있다

To put the cart before the horse

우리는 동방예의지국(東方禮義之國)이라 자랑한다. 예의(禮儀)를 중요시한다는 말이다. 찬물도 위아래가 있다는 말에서 얼마나 섬세한 존중과 배려의 문화가 이 땅 위에 형성되었는지 짐작게 된다.

Korea is known to be "the country of courteous people in the East," a country of people that respects one another. Like the old saying, "To put the cart before the horses," we know that our ancestors have built a community of respect and care.

찬물을 끼얹다

Dampen
A wake-up call

최근의 원화환율 급등은 회복되는 경기에도 찬물을 끼얹을 것으로 보인다. 원화환율 상승에 따라 경제성장률 하락마저 점쳐지는 가운데 원화환율이 900원대 중반으로 내려갈 경우 기업들의 채산성도 크게 악화할 것으로 염려된다.

Soaring won is expected to dampen the recovering economy. As rise in won may lead to lower economic growth rate, there are expectations that payability of companies may be compromised should the won-dollar rate falls to mid-900 range.

첫 단추를 잘못 끼우다

Start off on the wrong foot.

첫 단추를 잘못 끼우면 다음 단추도 줄줄이 어긋나는 게 당연하다. 국토해양부와 LH, 성남시가 판교신도시 아파트단지 배치를 잘못하는 바람에 멀쩡한 도로는 물론 신설될 도로까지 절단냈다.

When you start off on the wrong foot, the rest of the process obviously goes wrong. Misplaced apartment complexes in Pangyo by the Ministry of Land, Transport and Maritime Affairs, LH, and the municipal government of Seongnam have destroyed old roads as well as newly built roads.

첫술에 배부르랴

Little drops make the mighty ocean.
Rome wasn't built in a day.
The way to eat an elephant is one bite at a time.

현재 앱스토어에는 약 12만 개의 유료 앱들이 존재하는데, 자신의 대박 게임을 홍보할 수 있는 방법은 오직 스크린샷과 간단한 설명뿐이다. 때문에 인기 TOP 10 앱들이 대부분의 수익을 거둬들이는 구조가 만들어졌다. 그럼 인기 TOP 10에 들어야 할 텐데, 어떻게 해야 할까? 우선 '첫술에 배부르랴'라는 속담이 있듯이 처음부터 완벽한 게임을 내놓을 필요는 없다.

There are currently 120,000 paid apps on the Appstore, and the only way to sell your game is by using a few screen shots and short explanations. This system has allowed only the top 10 sellers to continue reaping revenues while others can't. So what does it take to become one of the top ten selling apps? Rome wasn't built in a day. You do not need to launch a perfect game from the beginning.

콩 심은 데 콩 나고 팥 심은 데 팥 난다

You reap what you sow.

열심히 책 읽고 공부하는 아들딸이 나오기를 바라는 것은 애당초 무리이다. '콩 심은 데 콩 나고 팥 심은 데 팥 난다'는 속담이 괜히 생긴 말은 아니다. 독서 양육은 엄마 아빠가 함께 수행해야 한다.

You cannot expect to have children who naturally love to read. You reap what you sow. Reading is something that parents must do together.

티끌 모아 태산

Many a little makes a nickel.
To make a mountain out of a molehill.
A penny saved is a penny earned.

정책수단이 가동하고 있는지 원점에서 재검토해주십시오. '티끌 모아 태산'이라는 속담에서 알 수 있듯이 각 품목에 대한 노력들이 합쳐지면 의외로 큰 효과를 발휘할 것입니다.

Please review the policy measures at the very core to see if they are well-functioning. Just like the saying, "Many a little makes a nickel," if we gather efforts on each category, they will make surprisingly a huge impact.

팔은 안으로 굽는다

The arm bends inwards.
To take care of one's own.
Men are blind to their own causes.

한국은 선후배를 끌어주고 밀어주고 당겨주는 문화를 배격해야 한다. '팔이 안으로 굽는다'면서 인연을 중시하는 문화는 내 네트워크에 들어와 있지 않은 사람을 믿지 않기 때문이다.

We must steer clear of cronyism. Koreans tend to be blind to their own causes and distrust person out of their own networks.

팥으로 메주를 쑨대도 믿는다

Gullible/sell the Brooklyn Bridge.

평소 신뢰를 쌓은 사람은 그가 팥으로 메주를 쑨대도 모두 곧이듣는다. 그러나 평소 허언을 많이 한 사람은 그가 콩으로 메주를 쑨대도 누구 한 사람 이를 믿으려 하지 않는 법이다.

A reliable, trustworthy person may be able to sell the Brooklyn Bridge. But when an unreliable person tells the truth, no one would buy his words.

하늘의 별 따기

Reach for the moon/stars.
To ask for the moon.
Nearly impossible.

현대·기아차, 삼성, LG 등 5대 그룹 계열사가 하청기업과의 거래하는 규모는 한국 전체 기업 중 절반 이상이다. 거래 규모는 절대적으로 많지만, 대기업 신규 납품은 하늘의 별 따기다.

Half of Korean companies deal with the top five Korean conglomerates, Hyundai Kia Motors, Samsung and LG. The sheer scale of transaction is surprising, but to enter this market is to reach for the stars.

하늘이 무너져도 솟아날 구멍은 있다

There is always hope
Silver lining

스마트폰 서비스 센터를 찾더라도 자료 복구는 불가능하다. 하늘이 무너져도 솟아날 구멍은 있다. 소중한 자료가 잔뜩 담긴 스마트폰이 망가져도 이를 복구할 가능성은 열려 있다.

It is nearly impossible to retrieve all of your data from a broken smartphone even after visits to a service center. But there is always a silver lining, and there is always a possibility of retrieving your precious pictures and other data from a broken smartphone.

하룻강아지 범 무서운 줄 모른다

Fools rush in where angels fear to tread

자고로 하룻강아지가 제일 무서운 법이다. 그들은 세상이 돌아가는 이치를 모르고 상대방과 자신의 실력 차를 객관적으로 바라보지 못하기 때문에 심리전에 휘말리지 않기 쉽다.

Fools rush in where angels fear to tread. They understand neither the situation nor their current standing; this makes them resistant to be drawn into psychological warfare.

허리띠를 졸라매다

Tighten the belt
Bite the bullet
To scrimp and save
Pull in one's belt

대구의 한 중소기업은 매년 말 마련했던 직원가족 송년 모임을 올해는 열지 않기로 했다. 회사 사정이 어려워 직원들 모두가 허리띠를 졸라매다 보니 송년 모임 예산을 따로 잡지 못한 것이다.

A small company in Daegu decided not to open the annual year-end party this year. The company couldn't put away the budget for the party as everyone had to tighten their belts.

형만한 아우 없다

Younger brothers are no match for their older brothers.

특히 올해는 인기 영화의 속편이 잇따르고 있어 기존 팬들의 발길을 끌 수 있을지 귀추가 주목된다. '형만한 아우 없다'는 속담이 영화에서도 팽배한 가운데, 이들 후속작이 어떠한 흥행 결과를 남길지 귀추가 주목된다.

It will be interesting to find out whether sequels to popular blockbusters will be able to attract movie fans this year. While the phrase "Younger brothers are no match for their older brothers" is also applied in the film industry as well, these sequels' box office results are being watched with keen interest.

호랑이 담배 피우던 시절

A long time ago.
Once upon a time

얼추 오십을 넘긴 시골 출신이라면 대부분 경험했을 거다. 배고픔. 너나없이 가난했던 그 시절, 배고픔은 일상이었다. 그게 불과 몇십 년 전이다. 흐른 세월은 과거를 부정한다. 배고픔의 기억은 그야말로 호랑이 담배 피우던 시절의 얘기일 뿐이다.

People who are over fifty and are from rural areas would have definitely experienced hunger. Back then, when everyone was poor, hunger was always there. That was just a few decades ago. Times have changed, and memories of hunger seem like a long time ago.

혹 떼려다 혹 붙인다

Many go out for wool and come home shorn.
To make matters worse

우리는 일상생활에서 '혹 떼려다 혹 붙인다'는 옛말이 실감 날 때가 더러 있다. 그러나 그 경우 대개 어처구니없고 기가 막히게 마련이며 '차라리 그냥 있을걸'이라고 후회하게 되기도 한다. 병을 고치는 病院(병원)도 그런 '되레 혹 붙이기'로부터 자유로운 곳이 아니라, 심할 경우 멀쩡하던 사람을 죽게 하는 의료사고가 저질러지곤 한다.

Sometimes we come to understand or experience what the old saying "Many go out for wool and come home shorn" means. Such experiences are often frustrating; we often regret not having done otherwise. Hospitals, where we go to cure our diseases, are also not free from such incidents. Medical accidents, in worst cases, may result in death of a patient.

국제회의 통역사의 비밀 노트

Building Blocks to Interpretation and Translation

초판 1쇄 발행 2017년 5월 8일
초판 2쇄 발행 2019년 6월 11일

지은이 임향옥
발행인 김인철
총괄 · 기획 가정준 Director, University Knowledge Press
편집장 신선호 Executive Knowledge Contents Creator
기획 · 물류 이현진 Planning Expert
도서편집 박현정 Contents Creator
사전 · 도서편집 정준희 Contents Creator
도서편집 장혜린 Contents Creator
재무관리 강현주 Managing Creator
발행처 한국외국어대학교 지식출판콘텐츠원
02450 서울특별시 동대문구 이문로 107
전화 02)2173-2493~7
팩스 02)2173-3363
홈페이지 http://press.hufs.ac.kr
전자우편 press@hufs.ac.kr
출판등록 제6-6호(1969. 4. 30)
디자인 · 편집 (주)이환디앤비 02)2254-4301
인쇄 · 제본 네오프린텍 02)718-3111

ISBN 979-11-5901-188-7 13740 정가 18,000원

*잘못된 책은 교환하여 드립니다.

HUINE은 한국외국어대학교 지식출판콘텐츠원의 어학도서, 사회과학도서, 지역학 도서 Sub Brand이다. 한국외대의 영문명인 HUFS, 현명한 국제전문가 양성(International +Intelligent)의 의미를 담고 있으며, 휴인(携引)의 뜻인 '이끌다, 끌고 나가다'라는 의미처럼 출판계를 이끄는 리더로서, 혁신의 이미지를 담고 있다.